# デザインマネジメント研究の潮流
## 2010 － 2019

八重樫 文・後藤 智・安藤 拓生　編著
立命館大学 DML　著

青山社

# はじめに　本書の目的と構成

　今日企業は，VUCA（Volatility: 変動性，Uncertainly: 不確実性，Complexity: 複雑性，Ambiguity: 曖昧性）環境とよばれる社会経済環境の将来予測が困難な状況に直面している。このような環境において，企業には新たな競争力の源泉を得るためのイノベーションが求められ，そのひとつとしてデザインの知を用いて組織の新たな方向性を創り出す「デザイン経営（経済産業省・特許庁2018）」への期待が高まっている。「デザイン経営」とは，デザインを企業価値向上のための重要な経営資源として活用する経営であり，ブランド力とイノベーション力を向上させる経営の姿とされている（経済産業省・特許庁2018）。

　世界を見ても，アメリカではシリコンバレーを中心に「デザイン思考」のフレームワークが普及し，EUでは「デザイン・ドリブン・イノベーション」を取り入れたイノベーション促進施策が推進されているように，デザインの介入による「デザイン志向型組織」の開発実践が報告されている。このような「デザイン経営」や「デザイン志向型組織」の実現のためには，企業は単に従来のデザイン力を身につけた組織内外のデザイナーの有効活用方法を検討すればよいわけではなく，組織自体のデザイン力を高めていかなければならない。しかし，組織自体のデザイン力を高めるとはいったいどういうことか，デザインの対象が広範囲に及ぶ現在，その目指すべき姿の共通理解や評価指標が得られていない。

　一方で，現在日本のビジネス界で強く求められているのは，デザイナーやデザイン部署に限定されるようなデザインに関する狭い専門的な技術や知見ではなく，ビジネスパーソンが一般に持つべきデザインの志向性・態度的側面である。しかし，そのような側面の検討は，これまでのデザイン分野の研究ではほとんど対象にされてこなかった。わが国における従来のデザインに関する学術研究では，デザイナー個人のデザイン行為やその方法論の分析，成果物としてのデザインの評価（製品・視覚言語のコミュニケーションプロセスや製品ユーザービリティの評価など），デザインの歴史文化やその哲学的考察，およ

びデザイン教育の方法論に関する研究などに焦点が当てられてきた。つまり，デザイン研究においては，これまでデザインと企業・組織におけるマネジメントの関係にはあまり触れられておらず，現在の学界では，デザインの企業経営実務に対するインプリケーションが不足している。

　このデザインと企業・組織におけるマネジメントの関係を対象とする研究領域が，本書が扱う「デザインマネジメント」である。デザインマネジメント研究は，経営学を主な基盤としその視座からデザインを捉える，経営学とデザイン学を横断する学際的な領域である。これまで，製品開発やイノベーションプロセスにおける可視化の意義，技術（機能）と外観（意味）との関係性，市場形成・マーケティング側面からのユーザーリサーチ手法，組織内外のデザイナーの活用方法などに関する議論が海外を中心に行われてきた。しかし，その学際性ゆえまだ萌芽的であり，先進的な実践事例を取り上げ個別に分析し知見を蓄積している段階で，体系的な知見の整理や理論導出には至っていない。特に，経営学の視座からデザインを捉える性質であるためその視野が狭く限定されてしまい，デザイン領域の豊富な研究成果や知見への参照がまだ十分ではなく，経営学から広くデザイン学を照射することが継続した課題となっている。

　本書は，2010年代のデザインマネジメント研究の潮流 ─ つまり，この研究分野がこの10年間に射程としてきた主要なテーマ ─ を振り返りその内容を検討することで，2020年代という新たな10年への課題を展望するものである。
　産業界におけるデザインマネジメントに関する2010年代の動向は，前述のようにデザイン思考やデザイン主導のイノベーションへの期待が高まり，世界で新たな経営資源としてのデザインの戦略的活用実践が進んだ10年であった。
　ここでの「デザイン」は，①創造性を伴った人間の根源的な行為や思考，②プロフェッショナル・デザイナーのスキルや文化を伴う専門的行為，③ユーザーを含めた様々なステークホルダーとのインタラクションをもたらすプロセス，という3つの異なる文脈を持ち（Manzini, 2016），より良い問題解決や意味創造によるイノベーションをもたらす取り組み方それ自体として解釈され，広く活用されてきた。
　このような産業界の動向に応答しながら，デザインマネジメント研究では，デザインを企業経営の諸活動に取り入れる様々な方法が議論され，新たな研

究領域が開拓されてきた。しかし、これらの内容がまとめられた書籍は少なく（そのなかで日本語で読めるものはさらに少ない）、デザインマネジメント研究の拡がりとテーマを展望できる機会は現在非常に限られた状況にある。

　この分野をこれから学ぼうとする初学者が参照できる情報が少ないこの状況では、分野自体の今後の発展を妨げかねない。筆者らは、特に初学者に対して示すべきこの分野を展望する地図の必要性に気づき、本書の編纂に至った。

　この地図が新たな視座と地平を拓き、分野の発展に寄与することが期待される。

　本書は、以下の3部8章で構成している。

　第1部「デザインマネジメント研究の射程と展望」では、2010年代のデザインマネジメント研究が扱ってきたテーマを概観し、その射程と今後の展望を明らかにする。

　第1章では、2013年9月に開催されたデザインマネジメント研究に関する国際会議CADMC（Cambridge Academic Design Management Conference）2013に投稿された論文内容の検討を通して、デザインマネジメント研究の対象の拡がりを確認し、その主要なテーマと領域を整理する。

　第2章では、2017年6月に開催された国際会議DMA（Design Management Academy）2017に投稿された論文内容の検討を通して、デザインマネジメント研究の展望を明らかにする。その領域の拡がりの理解とともに導かれる課題は、今後の研究推進に有用な指針を与えるものとなる。

　第2部「デザインマネジメント研究の課題」では、第1部で描き出されたテーマを個別により深く掘り下げ、その課題を検討する。

　第3章では、近年日本のビジネスでも注目されるデザイン思考／デザインシンキングについて、「デザイン思考（IDEOとスタンフォード大学d.school）」と「デザインシンキング（デザインが持つ広範な知見とその思考方法）」との差異に関しての議論を整理する。

　第4章では、市場やユーザーニーズに応えていく漸進的な進歩やユーザーの抱える問題解決ではなく、社会文化モデルを研究することで製品の情緒・象徴的側面である「意味」を革新する方法論である「意味のイノベーション／デザイン・ドリブン・イノベーション」に関する研究動向を詳細に検討する。

第 5 章では，ビジネスの新たな領域におけるデザインの知の活用可能性を検討するために，マネジャーの持つ意思決定態度（decision attitude）とデザイナーの持つデザイン態度（design attitude）との比較を焦点化し，その研究動向を探る。

　第 6 章では，デザインマネジメント研究の新たな側面の展開を検討するために，アートの考え方を企業組織に取り入れることで企業や組織に学習や変化を引き起こす実践である「アーティスティック・インターベンション」に関する研究内容について詳細な検討を行う。

　第 3 部「デザインマネジメント研究の国際動向」では，イタリアを事例として取り上げ，その思想と研究動向を把握する。

　第 7 章では，イタリアのデザインマネジメント研究に通底する思想とその特徴的要素を「新製品開発」「サービスデザイン」「戦略的デザイン」の観点から検討し，さらなる研究課題の整理を行う。

　第 8 章では，イタリアにおけるデザインマネジメントの手法を体系化・理論化した RACE モデルを取り上げ，マネジメント研究におけるデザインシンキングと PSS（プロダクト・サービス・システム）研究における理論との比較からその特徴と意義を明らかにする。

　また，各章末の豊富な参考文献リストは，そのまま 2010 年代のデザインマネジメント研究の潮流を読み解くための論文／ブックガイドとして有用に機能するものと考えられる。

　従来の色・かたちの操作に重きを置いた，いわゆる「近代のモノのデザイン観」は，人々の欲望を喚起することで経済効果を追求し，大量生産・大量消費・大量廃棄型社会を強く牽引してきた。しかし，デザインとは本来，商品のお化粧によって消費を促すことだけに機能するものではない。これはデザインに関わる専門分野からだけではなく，消費や経済活動に関わる専門分野である経営学という立場からも強く主張する必要がある。そうでなければ，企業活動に有用なデザインの知見を十分に見出すことができず，経営学の発展に寄与しないからである。そこで筆者らは，2013 年に立命館大学デザイン科学研究センターを立ち上げ「近代のモノのデザイン観」の自戒と反省から，「デザイン」が負うべき責任を再認識し，「豊かな生活時空間のあるべき姿」を構築するために，多様なステークホルダーによる新たな意味創造の方法論としての「デザイン」

の意義を再構築しようとしている。

　さらに筆者らは，この研究センター下においてデザインマネジメントに関する体系的な研究を行うグループ「DML（Design Management Lab）」を組織し活動を行っている。企業における実践が先行するこの分野において，学術研究を行う機関は，国内では筆者ら DML 以外には未だほぼ存在していない。また現在，国内でのデザインマネジメントに関する学術研究は，個別の研究者がその興味に応じて進め，その研究成果が発表される学会は散在している。それ故に研究者間の連携・交流が少なく，その学術的知見はまだ体系化されておらず未熟であることは否めない。そこで，組織的な研究の推進，研究知見の体系化，研究者ネットワークの構築，が急務となっている。DML はこの側面でも重要な役割を担っており，本書はその研究成果のひとつでもある。

　本書がデザインマネジメント研究の今後の発展のための足がかりとなる一書として寄与することを願う。

2019 年 6 月

八重樫 文
後藤 智
安藤 拓生

**謝 辞**

　本書の内容は，JSPS 科研費 JP15K03635，JP15K17132，JP18K01803，JP18K01776，JP19H01536 の助成を受けた研究成果に基づくものである。

**参考文献**

経済産業省・特許庁（2018）『「デザイン経営」宣言』産業競争力とデザインを考える研究会，2018 年 5 月 23 日

Manzini, E. (2016) "Design Culture and Dialogic Design." *Design Issues*, 32 (1), pp.52-59.

# 目　次

はじめに　本書の目的と構成 ................................................................................. iii

## 第1部　デザインマネジメント研究の射程と展望 ........................................... 1

### 第1章　デザインマネジメント研究の射程：
### 　　　　国際会議CADMC2013における研究の分析 ................................. 3

 1. 国際会議CADMC2013における研究の分析 ............................................. 3
  （1）CADMC（Cambridge Academic Design Management Conference） ......... 3
  （2）CADMC2013における論文のキーワード分析 ....................................... 4
  （3）新製品開発（NPD）を対象とした研究領域 ........................................... 5
  （4）サービスデザインを対象とした研究領域 ............................................. 10
  （5）戦略的デザインを対象とした研究領域 ................................................. 15
 2. デザインマネジメント研究の射程と課題 ................................................. 20
  （1）新製品開発（NPD）を対象とした研究領域における考察 ................. 20
  （2）サービスデザインを対象とした研究領域における考察 ..................... 21
  （3）戦略的デザインを対象とした研究領域における考察 ......................... 23
  （4）デザインマネジメント研究における今後の課題 ................................. 24
 注釈 ..................................................................................................................... 26
 参考文献 ............................................................................................................. 27
 付録　キーワードのネットワーク図 ............................................................. 32

### 第2章　デザインマネジメント研究の展望：
### 　　　　国際会議DMA2017における研究の分析 ..................................... 33

 1. 国際会議DMA2017における研究の分析 ................................................. 33
  （1）DMA（Design Management Academy） ................................................. 33
  （2）DMA2017における論文のキーワード分析 ........................................... 33
  （3）デザインエデュケーションを対象とした研究領域 ............................. 35
  （4）サービスデザインを対象にした研究領域 ............................................. 40
  （5）戦略的デザインを対象とした研究領域 ................................................. 43

2. デザインマネジメント研究の展望 ............................................................. 47
　　　(1) デザインエデュケーションを対象にした研究領域における考察 ................ 47
　　　(2) サービスデザインを対象にした研究領域における考察 ......................... 48
　　　(3) 戦略的デザインを対象とした研究領域における考察 ........................... 50
　　注釈 .................................................................................................. 51
　　参考文献 ............................................................................................ 53
　　付録　キーワードのネットワーク図 ............................................................ 58

## 第2部　デザインマネジメント研究の課題 .................................................... 59

## 第3章　「デザイン思考」と「デザインシンキング」研究における課題 ............ 61

　　1.「デザイン思考」と「デザインシンキング」................................................. 61
　　　(1) 日本のビジネスにおける課題 .......................................................... 61
　　　(2)「デザイン思考」と「デザインシンキング」........................................... 62
　　　(3) デザイン対象の遷移 .................................................................... 63
　　2. *Design Studies* 誌におけるデザインシンキング研究に関する議論 ................ 66
　　　(1) デザインシンキング研究の焦点 ....................................................... 66
　　　(2) デザインシンキング研究に関する議論の整理 ...................................... 66
　　3. デザインシンキング研究における課題の考察 ............................................ 80
　　　(1) デザイナーによる意味解釈と社会構造の再生産に関する「理論」.............. 80
　　　(2) デザイナーによる意味解釈と社会構造の再生産に関する「実践プロセス」 .. 82
　　　(3) デザインシンキング研究における今後の課題 ...................................... 84
　　注釈 .................................................................................................. 86
　　参考文献 ............................................................................................ 87

## 第4章　意味のイノベーション／デザイン・ドリブン・
　　　　　　イノベーション研究における課題 .................................................. 89

　　1. ビジネスにおけるデザインの考え方の進化 ................................................ 89
　　2.「デザイン・ドリブン・イノベーション」と「意味のイノベーション」............ 91
　　　(1) デザイン・ドリブン・イノベーション .............................................. 91
　　　(2) 意味のイノベーション .................................................................. 95
　　3. 意味のイノベーション／デザイン・ドリブン・イノベーション研究の動向 ... 99
　　　(1) Kembaren *et al.* (2014) "Design Driven Innovation Practices in
　　　　　 Design-preneur led Creative industry." ....................................... 99

(2) Goto (2017) "Technology epiphany and an integrated product and service." ..... 102
　　(3) Bellini et al. (2017) "Design-Driven Innovation in Retailing: An Empirical Examination of New Services in Car Dealership." ...................... 105
　　(4) Trabucchi et al. (2017) "Interplay between technology and meaning: How music majors reacted?" ................................................................. 109
　　(5) Dell'Era et al. (2018) "Designing radical innovations of meanings for society: Envisioning new scenarios for smart mobility." ................. 111
　　(6) Jepsen et al. (2013) "The contributions of interpreters to the development of radical innovations of meanings: the role of 'Pioneering Projects' in the sustainable buildings industry." ............................................... 113
　4. 意味のイノベーション／デザイン・ドリブン・イノベーション研究の今後の課題 ................................................................................. 115
　参考文献 ........................................................................................ 116

## 第5章　デザイン態度研究における課題 ................................. 120
　1. デザイン態度の概念 ............................................................... 120
　　(1) デザイン態度とは ............................................................. 120
　　(2) Boland and Collopy (2004) におけるデザイン態度 ............. 121
　2. 意思決定としてのデザイン態度 .............................................. 126
　　(1) サイモンの意思決定論とデザイン科学 ............................... 126
　　(2) 問題解決とデザイン理論 ................................................... 127
　　(3) デザイナーの思考の特徴 ................................................... 130
　3. デザイン態度研究の展開 ........................................................ 133
　　(1) Michlewski (2008, 2015) におけるデザイン態度 ............... 133
　　(2) Michlewski (2015) のデザイン態度の特徴的要素 ............... 136
　　(3) プロフェッショナルの文化としてのデザイン態度 .............. 139
　4. デザイン態度研究における今後の課題 ................................... 140
　注釈 ............................................................................................. 144
　参考文献 ...................................................................................... 146

## 第6章　アーティスティック・インターベンション研究における課題 ........ 149
　1. アーティスティック・インターベンション研究の現状 ........... 149
　　(1) アーティスティック・インターベンションとは ................ 149
　　(2) 「デザイン思考」の批判的検討 ........................................... 150
　2. アーティスティック・インターベンション研究の動向 ........... 153

  （1）Berthoin Antal（2012）"Artistic Intervention Residencies and Their Intermediaries: A Comparative Analysis." ........................ 153
  （2）Sköldberg and Woodilla（2014）"Mind the Gap! Strategies for Bridging Artists and Organizations innArtistic Interventions." ........................ 157
  （3）Haselwanter（2014）"Innovation Through Dumpster Diving?" ........................ 160
  （4）Soila-Wadman and Haselwanter（2013）"Designing and Managing the Space for Creativity. Artistic Interventions for Strategic Development of an Organization in Resisting Environment." ........................ 163
 3．アーティスティック・インターベンション研究における今後の課題 ............ 166
 注釈 ........................................................................................................ 169
 参考文献 .................................................................................................. 170

## 第3部　デザインマネジメント研究の国際動向 .................................. 173

### 第7章　イタリアにおけるデザインマネジメント研究の動向 .................. 175
 1．イタリアのデザインマネジメント研究に着目する意義 .................. 175
  （1）イタリアにおけるデザイン .................................................. 175
  （2）イタリアにおけるデザインマネジメント研究 ............................ 176
 2．イタリアのデザインマネジメント研究の特徴と動向 .................... 179
  （1）新製品開発を対象とした研究領域 ............................................ 179
  （2）サービスデザインを対象とした研究領域 .................................. 183
  （3）戦略的デザインを対象とした研究領域 .................................... 191
 3．イタリアにおけるデザインマネジメント研究の動向から見える課題 ............ 194
 注釈 ........................................................................................................ 198
 参考文献 .................................................................................................. 199

### 第8章　イタリアにおけるデザインマネジメント研究の理論 .................. 204
 1．デザインの原理からデザインマネジメントへ ................................ 204
  （1）デザインの原理 .................................................................... 204
  （2）デザインの思考法 ................................................................ 205
  （3）イタリアのデザイン理論 ........................................................ 206
  （4）イタリアのデザインマネジメント .......................................... 208
 2．RACE モデルの検討 .................................................................. 209
  （1）空間全体（場）の刷新・更新のための RACE モデル ................ 209
  （2）RACE モデルとデザインシンキング ........................................ 216

（3）RACE モデルと PSS 研究 ........................................................ 224
　3. イタリアにおけるデザインマネジメント研究の理論から見える課題 ............. 226
　注釈 ............................................................................................ 228
　参考文献 ..................................................................................... 229

初出一覧 ........................................................................................ 232

# 第1部
# デザインマネジメント研究の射程と展望

# 第1章

# デザインマネジメント研究の射程：
# 国際会議 CADMC2013 における研究の分析

## 1. 国際会議 CADMC2013 における研究の分析

**(1) CADMC**（Cambridge Academic Design Management Conference）

　デザインマネジメント研究は 1960 年代に行なわれたデザイン代理店を対象に行なった研究（Farr, 1965）が発祥であるとされる。この研究分野ではこれまで主に，どのような組織・戦略・人材開発・システム等を持つ企業が，どのように「デザイン」を効果的に活用すれば，高い/良い業績を上げることができるのかについて追究されてきた。そしてその研究対象範囲は，企業経営に関わる様々な領域へと拡がっている。

　こうした背景から 2011 年に，CADMC（Cambridge Academic Design Management Conference: 以下，CADMC）が，Cambridge 大学のエンジニアリングを対象とした研究組織である The Institute for Manufacturing (Ifm) の部会であるデザインマネジメントグループを中心に発足した。Ifm は，Management, Engineering, Policy を 3 つの軸に，産業や政府が持続可能な経済成長を行なうための様々な領域について研究を行なう組織であり，多国籍企業やイギリスの中小企業へのコンサルティングや，学部・大学院での教育，経済政策に関する調査等の幅広い活動を行っている。このうちデザインマネジメントグループでは，企業がどのようにしてデザインを効果的に活用し，新製品やサービスの開発をマネジメントすることができるのかという視点から，デザインマネジメントに関する調査と研

究を行っている。

そこで本章では，2013年9月に開催されたCADMC2013に投稿された論文内容の検討を通して，近年拡がるデザインマネジメント研究の射程を明らかにしていく。

### (2) CADMC2013における論文のキーワード分析

CADMC2013で扱われた研究領域の把握を行なうため，まず投稿された論文中のキーワードについての分析を行った。図1-1は，CADMC2013に投稿された論文中のキーワードに設定された231件を検出し，その件数が3件以上のものを示したものである。Design Managementをキーワードに設定する論文が最も多く，63論文中13件の論文がキーワードに設定していた。その次に多いキーワードはService Designの10件であり，次いでStrategic Designが8件，Design Thinkingが7件といった結果となった。また，図1-2（拡大図は付録 P.32参照）は3件以上検出されたキーワードについて，それぞれの論文のキーワードとの関係性のネットワークを図示したものである。この図を見ると，ネットワークの中心はDesign Managementに次いで，Service Designに関わる研究領域が大きな領域を占めていることがわかる。

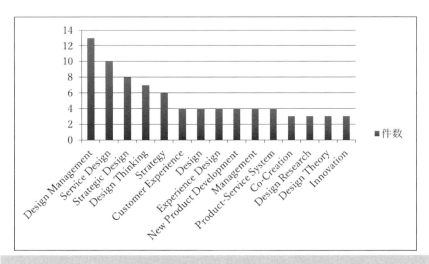

図1-1：CADMC2013に投稿されたキーワードの件数[1]（筆者作成）

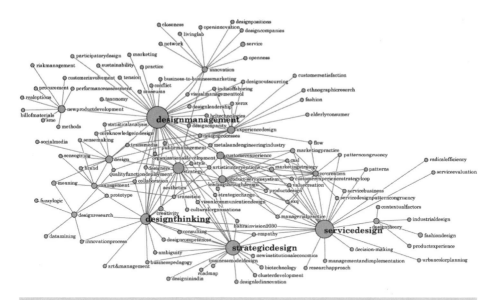

図 1-2：CADMC2013 におけるキーワードのネットワーク[2]（筆者作成）

次節から，このキーワードの件数とキーワードのネットワークの中心性を考慮し，Design Thinking を中心とした新製品開発（NPD: New Product Development）についての研究領域，Experience Design / Customer Experience を中心としたサービスデザインの研究領域，Strategy / Strategic Design を中心とした戦略的デザインの3つに分類し，それぞれの領域で中心となる概念を検討していく。

### （3）新製品開発（NPD）を対象とした研究領域
① デザインシンキング

Sköldberg（2013）によれば，2000年以降のデザインマネジメント分野の研究には3つの重要な視点が存在している。1つ目は，経営戦略への注目に変わり，イノベーションの概念がエコノミック・エンジンの中心として捉えられるように変化したことによって，従来の製品の差別化によるデザインの副次的な戦略的優位の側面だけでなく，デザインそのものがイノベーションの源泉として捉えられるようになったことである（Lockwood, 2010）。2つ目は，スマート

フォンや PC 等の製品の増加による,プロダクトとサービスを結びつけた製品開発の必要性について認知され始めたことである。そして3つ目は,米国のデザインコンサルティング会社である IDEO に代表されるデザインシンキングの手法が普及し,新たな研究領域が生まれたことである（Brown, 2008, 2009; Kelley and Littman, 2001, 2005）。

このデザインシンキング[3]とは,デザイナーの思考法や手法を活用し問題解決を行なう人間中心のアプローチを重視するアプローチであり,「『人々が生活のなかで何を欲し,何を必要とするか』『製造,包装,マーケティング,人々が何を好み,何を嫌うのか』,これら二項目について,直接観察し,徹底的に理解し,それによってイノベーションに活力を与えること」であるとされ（Brown, 2009),図 1-3 に示す 6Phases によって実行される。Phase1 では,デザイン・プロジェクトチームは,問題の領域を設定することを行なう。Phase2 では,設定された問題領域に関連したフィールドへ参加し,観察を行なうことで,外部への視点を持ち,ユーザーとステークホルダーへの共感を得ることを行なう。その後 Phase3 では,観察から得られた情報をチーム内で照合・要約し,チーム内での問題解決への視座を形成する。Phase4 では,形成された視座に基づいた,多様なアイデアを創出する。Phase5 では,創出されたアイデアを様々な様式のプロトタイプとして視覚的に表現し,Phase6 では制作されたプロトタイプの実験,評価を行なう。

このような 6Phases のプロセスを経ることで,設定された問題の明確化から試作品の完成までを通して問題解決を図るのが,デザインシンキングのアプローチである。また,これらのプロセスは直線的であるように思われがちであるが,実践の場では,これらのプロセスを複合的,反復的に行なうことによって,ユーザーやステークホルダーの求める解に近づくことも,デザインシンキングの特徴であるとされる（Plattner et al., 2009）。

図 1-3：デザインシンキングの 6Phases（Plattner et al., 2009 より筆者作成）

このようなデザインシンキングのアプローチが企業に浸透する中で，これまでとは異なるデザイナーの役割が求められるようになってきている。Vermaas (2013) は，デザインシンキングのアプローチでは，従来のデザイン業務と比べ，より複雑で様々な意図を持つステークホルダーの要求を調整する必要性が増していると述べ，その理由として3つの側面を指摘している。

　1つ目は，クライアントが"Wicked Problem"（Buchanan, 1992; Rittel and Weber's, 1973）に直面していることが多く，デザイナーをその問題の解決に従事させることである[4]。2つ目は，急進的なイノベーションを求めるクライアントと対照的に，漸進的なイノベーションにデザイナーを導くユーザーの存在である。ユーザーは独自の視点で製品の改善を行なう存在である一方で（Hippel 2003），自分たちのニーズを現存の製品や方法の中でしか認識することのできない，保守的な存在でもある（Verganti, 2009）。3つ目は，プロジェクトの初期段階から，想定される結果についての評価と実現可能性を求めることによって，急進的なイノベーションの創出を阻害してしまう可能性を持つマネジャーの存在である。このような複雑性を伴うプロジェクトの中では，特にデザイナーとステークホルダーとの複雑な要求の中での共通の理解を持つことが求められている。これらの観点から，Vermaas (2013) では，文献レビューを通して，デザイナーとマネジャーとの間の共通理解を生み出すためのフレームワークの開発を行なっている。

② プロトタイプ
　様々なステークホルダー，マネジャー，デザイナー間の理解を促すために，IDEOに代表されるデザインシンキングのアプローチでは，段階的に数多くのプロトタイプが用いられる。Rhinow *et al.* (2013) では，プロトタイプの役割について，以下の3つの役割を定義している。

　1つ目は，デザインチームの中での相互作用や学習を促す仲介者としての役割である。製品のプロトタイプは，チーム内での理解の違いによる不確実性と，個人の自信およびチーム内の結合を高める役割を持っているとされ，協働によるフィードバックを視覚的に表現することで，チームのアイデンティティを形成することが可能であるとされる。2つ目は，ユーザーとの相互作用とユーザーからの学習を促す仲介者としての役割である。ユーザーのプロト

タイプの使用から製品の価値の解釈を得ることで，潜在的なユーザーとクライアントにより近づくことが可能である。このような目的でプロトタイプを用いることにより，デザインシンキングの実践者はユーザーのコンテクストを素早く知ることが可能である。3つ目は，知識をチーム外のパートナーに伝える仲介者としての役割である。この観点では，プロトタイプは部門間の統合を促す可能性がある。プロトタイプを制作することによって，「誰がいつ何を見て，何を要求し，どう修正されるのか」といった点が明らかになり，それによって組織のフローと構造を解体し，再構築する可能性を持っている（Schrage, 2006, p.9）。

　これらの研究を通して，Rhinow *et al.*（2013）ではデザインシンキングのプロジェクトに参加する実践者が，どのようなプロトタイプを作成するのかについて明らかにするため，Hasso Plattner Institute で行なわれたプロジェクトへの参加と，デザインシンカーへのインタビューによって，36のプロトタイプの形式を表したカードを作成した。創出された36のカードは，表1-1の5つの項目に分類され，それらを段階的に用いることで，プロジェクト内，またプロジェクト外のステークホルダーとの共通理解を深める方法の開発を行なっている。

表1-1：デザインシンキングにおけるプロトタイプ作成の5つの"X"領域
　　　　（Rhinow *et al.*（2013）より筆者作成）

| 領域の名称 | デザインシンキングにおけるプロトタイプの作成意図 |
|---|---|
| **Xplain**<br>（説明） | 現状の問題点を理解するために作成されるプロトタイピング |
| **Xternalize**<br>（表出化） | チームの気質や感情を具体的に形作るため，または曖昧で不明確な段階のアイデアを表現するためのプロトタイピング |
| **Xperience**<br>（経験） | ユーザーの視点から，提案されたアイデアやソリューションをテストし，ユーザーが望むものであるかをチェックするためのプロトタイピング |
| **Xplain to be**<br>（表現） | 第三者がそれを見て，それぞれの文脈でどのように理解するために，具体的なアイデアとソリューションを表現するためのプロトタイピング |
| **Xploit**<br>（証明） | 技術的，経済的な実現可能性を確認するために，機能をテストするためのプロトタイピング |

③アーティスティック・インターベンション

　デザインシンキングを対象とした研究に加え，欧州では近年アーティスティック・インターベンション（Artistic interventions）の概念が提唱され，研究が進んでいる[5]。アーティスティック・インターベンションは，芸術を実践する組織（博物館，美術館等）をマネジメントする視点であるアート＆マネジメントの観点と，芸術や芸術家と接触することを通したマネジャーや経営者・組織文化への新たな洞察の獲得という観点の2つの観点を含有しているが，近年特に重要視されているのは後者の方である（Austin and Devin, 2003; Björkegren, 1996; Gagliardi, 1996; Guillet de Monthoux, 2004）。

　企業がアーティスティック・インターベンションを導入する理由は，アーティスティック・インターベンションを通して，「異質性（otherness）」を取り入れることであるとされる（Biehl-Missal and BerthoinAntal, 2012）。西ヨーロッパで行なわれたアーティスティック・インターベンションの形式を分類したGrzelec and Prata（2013）によれば，クライアントの組織は大企業や中小企業，公機関など様々であり，それぞれの組織は，①新たな方式や創造的なプロセスを開発すること，②クリエイティブな文化を養い，仕事の環境に柔軟な思考の導入やモチベーションの活性化を目的として導入する傾向があることを明らかにしている。企業がアーティスティック・インターベンションを導入することにより，組織と芸術家の間の対照的な2つの論理が"クラッシュ"することで発生するエネルギーが，新たなアイデアや，組織が何をすべきなのかといった，より深い組織文化の理解等の形として放出される（Johansson-Sköldberg and Woodilla, 2013）。そうすることで，組織の創造性やモチベーションの活性化といった変化を与えることが可能になる（Grzelec and Prata 2013）。

　Johansson-Sköldberg and Woodilla（2013）では，アーティスティック・インターベンションに関する事例・文献の包括的なレビューを通して，デザインシンキングとアーティスティック・インターベンションとの違いが明らかにされている。結果として，デザインシンキングのプロセスの中では，①デザイナーは，芸術的なルーツをプロフェッションから遠ざけるべきではなく，また感性的なベースを仕事から遠ざけるべきではないこと，②デザインシンキングの実践者をデザイナーと想定する場合，デザイン実践を伴わないデザインシンキングは不完全なバージョンであり，実践によって得られるデザイナーの多様

性を無視していること，③実践の視点を取る場合，デザインシンキングは全てのプロセスを独自でオープンなプロセスとして考慮すべきであり，ツールキットから作られる認識化された固定的なものではなく，より感覚的なものであるべきであるという点が指摘された。

同様の観点は，スウェーデンの貿易組合である GREEN とアーティスティック・インターベンションを推進する組織である LITTL が行った事例を対象に，Soila-Wadman and Haselwanter（2013）が行なった分析にも見られた。そこで行なわれたアーティスト・ワークショップとデザイナー・ワークショップの両方の分析を通じて，デザインシンキングとデザインマネジメントの芸術性の観点の欠如について指摘されている。

### (4) サービスデザインを対象とした研究領域

① PSS（Product-Service System）

前述の Wicked Problem への1つの解決策として注目されているのが，PSS（Product-Service System）の構築である（CRISP, 2010; den Ouden 2011; McAloone et al., 2002; Sturkenboom et al., 2013）。PSS とは，製品とサービスを組み合わせると同時に，消費者への単一のソリューションとして市場へ提供される製品・サービスのことであり，消費者へ様々な経験価値を与えるものである（Goedkoop et al., 1999）。PSS はプロバイダーがリソースを最小限にしながら，ユーザーエクスペリエンス，製品効能，コストのそれぞれを最適化することのできるスペースを提供するものであり，その構築には，コラボレーティブ・ネットワークの形式を必要とする（Mandell, 2009; den Ouden, 2011）。コラボレーティブ・ネットワークは，水平的なヒエラルキーを持ち，ステークホルダーの相互依存による知識の交換によって学習する。このようなネットワークの中で，ステークホルダーは，Wicked Problem を定義し，理解し，取り組むために，それぞれの専門知識やリソースを組み合わせることを行い，その構築の初期段階において，デザイナーが重要な役割を持つことが述べられている（CRISP, 2010; McAloone et al., 2002）。

Baha et al.（2013）では，デザイナーがどのようにコラボレーティブ・ネットワークの構築の初期段階のサポートを行なうのかについて，ケース分析が行なわれている。ケース分析は，オランダのクリエイティブ産業を支援するプログ

ラムである．Creative Industry Scientific Program(CRISP)の中で行なわれたプロジェクトの1つであるGreybut Mobile（GbM）プロジェクト[6]を対象に行なっている。Baha et al.(2013)では，プロジェクトの初期に行なわれたワークショップを対象に分析を行ない，デザイナーが作成したいくつかのバウンダリー・オブジェクトが，①Wicked Problemを理解・取り組むための具体的な知識と能力を持つ潜在的なステークホルダーから，鍵となるアクターを巻き込むことが可能であること，②知識創造活動の根底にあるコミットメントの強い，相互信頼から構成されるネットワークを構築することが可能であると述べられている。

　また，Valencia et al.(2013)では，PSSの中でも近年注目されるSmart-PSSの概念が取りあげられている。Smart-PSSとは，「情報を収集，処理，提供するために，マイクロチップ，ソフトウェア，センサー等の形で情報技術を含む」PSSの形式である（Rijsdijk and Hultink, 2009）。これまでのデザインマネジメント研究の領域では，プロダクトとサービスのデザインはそれぞれ異なる範囲で扱われてきたため，これらのSmart-PSSをデザインする方法の研究は萌芽的段階である。そのため，Valencia et al.(2013)では，専門家の参加によるPSSの中心的な要素の探求が行われている。具体的には，Smart-PSSの要因を探求するため，専門家に対してのインタビューとテストを行ない，その要素が特定された。専門家が選んだSmart-PSSの事例29件の内，それぞれの構成要素の項目をグラフィックデザイナーが視覚化し，その後それぞれのイラストと説明文を基に，16人のインダストリアルデザイナーがその要素を分類した。その結果として，①コンシューマー・エンパワーメント（Consumer empowerment），②サービスの個別化(Individualization of service)，③コミュニティ感（Community feeling），④サービスの関与（Service involvement），⑤製品の所有（Product ownership），⑥個別・共有体験（Individual / shared experience）のSmart-PSSの6つの特徴が抽出された。表1-2は，Smart-PSSの特徴と要素，代表的な事例についてまとめたものである。

表 1-2：Smart-PSS の特徴・要素と代表的な事例の内容と特徴（Valencia *et al*., (2013) をもとに筆者作成）

| Smart-PSS の特徴 | Smart-PSS の要素 | 事例 | 事例の内容 |
|---|---|---|---|
| コンシューマー・エンパワーメント | ①消費者にフィードバックを与え、コンテンツを選択することができる | WiFi Body Scae | 使用すると、顧客の体重と BMI 値が表示され、そのデータに適した情報を自動的にフィードバックすることができる |
| | ②製品やサービスの使用状況を知ることができる | Laundry View | コインランドリーを用いたサービスであり、近隣のランドリーの空き状況を知ることができる |
| | | iTunes | アプリの評価や使用数が表示され、意思決定をすることができる |
| | ③個人のニーズに適応する | Amazon's Kindle | 顧客情報を取り込むことにより、個別の顧客に適したコンテンツを提案することができる |
| サービスの個別化 | ①個々のニーズに対応する | Green Wheels | カーシェアリングサービスであり、顧客情報に基づき、近隣の自動車の空き状況を知ることができる |
| | ②消費者とプロバイダーのバーチャル・スケープ（岬）を用いる | Amazon's Kindle | 顧客に Kindle のコミュニケーション媒体を所有させることで、顧客とプロバイダーとの体験的なインタラクションを可能にする |
| | ③ヒューマン・ライク・インタラクション | Philips Lifeline | 緊急時に利用する高齢者のためのサービスであり、緊急時にボタンを押すと、フィリップスの担当者に直接電話がつながり、必要に合わせて医療サービスの手配を行なうことができる |
| | | Nike+ | ゴールを設定し、走ることで、コミュニティ参加者からのメッセージや様々な賞を受け取ることができる |
| コミュニティ感 | 顧客同士のつながり、情報交換 | Wattcher | センサーを用いることで、家庭内のエネルギーの消費を測ることができる。コミュニティフォーラムと連動することができ、他の参加者と比較することができる |

| サービスの関与 | 提供者と消費者の間の定期的に起きる相互作用 | Amazon's Kindle | 定期的な使用によるサービスの関与によって，顧客の情報を蓄積することで，最適化を行うことができる |
|---|---|---|---|
| 製品の所有 | サービスだけでなく製品があり，それを消費者が所有する | Green Wheels Laundry View | 製品を所有し，顧客がメンテナンスを行なう場合と，製品を所有しない場合があるが，どちらも使用の際には，製品が顧客の所有状態に変わる |
| 個別・共有体験 | 個人的である一方で，共有されている | Direct Life Nike+ | 健康状態を把握するために個人的に使用するものである一方で，その情報は共有され，フィードバックを得ることができる |

② Experience Design

近年の企業経営の中では，より良い顧客体験（Customer experience；以下，CX）を創造することによって，顧客のロイヤリティと競争優位を獲得することに焦点が当てられており（Badgett *et al.*, 2007），また，Vargo and Lusch（2008）では，経験的価値は，消費の快楽的な部分に位置付けられるものではなく，実用的な価値の一部であるとされ，CX を経営上の重要な戦略要件とする認識が広まってきている。しかし，その一方で，その収益上の貢献については，十分に理解されておらず（Klaus and Maklan, 2012），また，その経営戦略との関係性については深く述べられていないことが指摘されている（Ding *et al.*, 2010）。

Klaus and Edvardsson（2013）では，企業が優れた CX を創造し，価値提案と戦略を策定することのできるフレームワークを作成するために，CX に関連した戦略とマネジメントプログラムを策定する 22 社の企業のマネジャーに対してグラウンデッド・セオリー・アプローチを用いたインタビュー調査が行なわれた。その分析の結果として，①顧客の価値の認識に基づいた価値提案の作成，②価値の認識に合わせたサービスシステムの構築，③共創による価値をリソースとした顧客の取り込みと支援，が CX 戦略の要素として抽出された。最後に，これらの要素を取り入れた，Customer Experience Strategy Loop（CXSL）フレームワークが作成され，実践上の戦略策定方法が提案されている（図 1-4）。

その他にも，様々な視点からサービスと顧客の体験の関係を対象にした研究

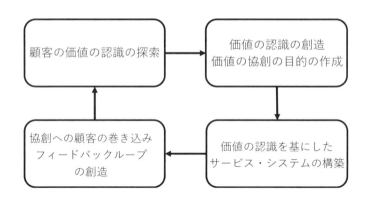

図1-4：Customer Experience Strategy Loop（CXSL）フレームワーク（Klaus and Edvardsson（2013）より筆者作成）

が行われており，アパレル業界のオンラインマーケットを対象に，顧客の購入までの体験をフローモデル（Csikszentmihalyi, 1990）を用いてフレームワークを作成した研究や（Bassi et al., 2013），エスノグラフィーを用いた，高齢者のスーパーマーケットでの顧客体験のデザイン（Qiu et al., 2013）の研究等が行なわれている。

③ Co-Creation

近年のサービスドミナントロジック（Vargo and Lusch, 2008）に代表されるサービスシステムに関しての研究と従来の研究との異なる点として，Klaus and Maklan（2012）は，サービスシステムの中でのユーザーやステークホルダーと企業との間の価値の共創（Co-Creation）の概念を挙げており，サービスシステムを，「機関や他のサービスシステムとの対話を通して，価値提案と情報共有を行なう，社会的，経済的アクター（オペラントリソース）と，テクノロジーやその他のリソース（オペランドリソース）の構成物」であると定義している。

Ojasalo and Keränen（2011）では，共創の概念を①価値の共創，②製品の共創，③イノベーション・デザインの共創，の異なる3つのレンズで捉えるCoCoフレームワークが提案されている。また，Keränen et al.（2013b）では，実際のビジネス上のステークホルダー，ユーザー，企業との関係を視覚的に表現するツールであるCoCo Cosmosを開発している。さらにKeränen et al.（2013a）では，

BtoB 企業 3 社を対象にケース分析を行い，共創のパターンの調査が行われている。その結果，①長期的な関係性を作るためのオリエンテーション，②積極的な対話，③顧客との定期的な会合，④顧客自身と顧客のビジネス関係の理解，⑤戦略とサービスのデザインへの顧客の巻き込みの 5 つの共創のパターンが創出された。

## (5) 戦略的デザインを対象とした研究領域
### ① Strategic Design

Topalian (2013) では，デザインのプロフェッショナルが与えることのできる経営戦略へのデザインの貢献について焦点が当てられている。Topalian (1999) では，デザインのプロフェッショナルによるデザインの戦略への関与とその貢献は，6 つのレベルで分類することができるとされている (表 1-3)。

デザインと戦略が結びついた最も高いレベルでは，デザインのプロフェッショナルは，企業のアイデンティティに大きな影響を及ぼすだけでなく，組織を取り巻く環境や基本的なネットワーク関係についても影響を与え，様々な分野から新鮮な洞察を得るための境界を拡張することが可能となる。デザインのプロフェッショナルの第二の貢献のレベルでは，ビジネスのミッション，目標，戦略，計画を統合し，整形することに貢献する。顧客の心を開き，新たなソリューションを実装するための信頼を構築し，戦略策定の意思決定に影響を与える。第三のレベルでは，デザイン戦略とコーポレートデザイン計画の作成

表 1-3：デザインの経営戦略への 6 つの貢献のレベル（Topalian (2013) より筆者作成）

| | |
|---|---|
| Level 1 | Contributions to strategic thinking |
| Level 2 | Contributions to business plans |
| Level 3 | Formulation of design strategies and corporate design plans |
| Level 4 | Formulation of design programmes |
| Level 5 | Interpretation and evaluation of design-related data |
| Level 6 | Supply of raw design data |

に関与する。企業の中の他の機能と密接な相互作用が保証され，デザイン目標と戦略の重要性が理解され，明確な目的のもとデザインのプロフェッショナルとその他の部門が統合されることにより，投資したリソースの効果を十分に発揮することが可能となる。第四のレベルでは，企業の意思決定に基づき，デザインに関する戦略を肉付けすることで関与する。これらのレベルを段階的に通して，企業の全社的なデザイン戦略として遂行されるものであるとしている(Topalian, 2013)。

　また，企業のデザイン能力を測定することは，これまでいくつかの研究で対象とされてきた。中国のデザイン組織を持つ企業を対象に企業のデザイン能力の指標を提案した Hesket and liu（2012）では，企業のデザイン能力は，①デザインアウェアネスの高さ，②ビジネス競争力への貢献度，③デザインの内部組織化，④デザインの形式化度，⑤デザインプロセスの統合度，⑥企業の規模，の6つのディメンションに分類することができ，それらの指標が大きいほど，企業のデザイン能力が高いとされている。同様に，Design Management Europe（DME）では，①デザインアウェアネスの高さ，②デザイン活用の計画性，③デザインへのリソースの割当て，④社内外のデザインの専門知識の活用度，⑤デザインプロセスの統合度，の5つの能力値を基に，企業のデザイン能力の指標が作成されている。

　これらの背景を基に Storvang et al.（2013）では，企業のデザイン能力を，①デザインアウェアネス（組織の中の誰がデザインについて考えるのか），②内部のプロセスの中でのデザインの重要度（デザインがどのプロセスに活用されるのか），③ユーザーとのエンゲージメント（どのようにユーザーが関与するのか），④イノベーション・ドライバー（何がイノベーションを駆動するのか），⑤デザイン能力（デザイン活用はどのように行なわれているのか），の5つの指標が作成された。続いて，作成された指標を基に，デンマークの代表的なデザイン企業9社に対して，企業のデザイン能力に対しての調査を行い，企業が全社的なレベルでデザイン戦略を取り入れるまでのベンチマークとして活用することのできるフレームワークの提案が行われた(図1-5)。

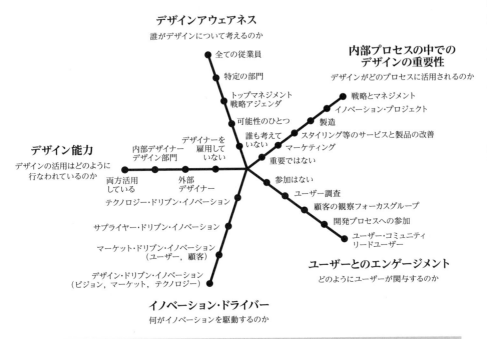

図1-5：企業のデザインキャパシティーのフレームワーク（Storvang *et al.*（2013）より筆者作成）

② 内部デザイナーと外部デザイナーの活用

　デザイン戦略の文脈では，デザイン部門，またはデザイナーを社内外のどちらに（または両方に）所有するのかという問題は，全社的なデザイン戦略を策定する上で重要な要素である。内部デザイナーを雇用する場合，デザイナーが組織の所有する知識を統合することにより，企業は開発コストの削減や，リードタイムの減少等の多くの恩恵を受けることになる（Moedas and Jouini, 2008）。また，デザイナーは組織と部門間のバウンダリーとしての役割を持っているとされる（Beverland, 2005; Veryzer, 2005）。このような観点では，デザイナーには，自由性や独立性を要求される創造力よりも，製造とマーケティングの接合部に存在する，仲介役としての期待が存在していると捉えられる。その一方で，外部デザイナーの活用は，組織の制約に阻まれず，新鮮なアイデアの収集を可能にするとされる。また，外部のデザイナーは，知識仲介者（Knowledge

Broker）としての側面を持ち，組織に対して外部の知識を持ち込むことにより，様々な恩恵をもたらす（Hargadon and Sutton, 1997）。

　Perks *et al.*（2005）が行なったケース分析では，組織が革新的な新製品に取り組む場合，外部のデザイナーはより広範囲な役割を持っていることが明らかにされた。また，Chiva and Alegre（2007）では，組織に所属するデザイナーのデザインスキル等のデザインリソースと，組織でのデザインポジション（デザイン部門の位置）との間の関係性について調査を行い，内部にデザイン部門を持つ企業ではデザイナーのスキルに対して重点を置いていることが明らかになり，外部デザイナーを活用する組織では，デザイナーのスキル以外のアイデアや創造性といった点に重点を置いていることが明らかになった。

　Moedas and Pereira（2013）では，内部のデザイン組織やデザイナーを抱える組織が，外部のデザイナーを活用する場合の意思決定をどのように行うのかについて，7つの企業を対象にケーススタディが行われた。結果として，外部デザイナーを活用した企業は急進的なイノベーションを求める傾向があり，内部デザイナーを活用する企業はより漸進的なイノベーションを求める傾向があることが明らかにされた。

　③ 曖昧性（ambiguity）のマネジメント
　Nixon and Lingo（2013）では，戦略上の曖昧性（ambiguity）について検討が行われている。曖昧性（ambiguity）とは，不確実性（uncertainly）と異なり，既存の問題に対して，他の新たな情報を得ることで解決されるものではなく，ステークホルダーやチーム内でのセンスメーキングや共通の解釈を必要とする問題である。ビジネス環境は複雑であり，組織のアクターは不明確な環境に適応しなければならない（Martin, 2009; Rosen, 2000）。このような不確実な環境下でイノベーションを創出するためには，複数の専門分野，組織，ネットワークの全体から必要な専門知識を統合する必要性があるが，そこには共通の理解が存在していない。リーダーが他の専門分野やネットワークなどから人員を必要とする際には，その曖昧性をマネジメントすることが必要でありリーダーシップの役割として認識されている（Long Lingo and O'Mahony, 2010）。

　Nixon and Lingo（2013）は，フィラデルフィア大学のMBAの戦略デザインコースに所属する学生が，どのようにして曖昧性（ambiguity）をマネジメント

することができるのかについて，コースのプロジェクトに対しての観察とインタビューを用いることで明らかにしている。分析を通して，曖昧性を①品質を高めるための成功要因の曖昧性，②職業専門領域の曖昧性，③知識の統合のプロセスの曖昧性，の3つに定義している。これらの曖昧性に対して，デザインシンキング等のデザイナーの方法論を取り入れることで解決することが可能であるとした。具体的には，ビジュアルシンキングやラピッドプロトタイピングを用いた視覚的な情報を取り入れることを行なうことによって，曖昧性の回避が可能であるとしている。

また，New and Kimbell (2013) では，オックスフォード大学で行なわれた，技術主導型企業とデザイナー，コンサルタントが参加する包括的なサービスデザインを目的とした共同プロジェクトへの参加と観察から，デザイナーとコンサルタントの共感 (empathy) の違いについて述べられている。デザイナーとコンサルタントの異なる点として，チームワークの中での可視化を重視することと，デザイナーが持つ曖昧性に対しての高い許容能力が指摘されている。伝統的なコンサルタントは，顧客やユーザーに対しての合理的な側面から，認識的な共感 (cognitive empathy) を重視するものの，感情的な共感 (affective empathy) を重視しない (New and Kimbell, 2013)。その一方で，デザイナーは美的な側面から，顧客との感情的な共感を重視する。曖昧性に対して，コンサルタントは既存のソリューションを基に思考するのに対して，デザイナーは事前に用意された既知のソリューションでは無く，比喩的なロジックを用いて，クライアントとユーザーの間に新たなソリューションを志向する点が異なる点であると述べられている。

また，Eisenberg (2007) は，曖昧性を経営的アプローチの視座から説明している。そこでは，組織に所属する成員が時間の経過や重要な文脈的な手がかりを排除するといった，他者の解釈に委ねる範囲を残すことによるコミュニケーション戦略を意図的に使用することにより，階層的な組織のプロセスとチームベースの水平的なダイナミクスの共存を促進することができると指摘している。Eisenberg (2013) では，戦略的な曖昧性が，デザイン組織の中でどのようにマネジメントされるのかについて，マサチューセッツ工科大学のデザイン・ラボである SENSEable City Lab に対してのエスノグラフィーを用いて調査が行なわれている。

## 2. デザインマネジメント研究の射程と課題

### (1) 新製品開発（NPD）を対象とした研究領域における考察

　デザインマネジメント研究での新製品開発の分野では，近年注目されるデザインシンキングや，その過程で使用されるプロトタイプについての研究が中心であった。またその対比として，欧州で近年注目されるアーティスティック・インターベンションの概念について取り上げた。

　新製品開発の研究では，企業の中での製品開発のプロセスの中で，デザイン部門がどのように，どの段階から関与するのか，またデザイナーが部門間の理解をどのように促すか，といった研究が中心に行われてきた（Griffin and Hauser, 1992; Song and Parry, 1992）。このような研究に加えて，近年の新製品開発の新たな領域として，デザインシンキングに関しての研究が多く行なわれる様になってきている。デザインシンキングが求められるようになった背景としては，従来のアプローチでも解決することの出来ない，Wicked problem の存在が挙げられる（Rittel and Weber, 1973）。このような問題に対しての認識の広まりが，異分野の協働による問題解決型のアプローチであるデザインシンキングに注目が集まる背景であったと考えられる。また，デザインシンキングのアプローチの中では，デザインプロジェクトに参加する様々な専門領域を持つステークホルダー間の共通理解を持つことの必要性が指摘されている。このような必要性に対して，チーム内だけでなく，チーム外，ユーザーとの共通理解を促すための，プロトタイプの作成が重要な役割を持っていることが指摘された。

　その一方で，欧州ではデザイナーのアートの側面を重視した，アーティスティック・インターベンションについての研究が行われている。デザインシンキングが問題解決型のアプローチであるのに対して，アーティスティック・インターベンションは，問題発見型のアプローチであるとされる（Johansson-Sköldberg and Woodilla, 2013）。具体的には，組織にアートの視点を取り入れ，組織文化の再解釈や創造性を養う観点で導入されるものである。アーティスティック・インターベンションでは，特にデザインシンキングの芸術性の観点の欠如を指摘する。

　これらの研究から，いくつかの疑問点が挙げられる。1つ目は，デザインシ

ンキングの実践者であるデザインシンカーは誰なのか，という疑問である．デザインシンキングに関しての研究では，実践者のチームは様々な専門領域を持つ成員で構成されていることが指摘されており，デザイナーはその中の成員の一人であるに過ぎない．上述のように，デザインシンキングは，デザイナーの思考方法や，手法を用いて問題解決を行なうアプローチであるため，アプローチそれ自体が，デザイナーの思考方法を一般化したものであると考えられる．デザイナーの役割を，プロトタイプの制作等の可視化の役割であると捉えることもできるが，Rhinow et al.（2013）の研究で見られるような，より形式化されたプロトタイプのガイドライン作成により，デザイナーでない実践者でも容易にプロトタイプの制作を行なうことができるようになる．デザイナーをデザインシンキングの先導者（デザインシンカー）として捉えるのか，プロジェクトの成員としての別の役割の視点で捉えるのかについて，より深く検討する必要があると考えられる．

　２つ目は，デザインシンキングにおける芸術性の側面についてである．デザインシンキングへの批判として，アーティスティック・インターベンションの研究ではその芸術性の欠如を指摘しているが，疑問点としてデザインシンキングそれ自体に芸術性の観点を取り入れる必要性があるのか，という点が挙げられる．確かに，デザイナーのアートの側面のルーツの軽視は，デザインマネジメント分野の研究ではたびたび指摘されてきたが（Kimbell, 2011, 2012），問題解決の合理的なアプローチとしてデザインシンキングを捉える場合，芸術性の観点は，課題発見型のアプローチにこそ求められるものである．企業が問題解決型のアプローチか，問題発見型のアプローチのどちらを求めるかによって，応用的・複合的に用いる可能性も考えられる．

## (2) サービスデザインを対象とした研究領域における考察

　サービスデザインの分野では，PSS の形式をとる製品とサービスを組み合わせたソリューションの提案や，顧客の経験的価値を意識したエクスペリエンス・デザイン，顧客との協創の概念を取り上げた．

　この分野では，第一に，顧客のロイヤリティと競争優位を獲得するため，優れた顧客体験（CX）を創出することが求められており，CX をどのように創造するのかが中心的な議論であった．また，より良い CX を創造するためには，顧

客との共創（Co-creation）の概念を含む，サービスシステムの構築が必要であることが指摘されている。また，このようなサービスシステムの中でも，近年注目される，物理的な製品の使用を組み合わせた PSS（Product Service System）についての研究が中心的に行なわれている。

PSS に関しての研究では，PSS の構築のために構成されるコラボレーティブ・ネットワークの重要性や，Smart-PSS の要素についての研究が行われた。様々なステークホルダーが参加し，水平的なヒエラルキーを重視するコラボレーティブ・ネットワークでは，デザイナーはバウンダリー・オブジェクトを作成することにより，Wicked Problem を理解し取り組むための知識と能力を持つ潜在的なステークホルダーの中から，鍵となるアクターを巻き込むことや，信頼性が高くコミットメントの強いネットワークを構築することが可能である。

また，エクスペリエンス・デザインの分野では，顧客の体験価値の創造には，①顧客の価値の認識に基づいた価値提案の作成，②価値の認識に合わせたサービスシステムの構築，③共創による価値をリソースとした，顧客の取り込みと支援の要素が重要であるとされ，それらの要素の経営戦略への応用が述べられた。

この分野の研究の特徴的な点として，エスノグラフィーやグラウンデッドセオリー，ケーススタディを用いたフレームワークの検証等，仮説構築型の研究が多く行なわれていることが挙げられる。これらの研究方法が採用されている理由としては，この分野の研究はまだまだ萌芽的な段階であり，共通の基盤が構築されていないことが挙げられる（Klaus and Maklan, 2012）。

また，PSS の研究では，コラボレーティブ・ネットワークのようなオープンなアプローチを採用する点が強調されているが，CX の研究分野や共創の分野では顧客の関与という視点では一致しているものの，オープンなネットワークを採用するアプローチと，クローズドなネットワークを活用する視点が存在する。サービスシステムはオープンなものであるが，その開発についてはどのような形態をとるのかといった点も検討すべきであると考えられる。具体的には，Kernen et al. (2013) で明らかにされた①長期的な関係性を作るためのオリエンテーション，②積極的な対話，③顧客との定期的な会合，④顧客自身と顧客のビジネス関係の理解，⑤戦略とサービスのデザインへの顧客の巻き込み，の 5 つの共創のパターンを開発と運用のどの段階で取り入れるべきであるか，

またその戦略への統合についても今後検討していく必要性があると考えられる。

### (3) 戦略的デザインを対象とした研究領域における考察

戦略的デザインの研究領域では，戦略的デザイン，曖昧性，内部デザイナーと外部デザイナーの活用といった概念について取り上げた。

従来のデザインマネジメント研究では，デザイン戦略は主に製品の差別化の側面や，コーポレート・アイデンティティの形成といった側面について研究が行われてきた。それに対して，近年の戦略的デザイン（Strategic design）の研究領域では，デザインをより全社的に導入するための方法や，企業のデザイン能力の把握と分析についての研究が中心となった。

企業の戦略的デザインに対してのデザインの貢献のレベルには6つのレベルがあるとされ，デザインに関係するデータの活用から，デザインプログラムの形成，デザイン戦略やデザインプランの作成などのデザイン部門内の戦略への貢献から，さらにはビジネスプランへの貢献，戦略的思考への貢献といった，より全社的な戦略策定のレベルでの貢献が可能であるとされる（Topalian 2013）。

また，このような企業のデザイン能力は，①デザインアウェアネス，②内部のプロセスの中でのデザインの重要度，③ユーザーとのエンゲージメント，④イノベーション・ドライバー，⑤デザイン能力の5つの指標で測ることが可能である（Storvang et al., 2013）。加えて，内部にデザイン部門，デザイナーを活用する企業では，より漸進的なイノベーションを求め，外部のデザイナーを活用する企業では，より急進的なイノベーションを求める傾向がある（Moedas and Pereira, 2013）。

Topalian (2013) の6段階のレベルは，大まかに①デザイン部門内のデザイン戦略への貢献，②全社的な戦略策定のレベルでの貢献の2つに分類することができる。

①デザイン部門内のデザイン戦略への貢献の段階では，Storvang et al. (2013) で述べられた6つの指標の値は低いものと考えられる。例えば，デザインアウェアネスの項目では，全ての企業成員がデザインの意識を持つことが最も能力が高いと述べられており，この段階での貢献は，デザイン部門内での戦略へ

の貢献に停まり，デザインのイノベーション・ドライバーとしての認識も低いものと考えられる。その一方で，②全社的な戦略策定のレベルでの貢献では，デザインアウェアネスが高く，デザインをイノベーション・ドライバーとする認識が高い企業である程，より高いレベルでの戦略への貢献が行なわれていると考えられるだろう。

　また，デザイン能力の指標では，内部デザイナーと外部デザイナーの両方を活用する企業が最もデザイン能力が高いとしており，内部のプロセスの中でのデザインの重要度の指標では，戦略やマネジメント，イノベーションプロジェクトに重点を置く企業が，デザイン能力が高いとされる（表1-3）。Moedas and Pereira(2013)の研究を踏まえれば，内部デザイナーの活用は漸進的なイノベーションを，外部デザイナーの活用はより急進的なイノベーションを期待して行なわれるものであり，どのような目的と意図や成果を期待して外部のデザイナーを活用するのかといった視点も，企業がデザイン戦略を取り入れる際に重要であると考えられる。

　具体的には，急進的なイノベーションを期待される外部デザイナーの活用は，全社的な戦略の策定にどのように影響を与えるのかといった視点や，外部デザイナーと内部のデザイン部門のデザイナーを複合的に活用する方法と戦略への統合といった視点も，検討していく必要性があると考えられる。

## (4) デザインマネジメント研究における今後の課題

　本章ではデザインマネジメント研究の射程を明らかにするため，CADMC2013における研究の分析から新製品開発・サービスデザイン・戦略的デザインの領域を設定し，それらの考察を行なってきた。全体的な傾向として，Sköldberg(2013)が述べた様に，近年のデザインマネジメント分野の研究では，デザインそのものがイノベーションの源泉として捉えられる様になったこと（Lockwood 2010），プロダクトとサービスを結びつけた製品開発の必要性について認知され始めたこと，そして，デザインシンキングの手法が普及し，新たな研究領域が生まれたことの3つの観点の影響が強く感じられた。

　デザインシンキングの研究では，プロトタイプを用いた可視化の効果や，デザインシンキング内でのデザイナーの役割を中心に議論が行なわれた。特に，デザイナーをデザインシンキングの先導者（デザインシンカー）として捉える

のか，プロジェクトの成員としての別の役割の視点で捉えるのかについて，より深く検討する必要性があると考えられる。

また，リーダーシップ研究で求められる曖昧性のマネジメントの視点からは（Long Lingo and O'Mahony, 2010），デザイナーは，曖昧性に対しての高い許容能力を持ち，比喩的なロジックを用いて，クライアントとユーザーの間の新たなソリューションを志向することについて述べられた（Nixon and Lingo, 2013）。様々なステークホルダーが参加するソリューション志向のプロジェクトでは，デザイナーのそのような側面が重要であるとも考えられる。デザインシンキングの方法論は，日本の企業も徐々に取り入れ始めており（日経デザイン，2014），そのアプローチの中でのデザイナーのデザインシンキングへの貢献について検討していく必要性があると考えられる。

その一方で，デザイナーの芸術性の側面を重視した視点も存在していた。デザイナープロフェッションの中での芸術性のルーツを意識することは，デザインシンキングの主導者としての役割以外の，別の役割として重要である可能性も考えられる。このような観点からも，デザイナーのプロフェッションや芸術性の側面の役割について，研究を行う必要性があるだろう。

また，サービスデザインの研究では，協創の概念や，PSS，CXの創出が議論の中心であったが，これらの概念の精緻化とそれぞれの関係性について，より深い検討を行っていくべきだと考えられる。また，その戦略への統合についても今後検討していく必要性があると考えられる。

戦略的デザインの分野では，企業のデザイン能力を高めるための，デザインの統合をどのようにして行なっていくのかが今後の議論の中心になると考えられる。具体的には，外部デザイナーの活用は，全社的な戦略の策定にどのように影響を与えるのかといった視点や，外部デザイナーと内部のデザイン部門，デザイナーを複合的に活用する方法と戦略への統合といった視点を，検討していく必要性があると考えられる。今後の可能性としては，Storvang et al.（2013）の研究での，ユーザーとのエンゲージメントといた視点から（図1-5），協創やCXといった概念を活用したよりユーザーの共感を重視した戦略の研究も必要となるだろう。

最後に，CADMC2013における研究で採用されている方法論の全体的な傾向として，63件の論文のうちケース分析を行なったものが多く，かつインタ

ビューによる理論構築を目的とする研究が多く見られた。具体的には，企業やプロジェクトを対象に担当者に対してのインタビューを行なう方法をとる論文が多く存在していた。その一方で，質問調査，オンラインアンケートを用いた大規模な定量調査を行なった論文は3件であった。研究が萌芽的段階であるため，仮説構築型の研究が多く行われる傾向があったが，今後の理論の発展には，定量的な研究方法を取ることによる，理論の精緻化も必要であると考えられる。デザインマネジメント研究の今後の発展において，以上の観点からより深い検討が行われていくべきであると考える。

注釈
1) キーワードは完全に同一なものの他に，PSS と Product Service System，NPD と New Product Development といった，同義と考えられるものを加えて検出した。なお，キーワードの件数の検出には，テキストマイニングのフリーソフトである TTM (http://mtmr.jp/ttm/)を使用している。
2) キーワードのネットワーク図の作成には，社会ネットワーク分析のフリーソフトである Pajek (http://vlado.fmf.uni-lj.si/pub/networks//pajek/) を使用した。各点の大きさは，検出されたキーワードの件数が反映され，それぞれの点からの線は，論文に設定されたキーワードのつながりを表している。
3) Design Thinking は日本語では「デザイン思考」と訳されるが，その内容解釈には注意が必要である。ここでは Design Thinking 研究における概要を把握することを優先するために「デザインシンキング」と表記し，主流で包括的な概念を説明する。Design Thinking 研究に関する詳細の検討は第3章を参照のこと。
4) "Wicked Problem" とは，Rittel and Weber's(1973)の定義によれば，「不完全で，矛盾しており，認識することすら困難であるため，多くの場合根本的な解決を施すことが難しい社会性を帯びた問題」である。この種の問題は完全に解決することが困難であり，またその問題は時間と共に様々に変容するため，解決のためのリソースの配分が困難で，純粋な合理的アプローチでは解決することの出来ない問題でもある (Rittel and Weber's, 1973)。従来の視点に立つ「正しい」，もしくは「最適な」解を提案することは不可能であり，標準的な方法ではない創造的な解が求められる。これらの問題は，Ill-structured (Simon, 1984)，Paradoxical (Dorst, 2006) のように，これまでも社会科学の分野で論点とされてきた問題である(詳細は，第5章参照のこと)。
5) アーティスティック・インターベンション研究に関する詳細の検討は，第6章を参照のこと。
6) プロジェクトでは，「モビリティと関連するオランダの高齢者の社会参加とそのケアについて」をテーマに，PSS を活用したアイデアの提案を目標に行なわれた。

## 参考文献

Abecassis-Moedas, C., and Mahmoud-Jouini, S. B. (2008) "Absorptive capacity and source-recipient complementarity in designing new products: An empirically derived framework." *Journal of Product Innovation Management*, 25, pp.473-80.

Abecassis-Moedas, C. and Pereira, J. (2013) "Incremental vs. Radical Innovation as a Determinant of Design Position", *Proceedings of the 2nd Cambridge Academic Design Management Conference*, 4-5 September 2013, University of Cambridge.

Austin, R. and Devin, L. (2003). *Artful making—What Managers Need to Know About How Artists Work*, Upper Saddle River, NJ: Financial Times Press.

Badgett, M., Boyce, M.S. and Kleinberger, H. (2007). *Turning Shoppers into Advocates*, IBM Institute for Business Value.

Baha, E., Sturkenboom, N., Lu, Y. and Raijmakers, B., "Using Design to Initiate Collaborative." *Proceedings of the 2nd Cambridge Academic Design Management Conference*, 4-5 September 2013, University of Cambridge.

Bassi, N. S., Smart, P. A., and Ponsignon, F. (2013) "Designing for flow in online apparel retail." *Proceedings of the 2nd Cambridge Academic Design Management Conference*, 4-5 September 2013, University of Cambridge.

Beverland, M. B. (2005) "Managing the Design Innovation—Brand Marketing Interface: Resolving the Tension between Artistic Creation and Commercial Imperatives." *Journal of Product Innovation Management*, 22(2), pp.193-207.

Biehl-Missal, B. and Berthoin-Antal, A. (2011) "The Impact of Arts-based Initiatives on People and Organizations: Research Findings, Challenges for Evaluation and Research, and Caveats." In Giełda Papierów Wartościowych Warsaw Stock Exchange(ed.) *Creative Partnerships—Culture in Business and Business in Culture*, Warsaw, Poland: KEA —European Affairs, in Partnership with British Council, December 3, 2011.

Brown, T. (2008) "Design thinking." *Harvard Business Review*, 86(6), pp.84-92.（「人間中心のイノベーションへ：IDEO デザイン・シンキング」『Diamond ハーバード・ビジネス・レビュー』2008 年 12 月号, ダイヤモンド社, pp.56-68.）

Brown, T. (2009). *Change by design: How design thinking transforms organizations and inspires innovation*, NY: HarperCollins.（千葉敏生（訳）(2010)『デザイン思考が世界を変える ― イノベーションを導く新しい考え方』早川書房）

Buchanan, R. (1992) "Wicked problems in design thinking." *Design Issues*, 8(2), pp.5-21.

Chiva, R. and Alegre, J. (2007) "Linking design management skills and design function organization: An empirical study of Spanish and Italian ceramic tile producers." *Technovation*, 27, pp.616-627.

CRISP (2010). *Creative industry scientific program (CRISP)—design of product service systems*, CRISP.

Csikszentmihalyi (1990). *Flow: the psychology of optimal experience*, NY: Harper & Row.（今村浩明（訳）(1996)『フロー体験 ― 喜びの現象学 ―』世界思想社）

den Ouden, P. H. (2011). *Innovation Design—Creating Value for People, Organizations and Society*, Springer.

Dorst, K. (2006) "Design problems and design paradoxes." *Design Issues*, 22(3), pp.4-17.

Ding, X. D., Hu, J. P., Verma, R. and Wardell, D. G. (2010) "The Impact of Service System Design and Flow Experience on Customer Satisfaction in Online Financial Services." *Journal of Service Research*, 13(1), pp.96-110.

Eisenberg, E. M. (2007). *Strategic ambiguities: essays on communication, organization, and identity*, Thousand Oaks: Sage Publications.

Farr, M. (1965), "Design Management. Why Is It Needed Now?" *Design Journal*, 200, pp.38-39.

Gagliardi, P. (2006) "Exploring the aesthetic side of organizational life", In Clegg, S., Hardy, C., Lawrence, T. B. and Nord, W. (eds.). *Sage Handbook of Organization Studies,* London: Sage, pp.701-724.

Goedkoop, M. J., van Halen, C. J. G., te Riele, H. R. M. and Rommens, P. J. M. (1999). *Product Service Systems: ecological and economic basics*, Pre Consultants: The Netherlands.

Griffin, A. and Hauser, J. R. (1992) "Patterns of communication among marketing, engineering and manufacturing—a comparison between two new product teams." *Management Science*, 38 (3), pp.360-373.

Grzelec, A. and Prata, T. (2013). *Artists in Organisations—Mapping of European Producers of Artistic Interventions in Organisations*, Creative Clash.

Guillet de Monthoux, P. (2004). *The art firm: aesthetic management and metaphysical marketing*, CA: Stanford University Press.

Hargadon, A. B., and Sutton, R. I. (1997) "Technology brokering and innovation in a project development firm." *Administrative Science Quarterly*, 42, pp.716-49.

Heskett, J. and Liu, X. (2012) "Models of developing design capacity: perspective from China, Conference Proceedings", *International Design Management Research Conference*, August 8-9, 2012, Boston, M.A.

Johansson-Sköldberg, U. and Woodilla, J. (2013) "Relating the artistic practice of design to the design thinking discourse." *Proceedings of the 2nd Cambridge Academic Design Management Conference*, 4-5 September 2013, University of Cambridge.

Keränen, K., Dusch, B. and Ojasalo, B. (2013a). *A Co-creation Workbook and a Collection of Tools for Service Businesses*, Espoo: Laurea University of Applied Sciences.

Keränen, K., Dusch, B., Ojasalo, B. and Moultrie, J. (2013b) "Co-creation patterns: Insights from a collaborative service design tool." *Proceedings of the 2nd Cambridge Academic Design Management Conference*, 4-5 September 2013, University of Cambridge.

Kelley, T. and Littman, J. (2001). *The art of innovation—Lessons in creativity from IDEO, America's leading design firm*, NY: Random House. (鈴木主税・秀岡尚子(訳)(2002)『発想する会社！―世界最高のイノベーション・ファーム IDEO に学ぶイノベーションの技法』早川書房)

Kelley, T. and Littman, J. (2005). *The ten faces of innovation—IDEO's strategies for beating the devil's advocate & driving creativity throughout your organization*, NY: Random House. (鈴木主税(訳)(2006)『イノベーションの達人！―発想する会社をつくる10の人材』, 早川書房)

Klaus, P. P. and Edvardsson, B.(2013) "A critical examination of service systems' role in implementing customer experience (CX) strategies." *Proceedings of the 2nd Cambridge Academic Design Management Conference*, 4-5 September 2013, University of Cambridge.

Klaus, P. P. and Maklan, S. (2012) "EXQ: a multiple-item scale for assessing service experience." *Journal of Service Management*, Vol.23 (1), pp.5-33.

Lockwood, T. (ed.)(2010). *Design thinking: Integrating innovation, customer experience, and brand value*, NY: Allworth Press.

Long Lingo, E. and O'Mahony, S. (2010) "Nexus Work: Brokerage on Creative Projects." *Administrative Science Quarterly*, 55, pp.47-81.

Mandell, M., Keast, R. L. and Brown, A. (2009) "The importance of a new kind of learning in collaborative networks." *Proceedings of the European Group of Public Administration Conference: the Public Service: Service Delivery in the Information Age*, 2-5 September 2009, Malta.

Martin, R. (2009). *The Design of Business: Why Design Thinking is the Next Competitive Advantage*, MA: Harvard Business Press.

Matthews, J., Wrigley, C. and Bucolo, S. (2013) "From Strategic Design to Design Integration." *Proceedings of the 2nd Cambridge Academic Design Management Conference*, 4-5 September 2013, University of Cambridge.

McAloone, T. C. and Andreasen, M. M. (2002) "Defining Product Service Systems." *Design for X, Beiträge zum 13 Symposium*, Erlangen : Lehrstuhl für Konstruktionstechnik, TU, pp.51-60.

New, S. and Kimbell, L. (2013) "Chimps, Designers, Consultants and Empathy: A "Theory of Mind" for Service Design." *Proceedings of the 2nd Cambridge Academic Design Management Conference*, 4-5 September 2013, University of Cambridge.

Nixon, N. W. and Long Lingo, E. (2013) "Gaining Clarity on Ambiguity: An Initial Study on How Business Students Navigate Ambiguity Utilizing Strategic Design Principles." *Proceedings of the 2nd Cambridge Academic Design Management Conference*, 4-5 September 2013, University of Cambridge.

Ojasalo, K. and Keränen, K. (2011) "Designing a tool for analyzing the current state of a company's co-creation approach." *Proceedings of the 1st Cambridge Academic Design Management Conference*, 7-8 September 2011, University of Cambridge.

Perks, H., Cooper, R., and Jones, C. (2005) "Characterizing the role of design in new product development: An empirically derived taxonomy." *Journal of Product Innovation Management,* 22, pp.111-127.

Plattner, H., Meinel, C., and Weinberg, U. (2009). *Design Thinking: Innovation Lernen-IdeenweltenÖffnen*, Munich: mi-Wirtschaftsbuch.

Qiu, S., Yin, Y. and Ranchhod, A.(2013) "Silver Shoppers: designing a better supermarket experience for the older consumer." *Proceedings of the 2nd Cambridge Academic Design Management Conference*, 4-5 September 2013, University of Cambridge.

Rhinow, H., Köppen, E., Moritz, J., Jobst, B. and Meinel, C. (2013) "Prototypes for Innovation-Facing the Complexity of Prototyping." *Proceedings of the 2nd Cambridge Academic Design Management Conference*, 4-5 September 2013, University of Cambridge.

Riera, C., Kirner, K. and Lindemann, U. (2013) "Measuring and Improving the Performance of Product Development in Small and Medium Sized Enterprises." *Proceedings of the 2nd Cambridge Academic Design Management Conference*, 4-5 September 2013, University of Cambridge.

Rijsdijk, S. A. and Hultink, E. J. (2009) "How today's consumers perceive tomorrow's smart products." *Journal of Product Innovation Management*, 26(1), pp.24-42.

Rittel, H. W. J., and Webber, M. M. (1984) "Planning problems are wicked problems." In N. Cross (ed.). *Developments in design methodology*, Chichester: John Wiley & Sons.

Rosen, R. (2000). *Global literacies: Lessons on business leadership and national cultures*, NY: Simon & Schuster.

Schrage, M. (2006). Cultures of Prototyping. In T. Winograd (ed.), *Bringing design to software* (pp. 10:1-10:11). ACM Press. Retrieved May 13, 2019 (http://hci.stanford.edu/publications/bds/10-Schrage.pdf)

Simon, H. A. (1984) "The structure of ill-structured problems." In Cross, N. (ed.). *Developments in design methodology*, Chichester: John Wiley & Sons, pp.145-166.

Soila-Wadman, M. and Haselwanter, O. (2013) "Designing and Managing the Space for Creativity. Artistic Interventions for Strategic Development of an Organization in Resisting Environment." *Proceedings of the 2nd Cambridge Academic Design Management Conference*, 4-5 September 2013, University of Cambridge.

Song, X. M., and Parry, M. E. (1992) "The R&D-marketing interface in Japanese high-technology firms." *Journal of Product Innovation Management*, 9(2), pp.91-112.

Storgaard, M. (2013) "Strategic designer competence framework: Towards new understandings of the foundational skills." *Proceedings of the 2nd Cambridge Academic Design Management Conference*, 4-5 September 2013, University of Cambridge.

Storvang, P., Jensen, S., Christensen, P. and Storgaard, M. (2013) "Facilitating Innovation through Design in a Danish context-a framework for design capacity." *Proceedings of the 2nd Cambridge Academic Design Management Conference*, 4-5 September 2013, University of Cambridge.

Sturkenboom, N., Baha, S. E., Lu, Y. and Tempesta, G. (2013) "Using Social Media for Asynchronous Collaboration within Collaborative Networks." *Proceedings of PIN-C 2013*, The 3rd Participatory Innovation Conference, 18-20 June, 2013.

Terrey, N. (2013) "New Personas for Design Management: Public Management roles redefined for design." *Proceedings of the 2nd Cambridge Academic Design Management Conference*, 4-5 September 2013, University of Cambridge.

Topalian, A. (1995) "Design in strategic planning." *Proceedings of 'The Challenge of Complexity' 3rd International Conference on Design Management*, 21 August, 1995, University of Art and Design, Helsinki.

Topalian, A. (2013) "Leading through design: How design professionals enhance their strategic role." *Proceedings of the 2nd Cambridge Academic Design Management Conference*, 4-5 September 2013, University of Cambridge.

Vargo, S. L., Maglio, P. P., and Akaka, M. A. (2008) "On value and value co-creation: A service systems and service logic perspective." *European Management Journal*, 26(3), pp.145-152.

Verganti, R. (2009). *Design driven innovation: Changing the rules of competition by radically innovating what things mean*, Boston: Harvard Business School Press.（佐藤典司（監訳），岩谷昌樹・八重樫文（監訳・訳），立命館大学 DML（Design Management Lab）（訳）(2016)『デザイン・ドリブン・イノベーション』クロスメディア・パブリッシング）

Vermaas, P. (2013) "On Managing Innovative Design Projects Methodologically: The Case of Framing." *Proceedings of the 2nd Cambridge Academic Design Management Conference*, 4-5 September 2013, University of Cambridge.

Veryzer, R. W., and Mozota, B. B. (2005) "The Impact of User-Oriented Design on New Product Development: An Examination of Fundamental Relationships." *Journal of Product Innovation Management*, 22(2), pp.128-143.

Von Hippel, E. (2001) "Innovation by User Communities: Learning from Open-Source Software." *MIT Sloan Management Review*, 42(4), pp.82-86.

日経デザイン(2014)『実践デザイン・シンキング』日経 BP 社

付録：CADMC2013におけるキーワードのネットワーク

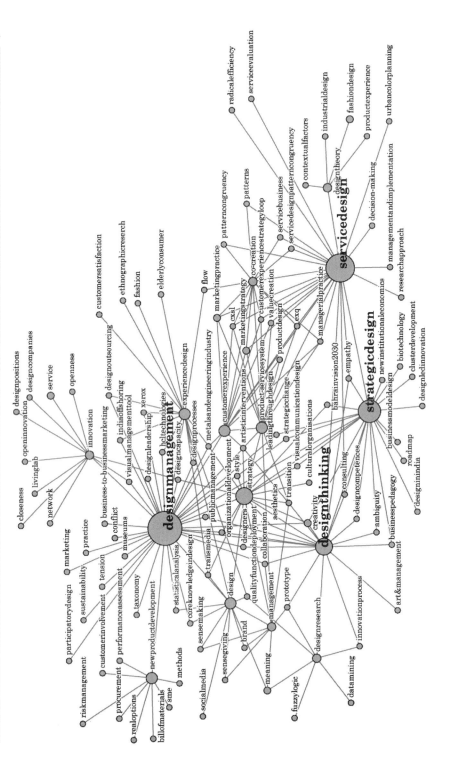

# 第 2 章

# デザインマネジメント研究の展望：
# 国際会議 DMA2017 における研究の分析

## 1. 国際会議 DMA2017 における研究の分析

### (1) DMA（Design Management Academy）

　DMA（Design Management Academy：以下，DMA）は，Design Society の部会である Design Management Special Interest Group（DeMSIG と，Deign Research Society の部会である Design Innovation Management Special Interest Group（DIMSIG）によって開催されているデザインマネジメント分野を対象とした国際学会である。Design Society は 2000 年から論文誌の刊行・学会運営を行う国際的なデザイン研究のコミュニティであり，Design Research Society は 1966 年に設立されたデザイン研究のコミュニティで，それぞれいくつかの SIG（Special Interest Group）によって構成されている。これら 2 つの団体に所属する部会の共同により，2017 年より DMA を開催・運営しており，デザインマネジメント研究を推進する学会の 1 つとなっている。

　本章では，2017 年 7 月に開催された DMA 2017 に投稿された論文内容の検討を通して，近年拡がるデザインマネジメント研究の展望について考察する。

### (2) DMA2017 における論文のキーワード分析

　DMA2017 で扱われた研究領域の把握を行なうため，ままず投稿された論文中のキーワードについての分析を行った。図 2-1 は，DMA2017 に投稿された

96論文中のキーワードに設定された件数を検出し，その件数が3件以上のものを示したものである。DMA2017に投稿された論文では，Service Designをキーワードに設定する論文が最も多く，96論文中9件の論文がキーワードに設定していた。その次に多いキーワードはDesign Educationの7件であり，次いでDesign Management, Strategy, Design Thinking, Design, Product Service System, Co-Designが5件という結果であった。

また，図2-2（拡大図は付録P.58参照）は3件以上検出されたキーワードを対象に，それぞれの論文のキーワードの関係性をネットワークとして図示したものである。この図を見ると，Service Design, Design Education, Strategy, Design Thinking等のキーワードを中心にした領域が形成されていることがわかる。

そこで次節から，このキーワードの件数とネットワークの中心性を考慮し，デザインシンキングやアントレプレナーシップを中心としたデザインエデュケーションについての研究領域，PSS，サービタイゼーションを中心としたサービスデザインの研究領域，デザインマネジメント・ケイパビリティを中心とした戦略的デザインの研究領域の3つに分類し，それぞれの領域の中心的な概念を検討していく。

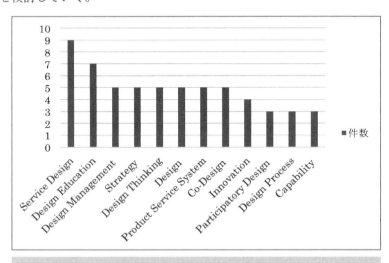

図2-1：DMA2017に投稿された論文のキーワードの件数[1]（筆者作成）

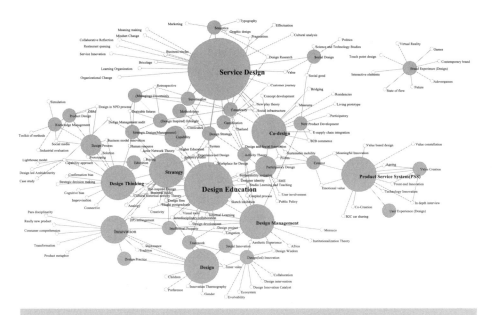

図2-2：DMA2017に投稿された論文のキーワードのネットワーク図[2]（筆者作成）

## （3）デザインエデュケーションを対象とした研究領域

### ① デザインシンキング[3]

　社会に求められるデザイナーの能力や役割の変化によって，高等教育におけるデザイン教育の方向性もまた変化してきている。デザインはイノベーションを生む方法として，デザイナーはそれを牽引する存在として認識され始めており（e.g. Brown, 2008; 2009; Brown and Martin, 2015; Verganti, 2008），従来のような1つの領域に関わる技能を持つデザイナーを輩出するだけでなく，現在では分野横断的な知識を持つデザイナーを排出することが求められてきている。このような変化は，マネジメントとデザイン，アントレプレナーシップといったプロフェッションの枠を超えた相互に関連し合う複合的なアプローチの開発を促している。

　近年の企業経営に関する文献の中では，デザインの製品の美観への貢献という伝統的な見方から，ビジネスそれ自体を変化させる戦略的役割としての貢献

という新たな視点へと推移してきており（Jalote-Parmar et al., 2017），デザインマネジメント研究（Boland and Collopy, 2004; Lockwood, 2010; Martin, 2009），イノベーション研究（Fagerberg et al., 2013; Martin, 2012）の双方から関心が高まっている。

また，近年ではプロダクト単体のデザインだけでなく，サービスやビジネスモデルといった無形物へとデザインの対象が変化してきている。さらに，これまでにない不確実性を伴うビジネス環境への変化や，厄介な問題（wicked problem）[4]に代表される社会問題の複雑化を背景に，サービスやビジネスそれ自体を扱う社会に求められる新たなデザイン人材を育成していくことが求められ，その教育・人材育成手法としてデザインシンキングが注目されている。

デザインシンキングは，「観察とコラボレーション，早い学習，アイデアの視覚化，コンセプトのラピッド・プロトタイピングとビジネス分析とを並行して行う，人間中心のイノベーションプロセス」（Lockwood, 2009）であり，チームベースの学際的な問題解決のアプローチであるとされている。典型的には，Brown（2008）やPlattoner et al.（2011）で指摘されている①共感，②定義，③アイデア開発，④プロトタイピング，⑤テストの5つの段階を経る直線的かつ反復的なプロセスとして描写されるものである。しかし，このデザインシンキングが手法を指すのか，デザイナーの思考それ自体を指すのか，研究者によってその解釈が一貫していないことも指摘されている。

Jalote-Parmar et al.（2017）によれば，Brown（2008）等のデザインシンキングの概念は，上述のデザインに典型的な5つのプロセス（①共感，②定義，③アイデア開発，④プロトタイピング，⑤テスト）を重視したプロセス・ベースでの概念化がなされている一方で，創造的問題解決における問題のフレーミング（Dorst, 2011）や，様々なステークホルダーとの共創によるデザイン（Boland and Collpy, 2004）といった，いくつかのデザイン研究で指摘されてきたイノベーションを促進する要素が含まれておらず，特にビジネスモデル開発へと応用するには不十分であるとされる（Jalote-Parmar et al., 2017）。Jalote-Parmar et al.（2017）では，問題のフレーミングと共創の概念を取り入れ，ビジネスモデル開発に効果的な新たなデザインシンキングのモデルを検討している。

また，Amano et al.（2017）では，デザインシンキングとビジネスモデル・イノベーションの共通点として，プロトタイピングに注目している。Sanders（2013）

によれば，これまでのデザイン分野におけるプロトタイピングは「それに何ができるか」を理解するためのものであったのに対して，ビジネスモデル開発におけるプロトタイプは，未来に意味を見出すための役割を持つものであるとされる。そして後者の場合においては，プロトタイプは単に製品の性能の理解を促すためのものではなく，新規性を開拓するための道具であり，未来の生活の仮説を表現し，テストする役割をもつ（Sanders, 2013）。

　その一方で，Liedtka (2015) によれば，デザインシンキングにはいくつかの異なるモデルが存在しているが，そのプロセスは，①ユーザーニーズのデータ収集，②アイデアの創出，③テストの3つのフェイズに要約することができる。そして，ほとんどの文献ではプロトタイピングは③のテストのフェイズで用いられるものであり，プロジェクトの後半に導入される手法・プロセスである。一方，ビジネスモデルのイノベーションに焦点を当てた文献で用いられるプロトタイピングは，より上流の段階での役割が示されている。Amano et al.(2017)ではこの点に着目し，ビジネスモデル開発とデザインシンキングのそれぞれのプロトタイピングに焦点を当て，イノベーションフェイズの上流で用いられるべきプロトタイピングに関して理論的検討を行っている。

　また，前述の厄介な問題に代表される社会は，企業の意思決定者の戦略的意思決定（Strategic decision-making）を複雑化し，より一層困難なものにしている。戦略的意思決定とは，日常的なルーティンとしての意思決定よりも構造化されておらず，それ自体が複雑であり，社内コンテクストと外部コンテクスト，さらに外部環境とのインタラクションを考慮しながら行う必要性がある（Ginsberg, 1988）。このような環境下では，意思決定者は経験から得られる判断のルールやヒューリスティクスを用いることによって問題を簡易化することに取り組むが（Levy, 1994; Schwenk, 1984），そこではしばしば認知バイアスが生まれてしまう（Haselton, 2005; Kahneman, 1982; Kahneman and Tversky, 1979）。このような認知バイアスを減少させる手段として，デザインシンキングで用いられる手法を取り入れることが効果的であることがいくつかの研究で示されてきた（Dorst, 2015; Liedtka, 2014; McCollough et al., 2013）。

　例えば，Liedtka (2014) では，デザインシンキングと認知バイアスの関係について以下のように整理されている（表2-1）。ここでは，アイデアの開発段階においては，エスノグラフィー，チーム・コラボレーションの手法が，投影

表 2-1：デザインシンキングと認知バイアスの関係（Liedtka（2015）より筆者作成）

| カテゴリー | 認知バイアス[5] | バイアスを減少させるデザインシンキングのテクニック |
|---|---|---|
| ①アイデア開発のバイアス | 投影バイアス<br>ホット／コールドバイアス<br>自己中心的共感バイアス<br>フォーカシング・イリュージョンバイアス | ・エスノグラフィック・リサーチによる深いデータ収集<br>・顧客経験の想像<br>・コラボレーティブ・ワークの実践 |
| ②ユーザー／顧客のバイアス | セイ・ドゥバイアス | ・質的方法論とプロトタイピングツールの活用<br>・参与観察 |
| ③実験のバイアス | 計画錯誤バイアス<br>確証バイアス<br>授かりバイアス<br>利用バイアス | ・仮説のテストのためのチームの教育<br>・様々なオプションとの協業<br>・市場での知見を反映させるために指揮をとる |

バイアス（projection bias），自己中心的共感バイアス（egocentric empathy bias），フォーカシング・イリュージョンバイアス（focusing illusion bias）を減少させることが示された。

　これらの研究をもとに，Kotina et al.（2017）は，デザインシンキングが企業の戦略的意思決定の，特に意味づけのフェイズにおいて，意思決定者が自身の確証バイアス（confirmation bias）を減少させる可能性について，小規模の組織を対象にしたケーススタディから論じている。ワークショップを実施した結果として，デザインシンキングにおける協調的意味づけ（Collaborative sense making）のプロセスが戦略的意思決定の確証バイアスを低減することを示し，組織の意思決定プロセスとその成果を改善し得ることが可能性として指摘された（Kotina et al., 2017）。

② デザインとアントレプレナーシップ
　また，デザインとアントレプレナーシップの近接性がデザイン教育，MBA教育の双方から指摘されている。デザインとアントレプレナーシップの接

点は，理論や実践的な観点，教育の観点を問わず，多くの研究で指摘されてきている（e.g. Acklin and Fust, 2014; Bessant and Tidd, 2007; Brown, 2009; Matthews, 2009）[6]。Fiet (2001) によれば，アントレプレナーシップ教育の焦点は，戦略，マネジメント，アイデア開発，リスク，合理性，ファイナンス，創造性等にあるとされるが，これらの内のいくつかの観点はデザインにも共通する。さらに，Fayolle (2013) によれば，近年アントレプレナー教育において異なるアプローチとして注目を集めるエフェクチュエーション（Sarasvathy, 2009）やブリコラージュ（Baker and Nelson, 2005; Levi-Strauss, 1966）は，より行為としてのデザインに近しい観点を持っている[7]。

まず，デザインの問題解決とアントレプレナーのビジネス機会の創造のアプローチは，双方ともに不確実性，曖昧性の中に自らを従事させる活動であることが挙げられる（Buchanan, 1992; Sarasvathy, 2001, 2009）。アントレプレナーシップ研究においては，起業機会を特定する能力は起業家の持つ最も重要な能力の1つとされてきた（Ardichvili et al., 2003）。そこでは，機会は「発見」されるものであるか，「創り出される」ものであるかという2つの異なる理論的な立場が存在している（Alvarez and Barney, 2007）。後者の「機会は創り出される」という視点に立てば，起業機会は，①ひとつ，または複数の経済的な価値を創出するアイデアや発明，②実現可能かつ価値のある望ましい成果を達成するための信念，③新たな経済物（製品・サービス）を生み出して目的を達成する行為の3つに分類し，定義することができる（Klenner et al., 2017）。

一方で，デザイン研究の領域において機会創出は，アブダクションの思考の結果として記述される。特にデザイン実践の文脈では，前述の曖昧性の高い厄介な問題に対してアブダクションを用いることが効果的であることが示されてきた（Dorst, 2011, 2015）。Karpen et al. (2017) によれば，サービスデザインの領域では，デザインは①ビジョンを描く（envisioning），②整理する（representing），③濃縮する（condensing），④枠組みを変える（reframing），⑤ブランド価値との連携（aligning with bland values），⑥結びつける（bonding）の6つの実践に分類され，このような行為とそれに付随する能力を組織のデザイン能力の基盤として捉えられている。

Klenner et al. (2017) では，上述の3つの起業機会のそれぞれに6つのデザイン行為が与える影響を検討し，デザインとアントレプレナーシップの相互作用

に関して，ビジネスモデルに関するサービスデザインの観点から仮説構築が行なわれた。表2-2は，起業機会の創出に貢献する6つのデザイン行為についてまとめたものである。

### (4) サービスデザインを対象にした研究領域

① PSS（Product-Service System）

PSSとは，製品とサービスを組み合わせると同時に，消費者への単一のソリューションとして市場へ提供される製品・サービスのことであり，消費者へ様々な経験価値を与えるものである（Goedkoop *et al.*, 1999）。PSSを対象にしたいくつかの研究では，PSSの成功には，企業が顧客に与えることのできる価値の組み合わせであるバリュー・プロポジション（ValueProposition：以下，VPと略）と，様々なアクターにとっての有益な相互作用を生むバリュー・コンステレーション（Value Constellation：以下，VCと略）の重要性が指摘されてきた（Frow and Payne, 2011; Libaers, *et al.*, 2010; Norman and Ramirez, 1994; Xing

表2-2：起業機会の創出に貢献する6つのデザイン行為（Karpen *et al.*（2017）より筆者作成）

| 起業機会 | デザイン行為 | 定義 |
| --- | --- | --- |
| ①経済的な価値を創出するアイデアや発明 | ビジョンを描く（envisioning） | 未来のシナリオを描き，ソリューションや経験の未来像を造るための出発点として用いる |
| | 整理する（representing） | 実現可能性や実行可能性よりも人間中心の望ましさを優先し，顧客など関係するステークホルダーのニーズを特定し整理する |
| | 濃縮する（condensing） | 情報の構造化，要約，総合化を行い，必要なデザイン要素間をつなげる |
| ②望ましい成果を達成するための信念 | 枠組みを変える（reframing） | 解決の難しい状況を再解釈するための，新しく面白い枠組みを定義する |
| | ブランド価値との連携（aligning with bland values） | 製品デザインとブランドの価値を連携させる |
| ③新たな経済物（製品・サービス）を生み出す行為 | 結びつける（bonding） | 建設的な対話とアイデア化のための心地よく相互関係的で社会心理的なコンテクストを築く |

*et al.*, 2013)。

　一方で，これまでの VP や VC の研究では，新たな技術を活用する際に，どのように適切な VP を特定し，VC を構築するべきであるのかという点については詳細に検討されておらず，またサービス開発における感性的な価値が PSS に与える影響についても明らかにされていない。Wu and Sung (2017) では，製品の意味に焦点を当てるデザイン・ドリブン・イノベーション (Design-Driven Innovation: 以下，DDI と略) (Verganti, 2009) のフレームワークを用いて，新技術を活用した PSS を対象に，VP が形成されるまでのプロセスがケーススタディを通して検討された。結果として，PSS におけるデザイン活動では，①新たな技術の核となる特徴を見つけ出す，②感情的・機能的な価値の熟考を通して，技術の核を革新的な意味へと解釈する，③技術的な実現可能性の分析を繰り返しながら，ステークホルダーからの批判を集める，といった3つの実践を通して VP が形成されることが明らかになっている (Wu and Sung, 2017)。

　また，Magistretti *et al.* (2017) は，新たな技術の探索に焦点を当てている。新たな技術を探索する際には，多くの選択肢の中から将来発展の見込める技術を適切に選択して投資しなければならない。近年では外部からの投資を募ったり (Chesbrough, 2006)，スタートアップを買収することによって技術やノウハウを得る企業も見られるが (Cassiman *et al.*, 2005)，スタートアップの買収は大きなリスクを伴うために，ほとんどの企業が既存の技術の継続的な自社開発を選択する企業が多いことが指摘されている (Mu, Peng and Mac Lachlan, 2009)。このような技術開発を企業内部で行う場合においても，なんらかの価値や意味を生み出すための洞察を得ることが必要となるが，実際には企業がどのようにそれを得るのかについては明らかになっていない。Magistretti *et al.* (2017) では，企業が技術に意味の洞察を得る「テクノロジー・エピファニー (Verganti, 2009, 2013)」の概念をもとに，シングル・ケース・スタディから検討が行われている。結果として，新技術に洞察を得るには，現在提供されているソリューションに基づき，近しい体験を定義することでニーズと情報を把握し，新しい製品に応用する①アクティビティ・チェイン (Activity Chain exploration) と，現在提供されているソリューションではなく，異なる体験が得られる方向への転換を図る②エクスペリエンス (Experience exploration) の2つの方法が理論化され，それぞれの特性が明らかにされた (表2-3)。

表 2-3：テクノロジー・エピファニーのアプローチ（Magistretti et al., 2017 より筆者作成）

| アプローチ | 定義 | 何を探求するべきか？ | どのような場合に選択されるべきか？ |
|---|---|---|---|
| ①アクティビティ・チェイン | 現在提供されているソリューションに基づき、近しい体験を特定することでニーズと情報を把握し、新しい製品に応用する。 | 技術によるアウトプット | 技術アプリケーションがよく知られている |
| ②エクスペリエンス | 現在提供されているソリューションではなく、異なる経験が得られる方向への転換を図る。 | 技術によって提供される総合的な経験 | 多くのアプリケーションが既に存在している |

② サービタイゼーションとサービスデザイン

さらに、いくつかの研究では、サービタイゼーション（servitization）とサービスデザインの関係についても理論検討がなされている。近年多くの製造業がサービタイゼーション（servitization）を選択し、より良い顧客経験を創造することによる顧客のロイヤリティと競争優位の獲得を試みている（Josephson et al., 2016）。このような製造業のサービス化が進められている一方で、製品主導からサービス主導の開発へと変化させることや、その戦略を推進するために組織の価値観、VP を変化させること、顧客中心のサービス志向（service oriented mindset）（Ostrom et al., 2015）を組織に根付かせることは難しい。特に、現在の製品主導のリソースやケイパビリティ、手法を生かしながらサービス化を行っていくことは極めて難しいとされている（Kowlakowski et al., 2015）。

Calabretta et al.（2017）は、サービスデザインの手法がサービス化をどのように促進するかについて、特に組織の価値観の変化を対象に、インタビュー、エスノグラフィー、ケース・スタディを複合的に用いてデザインコンサルティング会社のプロジェクトの調査を行った。そこで、サービスデザインの特性は、新たなサービスを生み出すための①人間中心性、②共創性、③反復性の3つにあるとしている。結果として、いくつかの企業はプロジェクトを通して顧客の

ニーズや顧客志向のビジョンをVPに加えていることを明らかにし，組織の顧客志向を高める可能性が指摘されている。

## （5）戦略的デザインを対象とした研究領域
### ① デザインマネジメント・ケイパビリティ

戦略的デザインの研究領域では，戦略的デザイン，戦略といったキーワードを中心に，企業のデザイン・ケイパビリティやデザイン主導のイノベーション戦略等を全社的に活用していくための方法やその理論の検討が議論の中心であった。前述のように，近年デザインはサービスやビジネスモデルといった対象へとその範囲を広げており，ブランド戦略やテクノロジー戦略との関係性が指摘されている。その中で，近年では特にデザイン・ケイパビリティへの注目が高まりつつある（Acklin and Fust, 2013）。

近年の学術界における知識社会とダイナミック・ケイパビリティ（以下，DCと略）への関心の高まりから，デザインマネジメントの分野においても固有のケイパビリティへ注目が集まっており，デザインマネジメント・ケイパビリティ（Design Management Capability: 以下，DMCと略）の概念化が進められている。

デザインマネジメントとは，デザインプロセスを遂行するために必要な一連の組織のマネジメント活動であるとされる（Gorb and Dumas, 1987; Jevnaker, 2000; Joziasse, 2000）。デザインマネジメントの考え方では，デザインプロセスは製品のデザイン（意匠設計）の段階を指すのではなく，研究開発，マーケティング，製造，インダストリアルデザイン，エンジニアリングといった他部門の制約を統合する，分野横断的な性質を持つ複合的なプロセスを指す。

一方で，DMCがどのようなものを指すのかについては，研究者の間でも一致した見解は得られていない。デザイン主導企業の持つケイパビリティに関する研究は，そもそもはデザインリーダーシップを対象にした研究領域で研究されてきた（Coulson and Woods, 2017; Jevnaker, 2000）。この概念が検討された当初は，単にビジネスにおけるリーダーシップ活動のレベルにのみ取り入れられていたが，前述のようにデザインの対象とする領域が変化してきたことと並行して，組織やシステムにおける様々なレベルにおいても検討されるようになってきた。図2-3は，Liu（2017）によって示された，これまでデザインマネ

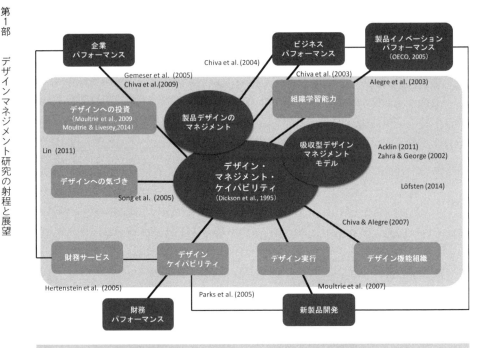

図2-3：DMCを対象にした研究の関係性（Liu, 2017より筆者作成）

ジメント研究で検討されてきたケイパビリティの研究の関係性を図示したものである。

　Coulson and Woods (2017) は，これまでのDMCを対象にした研究において，DMCと組織のパフォーマンスの関係性がそれぞれ検討されてきた一方で，これらはデザインマネジメントのプロセスを反映しておらず，どのようなケイパビリティがどのフェイズで発揮されるべきなのかについては詳細な検討がなされなかったことを指摘している。特に，近年のデザイン主導のイノベーションのプロセスを踏まえて検討された事例は少なく，求められるケイパビリティも明確にされていない。これらの問題点を踏まえて，Coulson and Woods(2017)では，ケーススタディを通してDMCを5つのデザインプロセスに分類し，それぞれのフェイズで求められるケイパビリティを明らかにした。特に，デザインプロセスの上流で必要とされる①デザインリーダーシップに関するDMC

と，下流で必要とされる②デザインマネジメントに関するDMCの2種類のケイパビリティを定義し，それぞれの要素を分類している。

② デザインとイノベーション戦略

近年の企業の外部環境の変化によって，企業経営ではますます「組織の双面性（organizational ambidexterity）」（Duncan, 1976; Levinthal and March, 1993; March, 1991; O'Reilly and Tushman, 2013）を効果的に発揮することが求められている。両利きの経営の重要性を指摘したMarch（1991）によれば，組織が継続して利益を得るためには，既存の領域における資源や能力の「活用（exploitation）」と，新規領域における新たな機会の「探索（exploration）」という相反する2つの側面を持つ活動を同時的に実行することが必要であるとし，その概念化が試みられた[8]。この組織の双面性の概念には様々に研究されてきたが，O'Reilly and Tushman（2013）やChebbi et al.（2015）によれば，組織の双面性には3つのタイプの分類がある。

1つ目は，活用と探索の実行を時間軸によって連続的に実行する「時間的双面性（sequential ambidexterity）」である。活用と探索の活動を明確に分離し，どちらか一方の活動を実行したのちに他方の活動を実行するこの方法では，同時的に行った場合に生ずる要件のトレード・オフを回避することが可能となるとされている（Duncan, 1976）。

2つ目は，両活動を行うユニットを構造的に分離し・実行する「構造的双面性（simultaneous or structural ambiguity）」である。活用と探索のそれぞれの活動に特化したユニットを編成し，それぞれの活動を統合していくことで，同時的に2つの側面を追求する。

3つ目は，「コンテクスト的双面性（contextual ambiguity）」である。これは上記の2つの分類とは異なり，組織の構造的側面でなく個人に焦点を当てる。Gibson and Birkinshaw（2004）によれば，組織コンテクストとは，「個人の組織内における行動を支援するシステム，プロセス，信念」であり（Gibson and Birkinshaw, 2004），双面性はユニット組織を構成する個人のレベルで矛盾する要求に対して適切なバランスを持って取り組むことで達成されるとされる[9]。

Stoimenova and De Lille（2017）では，このような構造的双面性を達成するためには，デザインの手法を用いることが有用であると指摘されている。デザイ

ンシンキングやデザインスプリントを製品開発に取り入れている2つの企業を対象にしたアクションリサーチから、デザイン主導の組織の双面性について概念化が行われた。結果として、それぞれのプロジェクトでは、探索型のマインドセットとユーザー中心のマインドセットが確認され、それぞれ探索と活用の異なる側面を補助し、組織の双面性の発揮を補助する可能性が示された。

また、Svengren Holm *et al.* (2017) では、イノベーション文脈におけるデザイナーの役割について、ケーススタディをもとに仮説構築が行なわれた。伝統的なデザイン研究の文脈では、デザイナーの問題解決者としての側面が強く述べられてきたが (Rittle and Webber, 1973)、近年ではイノベーションへの貢献の側面が指摘されるようになり、「箱の外を考える (thinking out of the box)」デザイナーの思考の特性が強く指摘されるようになった (Buchanan, 1992)。Svengren Holm *et al.* (2017) では、ケーススタディから、以下の3つのデザイナーの役割を提唱している。

1つ目の意思決定の戦略レベルでは、デザイナーは未来感覚を持つ想像者 (Imaginer with Future Sense) として、想像される未来と企業のビジョンを統合する役割を持つ。この役割を持つデザイナーはイノベーションの探索的な段階に参加し、美観やアートの知識を用いて急進的なイノベーションを促進する。

2つ目の計画の戦術レベルにおいては、社会文化的コネクションを持つイントラプレナー (Intraprenur with Sociocultural Connection) として振舞う。デザイナーは組織の中の機能と市場のニーズをつなげてビジネスモデルの開発を行い、漸進的なイノベーションに取り組む。

3つ目のコミュニケーションの実行レベルにおいては、デザイナーはスケッチスキルを持つアイデア開発者としての役割が求められ、開発されたビジネスモデルやプロダクト、サービスの可視化や審美性を高める活動を行う (Svengren Holm *et al.*, 2017)。図2-4は、イノベーション文脈におけるデザイナーの役割を整理したものである。

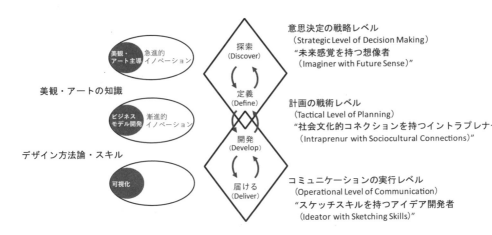

図2-4：イノベーション文脈におけるデザイナーの役割のモデル（Svengren Holm *et al.*, 2017 より筆者作成）

## 2. デザインマネジメント研究の展望

### （1）デザインエデュケーションを対象にした研究領域における考察

　デザインマネジメント研究におけるデザインエデュケーションの分野では，近年国内でも注目が集まるデザインシンキングや，プロトタイピングに関しての研究，デザインとアントレプレナーシップの近接性についての研究が中心であった。前述のように，近年のデザインの対象領域の変化から，特にビジネスとの接点に着目した研究が多く見られた。

　デザインシンキングの研究領域では，デザインシンキングの異なるモデルを提示した研究や（Jalote Parmar *et al.*, 2017），ビジネスモデル開発とデザインシンキングのプロトタイピングの共通点に焦点を当てた研究（Amano *et al.*, 2017），戦略的意思決定における認知バイアスの減少に関する研究（Kotina *et al.*, 2017）等が見られた。また，デザインとアントレプレナーの近接性についての研究領域では，サービスデザインの起業機会の特定への貢献（Klenner *et al.*, 2017）が検討され，モデル化された。

　これらの研究領域で特徴的であるのは，デザイナーとその他のプロフェッ

ションの協業が前提として想定されている点である。前述のように，デザインはイノベーションを生む方法として，デザイナーはそれを牽引する存在として認識され始めており，これまでのような1つの領域に関わる技能を持つデザイナーだけでなく，分野横断的な知識を持つデザイナーを排出することが求められてきている。この分野の研究では，マネジメントとデザイン，アントレプレナーシップといったこれまで別々に考えられてきたプロフェッションの枠を超えて，それぞれアプローチを複合した取り組みが報告されている。

　その一方で，ほとんどの論文における論調は，「イノベーションやビジネスモデル開発，起業にデザインは貢献し得る」というものであり，その役目を負うのがデザインでなければならない理由が明確ではない。例えば，戦略的意思決定に伴う認知バイアスの減少に関する研究で述べられた，エスノグラフィーやプロトタイピング，参与観察の有効性はマーケティングなどのその他の研究領域でも指摘されるものであり（Amano et al., 2017），ツール的な貢献としてのみ描写されているように思われる。アントレプレナーシップへの貢献に関しても，起業家の行動的な側面は Sarasvathy（2001, 2009）によって指摘されており，類似した観点から検討がなされており，デザインに特有の点が何であるのかが明確でない。サービスデザインやビジネスモデル開発といったインタンジブルな領域に関しては，デザインに特有の専門性がどのように発揮されるのかについては未だ明らかにされていない。これらの問題を解決するためには，Jalote Parmar et al.（2017）が指摘するように，創造的問題解決における問題のフレーミング（Dorst, 2011）や，様々なステークホルダーとの共創によるインタラクションを扱うデザインの専門性といった諸概念を含めて理論化を進める必要がある。

### （2）サービスデザインを対象にした研究領域における考察

　次に，サービスデザインの領域では，PSS やサービタイゼーションへのサービスデザインの貢献に関する研究が見られた。

　PSS を対象にした領域の研究では，特に新たな技術を活用する際に，どのようにして適切な VP（Value Proposition：バリュー・プロポジション）を特定し，VC（Value Constellation：バリュー・コンステレーション）を構築することが可能であるかという観点からの研究が行われている（Magistretti et al., 2017;

Wu and Sung, 2017)。Wu and Sung（2017）では，Verganti（2009）で提唱されたデザイン・ドリブン・イノベーションの観点から，新技術をどのように解釈してVPを形成するかという論点から研究が行われ，①新たな技術の核となる特徴を見つけ出す，②感情的・機能的な価値の熟考を通して，技術の核を革新的な意味へと解釈する，③技術的な実現可能性の分析を繰り返しながら，ステークホルダーからの批判を集めるといった3つのデザイン実践を通してVPが形成されることを明らかにした（Wu and Sung, 2017）。また，Magistretti *et al.*（2017）では，新技術を解釈するためのテクノロジー・エピファニーのアプローチに関して，①アクティビティ・チェインと，②エクスペリエンスの2つの方法が理論化された。また，サービタイゼーションの領域では，サービス化を進める製造業へのケーススタディを通して，サービスデザインが顧客志向のVPの形成を促進するという観点が指摘された。

　この分野の研究は，新技術や既存の技術をいかに解釈して顧客に価値あるものとして伝えることが可能かという点に焦点が当てられている。Hargadon and Sutton（1997）によれば，IDEO社のようなデザイン会社が，様々な産業を横断する知識仲介者としての役割を持つことが指摘されている。同様の視点として，Verganti（2003）は，デザイナーの「言語の仲介者」としての役割を指摘している。デザイナーはこのように新たな技術を社会文化的モデルから解釈し，意味を与える。

　このような視点はこれまでも提示されてきたものの，実際のプロジェクトの中でどのようなプロセスで意味の解釈が行われ，新規性の高い製品が提案されるのかに関してはあまり研究蓄積が進んでこなかった。本章で取り上げたPSSに関する研究では，特に組織的にVPを形成する手法やデザインの役割の理論化が試みられており，技術とデザインの関係性についてより深い検討がなされており，デザイン研究のオリジナリティが組み込まれた独自の視点が形成されていると言える。

　その一方で，VCをどのように形成して行くかについては，今後実践の観点からより詳細に検討して行く必要があると考えられる。Calabretta *et al.*（2017）では，サービスデザインの特性は，新たなサービスを生み出すための①人間中心性，②共創性，③反復性の3つにあるとしているが，共創的な視点の中でどのようなデザインの専門性が発揮され，VCが形成されて行くかについては今

後検討されていく必要がある。

### (3) 戦略的デザインを対象とした研究領域における考察

最後に，戦略的デザインの研究領域では，デザイン組織のケイパビリティである DMC（Design Management Capability: デザインマネジメント・ケイパビリティ），デザイン主導のイノベーションを対象にした研究が見られた。

DMC を対象にした研究では，デザイン主導イノベーションのプロセスに求められる DMC を明らかにした研究を取り上げた（Coulson and Woods, 2017）。そこでは，これまでの DMC と組織のパフォーマンスの関係性を検討してきた研究に加えて，デザインマネジメントのプロセス，特にデザイン主導型イノベーションのプロセスとの関係性をモデル化し，それぞれに必要な DMC の要素が検討された。

また，デザインとイノベーション戦略を対象にした研究領域では，デザイン主導による組織の双面性の研究（Stoimenova and De Lille, 2017），イノベーションの文脈におけるデザイナーの役割についての研究（Svengren Holm *et al.*, 2017）を取り上げた。

デザインマネジメントでは，デザインプロセスは製品のデザイン（意匠設計）の段階を指すのではなく，研究開発，マーケティング，製造，インダストリアルデザイン，エンジニアリングといった他部門の制約を総合する，分野横断的な性質を持つ複合的なプロセスを指すとされる（Gorb and Dumas, 1987; Jevnaker, 2000; Joziasse, 2000）。このような観点では，デザイナーは，製品開発プロセスを統合する統合者（integrator）として，また製品開発チームのコミュニケーションを活性化させるファシリテーター（facilitator）としてリーダーシップを発揮することができることが報告されている（Fujimoto, 1991; Lorenz, 1990; Perks *et al.*, 2005）。しかし，そこではデザインは他部門の統合を促す役割として理解されていたに過ぎず，デザイナーの持つ専門性やそのケイパビリティの組織的・戦略的な活用に関する研究蓄積は進んでこなかったといえる。本章で取り上げた DMC に関する研究やイノベーション文脈におけるデザイナーの役割研究は，これまでの文脈にない「デザイン主導性」を帯びた研究の方向性として捉えることができる。

その一方で，上述のデザインシンキングの研究と同様に，デザイナーの専門

性が発揮されることによって達成されるデザイン独自の観点も必要になってくる。DMCにおいてもデザイナーの役割研究においても，それがデザイン独自の視点から形成されるものでなければ，理論的な発展は望めないだろう。このようなデザイン主導性やデザイン志向とはどのようなものを指し，サービス志向や顧客志向，企業家志向といった他の概念とどのように異なるのかについても詳細に検討していく必要がある。

　最後に，方法論に関する全体的な傾向として，96件の論文のうち，ケース分析を行なったものが多く，インタビューによる理論構築を目的とする論文が多く見られた。具体的には，企業やプロジェクトを対象に担当者に対してのインタビューを行なう方法をとる論文が多く投稿されていた。未だ研究が萌芽的段階であるため，仮説構築型の研究が多く行われており，今後は定量的な研究を用いて理論の確実性を高めていくことが継続した課題である。

注釈
1) キーワードは，完全に同一なものの他に，PSSとProduct Service System，NPDとNew Product Developmentといった同義と考えられるものを加えて検出した。なお，キーワードの件数の検出には，テキストマイニングのフリーソフトであるTTM (http://mtmr.jp/ttm/) を使用している。
2) キーワードのネットワーク図の作成には，社会ネットワーク分析のフリーソフトであるPajek (http://vlado.fmf.uni-lj.si/pub/networks/pajek/) を使用した。各点の大きさは，検出されたキーワードの件数が反映され，それぞれの点からの線は，論文に設定されたキーワードのつながりを表している。
3) Design Thinking研究に関する詳細の検討は第3章を参照のこと。
4) 詳細は，第5章を参照のこと。
5) バイアスの種類とその定義については，以下の表を参照 (Liedtka (2015)) をもとに筆者作成)。

| バイアスの種類 | 定義 |
| --- | --- |
| 投影バイアス<br>(projection bias) | 投影バイアスは，意思決定者が現在の状況を過度に未来に投影してしまう傾向を指す。このような過去の経験の投影は適切な未来を想起することを妨げ，斬新なアイデアを開発することや成功する可能性を正確に評価することを妨げる。 |
| ホット/コールドバイアス<br>(hot / cold bias) | ホット/コールドバイアスは，意思決定者が予測を立てる際に，熱意または冷めた感情によって，アイデアの価値を間違って見積もってしまうバイアスを指す。アイデアに思い入れが強いほど，他者がどのように反応するかを正確に予測することを妨げてしまう。 |

| 自己中心的バイアス<br>(ego-centric empathy bias) | 自己中心的共感バイアスは，意思決定者に自らが価値を感じるものと，他者が価値を感じるものが同様であると考えてしまう傾向を指す。意思決定者は他者が自身の考えや嗜好，行動を投影してしまうことで，新たなアイデアが望まれているものと思い込んでしまう。 |
|---|---|
| フォーカシング・イリュージョンバイアス<br>(focusing illusion bias) | フォーカシング・イリュージョンバイアスとは，意思決定者が他の要因を犠牲にしてひとつの要因を過大評価する傾向を指す。特定の刺激に対して過度に反応してしまい，その他の刺激を無視してしまう傾向がある。 |
| セイ／ドゥバイアス<br>(say / do gap bias) | セイ／ドゥバイアスは，ユーザーや顧客に尋ねることで出てくる意見が，しばしば実際の行動を正確に表現しておらず，結果として低い信頼度の予測を生んでしまうことを指す。 |
| 計画錯誤バイアス<br>(planning fallacy bias) | 意思決定者が新しいアイデアを生むことに成功したとしても，未来に対しての甘い見通しを立ててしまうことが多い。このような根拠のない自信や楽観主義は，組織における計画段階にもしばしば見られる。 |
| 確証バイアス<br>(confirmation bias) | 確証バイアスは，意思決定者が持つ仮説や信念，アイデアを検証する際にそれを支持する情報のみを集めてしまうことで，否定的な情報を無視してしまう傾向を指す。 |
| 授かりバイアス<br>(endowment bias) | 授かりバイアスは，意思決定者がすでに持っているものに愛着を持ってしまうことで，手放したくないと感じる傾向を指す。新しいものを得る喜びよりも，失うことへの痛みが勝ってしまうことで新しいソリューションを志向することを妨げる。 |
| 利用バイアス<br>(availability bias) | 利用バイアスは，意思決定者が想像できない選択肢の評価を低く見積もってしまう傾向を指す。アイデアの新規性が高い場合はそのアイデアに関して精通していない場合が多く，漸進的な改善を選択する傾向がある。 |

6) 実際に近年では多くのスタートアップやベンチャーにデザイナーが参加している例が見られる（e.g. Maeda, 2016; 日経コンピューター, 2016）。もっとも典型的な例はAirBnBである。AirBnBは，Joe GebbiaとBrian Cheskyの二人のデザイン学部出身者と，コンピューター科学の分野に学位を持つ技術担当のNathan Blecharczykによって創業された（Klenner et al., 2017）。
7) Sarasvathy（2004）ではエフェクチュエーションの理論は，デザインの中心的な論理を反映していると述べられている（Sarasvathy, 2004, p.522）。
8) 活用とは，「改善，選択，生産，効率，選別，道具，実行といった特性において捉えられる行為」を指し，探索とは「調査，多様性，リスク・テイキング，実験，遊び，柔軟性，発見，イノベーションといった特性において捉えられる行為」を含むものであるとされる（石坂, 2014）。
9) 組織の双面性については，石坂（2014）に詳しい。

## 参考文献

Acklin, C. (2011) "The absorption of design management capabilities in SMEs with little or no prior design experience." *Paper presented at the Nordic Design Research Conference*, Helsinki.

Acklin, C. and Fust, A. (2014) "Towards a dynamic mode of design management and beyond." *Proceedings of 19th DMI: Academic Design Management Conference*, London 2-4 September, 2014.

Alvarez, S.A. and Barney, J.B. (2007) "Discovery and creation: Alternative theories of entrepreneurial action." *Strategic Entrepreneurship Journal*, 1(1-2), pp.11-26.

Amano, T., Brassett, J., Green, L. and Hestad, M. (2017) "Rethinking the prototyping process for applying design thinking to business model innovation." *Proceedings of the 1st Design Management Academy Conference*, 7-9 June 2017, Hong Kong, pp.1187-1206.

Ardichvili, A., Cardozo, R. and Ray, S. (2003) "A theory of entrepreneurial opportunity identification and development." *Journal of Business Venturing*, 18(1), pp.105-123.

Baker, T., and Nelson, R.E. (2005) "Creating something from nothing: Resource construction through entrepreneurial bricolage." *Administrative science quarterly*, 50(3), pp.329-366.

Bessant, J. and Tidd, J. (2007). *Innovation and entrepreneurship*. NJ: John Wiley & Sons.

Boland, R. and Collopy, F. (2004). *Managing as designing*. CA: Stanford University Press.

Brown, T. (2008) "Design thinking." *Harvard Business Review*, 86(6), pp.84-92.（「人間中心のイノベーションへ：IDEO デザイン・シンキング」『Diamond ハーバード・ビジネス・レビュー』2008 年 12 月号，ダイヤモンド社，pp.56-68.）

Brown, T. (2009). *Change by design: How design thinking transforms organizations and inspires innovation*, NY: HarperCollins.（千葉敏生（訳）(2010)『デザイン思考が世界を変える—イノベーションを導く新しい考え方』早川書房）

Brown, T. and Martin, R. (2015) "Design for Action: How to Use Design Thinking to Make Great Things Actually Happen." *Harvard Business Review*, 93(9), pp.57-74.

Buchanan, R. (1992) "Wicked problems in design thinking." *Design Issues*, 8(2), pp.5-21.

Calabretta, G., De Lille, C. and Beck, C. (2017) "The role of service design practices in enabling and embedding the servitization transition." *Proceedings of the 1st Design Management Academy Conference*, 7-9 June 2017, Hong Kong, pp.1061-1076.

Cassiman, B., Colombo, M.G., Garrone, P., and Veugelers, R. (2005) "The impact of M&A on the R&D process: An empirical analysis of the role of technological-and market-relatedness." *Research Policy*, 34(2), pp.195-220.

Chesbrough, H.W. (2006). *Open innovation: The new imperative for creating and profiting from technology*. MA: Harvard Business Press.

Chiva, R. and Alegre, J. (2007) "Linking design management skills and design function organization: An empirical study of Spanish and Italian ceramic tile producers." *Technovation*, 27(10), pp.616-627.

Chiva, R. and Alegre, J. (2009) "Investment in design and firm performance: the mediating role of design management." *Journal of Product Innovation Management*, 26(4), pp.424-440.

Chiva, R., Alegre, J. and Lapiedra, R. (2004) "A model of product design management in the Spanish ceramic sector." *European Journal of Innovation Management*, 7(2), pp.150-161.

Chiva, R., Camisón, C. and Lapiedra, R. (2003) "Organizational learning and product design management: towards a theoretical model." *The Learning Organization*, 10(3), pp.167-184.

Coulson, S. and Woods, M. (2016) "Scoping: Exploring a collective R&D process for entrepreneurs, microenterprises, and SMEs." *Proceedings of the 20th DMI: Academic Design Management Conference: Inflection Point*, pp. 435-458.

Coulson, S. and Woods, M. (2017) "The design capabilities of dynamic teams pursuing innovation in an academic context." *Proceedings of the 1st Design Management Academy Conference*, 7-9 June 2017, Hong Kong, pp.1513-1529.

Dickson, P., Schneier, W., Lawrence, P. and Hytry, R. (1995) "Managing design in small high-growth companies." *Journal of Product Innovation Management*, 12(5), pp.406-414.

Dorst, K. (2015). *Frame Innovation: Create New Thinking by Design*, MA: MIT Press.

Duncan, R.B. (1976) "The ambidextrous organization: Designing dual structures for innovation." *The management of organization*, 1, pp.167-188.

Fayolle, A. (2013) "Personal views on the future of entrepreneurship education." *Entrepreneurship & Regional Development*, 25(7-8), pp.692-701.

Fiet, J.O. (2001) "The theoretical side of teaching entrepreneurship." *Journal of business venturing*, 16(1), pp.1-24.

Frow, P., and Payne, A. (2011) "A stakeholder perspective of the value proposition concept." *European journal of marketing*, 45(1/2), pp.223-240.

Gibson, C.B. and Birkinshaw, J. (2004) "The antecedents, consequences, and mediating role of organizational ambidexterity." *Academy of Management Journal*, 47, pp.209-226.

Gorb, P. and Dumas, A. (1987) "Silent design." *Design Studies*, 8, pp.150-156.

Haselton, M.G., Nettle, D., and Andrews, P.W. (2005) "The evolution of cognitive bias." In D.M. Buss (ed.). *The Handbook of Evolutionary Psychology*, NJ: John Wiley & Sons, pp.724-746.

Hertenstein, J.H., Platt, M.B. and Veryzer, R.W. (2005) "The impact of industrial design effectiveness on corporate financial performance." *Journal of Product Innovation Management*, 22(1), pp.3-21.

Jalote-parmer, A., Badjoko, B. and Deshmukh, S. (2017) "Design Thinking in Business Strategy: Applications in Human Resource and Pricing." *Proceedings of the 1st Design Management Academy Conference*, 7-9 June 2017, Hong Kong, pp.161-177.

Jevnaker, B.H. (2000) "Championing design: perspectives on design capabilities." *Design Management Journal: Academic Review*, 1, pp.25-39.

Josephson, B.W., Jean L.J., Babu, J.M. and John, C. (2016) "Service Transition Strategies in Manufacturing Implications for Firm Risk." *Journal of Service Research*, 19(2), pp.142-57.

Joziasse, F. (2000) "Corporate strategy: bringing design management into the fold. " *Design Management Journal (Former Series)*, 11(4), pp.36-41.

Kahneman, D. and Tversky, A. (1979) "Prospect Theory: An Analysis of Decision under Risk." *Econometrica*, 47(2), pp.263-291.

Kahneman, D., Slovic, P. and Tversky, A. (eds.) (1982). *Judgement under Uncertainty: Heuristics and Biases*, UK: Cambridge University Press.

Karpen, I, Gemser, G. and Calabretta, G. (2017) "A multilevel consideration of service design conditions: towards a portfolio of organisational capabilities, interactive practices and individual abilities." *Journal of Service Theory and Practice*, 27(2), pp.1–26.

Klenner, N.F., Gemser, G. and Karpen, I. (2017) "How design practice assist new venture teams in creating entrepreneurial opportunities." *Proceedings of the 1st Design Management Academy Conference*, 7-9 June 2017, Hong Kong, pp.1003–1017.

Kotina, E., Koria, M. and Prendeville, S. (2017) "Using Design Thinking to improve Strategic Decisions during Collaborative Sensemaking." *Proceedings of the 1st Design Management Academy Conference*, 7-9 June 2017, Hong Kong, pp.1319–1341.

Kowalkowski, C., Charlotta, W., Daniel, K. and Heiko G. (2015) "What service transition? Rethinking established assumptions about manufacturers' service-led growth strategies." *Industrial Marketing Management*, 45, pp.59–69.

Levinthal, D.A., and March, J.G. (1993) "The myopia of learning." *Strategic management journal*, 14(S2), pp.95–112.

Levi-Strauss, C. (1966). *The savage mind*, IL: University of Chicago Press.

Levy, D. (1994) "Chaos theory and strategy: theory, application, and managerial implications." *Strategic Management Journal*, 15 (Summer Special Issue), pp.167–78.

Libaers, D., Hicks, D., and Porter, A.L. (2010) "A taxonomy of small firm technology Commercialization." *Industrial and Corporate Change*, pp.1–35.

Liedtka, J. (2014) "Perspective: Linking Design Thinking with Innovation Outcomes through Cognitive Bias Reduction." *Journal of Product Innovation Management*, 32(6), pp.925–938.

Lin, M. (2011) "Capacity of product design, financial service and performance of small and medium manufacturing enterprises." *2011 International Conference on Computer and Management (CAMAN)*, IEEE, pp.1–5.

Liu, S.X. (2017) "A Conceptual Framework of Dynamic Design Management Capability." *Proceedings of the 1st Design Management Academy Conference*, 7-9 June 2017, Hong Kong, pp.1303–1318.

Lockwood T. (2009). *Design Thinking: Integrating Innovation, Customer Experience, and Brand Value*, NY: Allworth Press.

Maeda, J. (2016). *Design in Tech Report 2016*, Retrieved 26 May 2019, https://designintech. report/2016/03/13/design-in-tech-report-2016

Magistretti, S., Dell'Era, C., ÖBERG, and Verganti, R. (2017) "Managing technology development: A two steps process to discover new meanings." *Proceedings of the 1st Design Management Academy Conference*, 7-9 June 2017, Hong Kong, pp.43–57.

Manzini, E. (2016) "Design Culture and Dialogic Design." *Design Issues*, 32 (1), pp.52–59.

Manzini, E. and Vezzoli, C. (2003) "A Strategic design approach to develop sustainable product service system: examples taken from the 'environmentally friendly innovation' Italian prize." *Journal of Cleaner Production*, Vol.11, pp.851–857.

March, J.G. (1991) "Exploration and exploitation in organizational learning." *Organization science*, 2(1), pp.71–87.

Matthews, J.H. (2009) "What are the lessons for entrepreneurship from creativity and design?" *Proceedings of the 2009 Academy of Management Annual Meeting: Green Management Matters*,

Academy of Management.

McCollough, A., Denmark, D., and Harker, D. (2013). "Interliminal Design: Mitigating Cognitive Bias and Design Distortion." *Relating Systems Thinking and Design 2013 Symposium Proceedings*, Oct 2013, Oslo, Norway, pp.9-11.

Meroni, A. (2008) "Strategic design: where are we now? Reflection around the foundations of a recent discipline." *Strategic Design Research Journal*, Vol.1, No.1, pp.31-38.

Moultrie, J., and Livesey, F. (2014) "Measuring design investment in firms: Conceptual foundations and exploratory UK survey." *Research Policy*, 43(3), pp.570-587.

Moultrie, J., Livesey, F., Malvido, C., Beltagui, A., Pawar, K. and Riedel, J. (2009) "Design funding in firms: a conceptual model of the role of design in industry." *Design Management Journal*, 4(1), pp.68-82.

Mu, J., Peng, G., and MacLachlan, D.L. (2009) "Effect of risk management strategy on NPD performance." *Technovation*, 29(3), pp.170-180.

Normann, R. and Ramirez, R. (1994) "From Value Chain to Value Constellation: Designing Interactive Strategy." *Harvard Business Review*, 71(4), pp.65-77.

OECD (2005). *The Measurement of Scientific and Technological Activities: Guidelines for Collecting and Interpreting Innovation Data: Oslo Manual, 3rd ed*. Prepared by the Working Party of National Experts on Scientific and Technology Indicators, OECD, Paris.

O'Reilly, C.A., and Tushman, M.L. (2013) "Organizational ambidexterity: Past, present, and future." *The Academy of Management Perspectives*, 27(4), pp.324-338.

Ostrom, A.L., Parasuraman, A., Bowen, D.E., Patricio, L. and Voss, C. (2015) "Service research priorities in a rapidly changing context." *Journal of Service Research*, 18(2), pp.127-159.

Perks, H., Cooper, R., and Jones, C. (2005) "Characterizing the role of design in new product development: an empirically derived taxonomy." *Journal of Product Innovation Management*, 22(2), pp.111-127.

Rittle, H. and Webber, M. (1973) "Dilemmas in a general theory of planning." *Policy Science*, (4), pp.155-169.

Sakao, T. and Lindahl, M. (2012) "A value based evaluation method for Product/Service System using design information." *CIRP Annals-Manufacturing Technology*, 61(1), pp.51-54.

Sarasvathy, S.D. (2001) "Causation and effectuation: Toward a theoretical shift from economic inevitability to entrepreneurial contingency." *Academy of Management Review*, 26, pp.243-263.

Sarasvathy, S.D. (2004) "Making it happen: Beyond theories of the firm to theories of firm design." *Entrepreneurship Theory and Practice*, 28(6), pp.519-531.

Sarasvathy, S.D. (2006). *Effectuation: Elements of Entrepreneurial Expertise*, MA: Edward Elgar Publishing.（加護野忠男（監訳），高瀬進・吉田満梨（訳）『エフェクチュエーション：市場創造の実効理論』碩学社）

Schwenk, C.R. (1984) "Cognitive simplification processes in strategic decision-making." *Strategic Management Journal*, 5, pp.111-128.

Song, M.J., Nam, K. Y., and Chung, K. W. (2010) "The Chief Executive's Influence on Corporate Design Management Activities." *Design Management Journal*, 5(1), pp.61-71.

Svengren Holm, L., Ainamo, A. and Vildinge, C. (2017) "Designers as Innovators in Organizational Contexts: A Proposal for a Typology." *Proceedings of the 1st Design Management Academy*

Conference, 7-9 June 2017, Hong Kong, pp.415-432.

Utterback, J.M., Vedin Bengt-Arne, A.E., Ekman, S., Sanderson, S., Tether, B., and Verganti, R. (2006) *Design-Inspired Innovation*, Singapole: World Scientific Pub.（サイコム・インターナショナル（監訳）（2008）『デザイン・インスパイアード・イノベーション』ファーストプレス）

van Oorschot, R., Smulders, F. and Hultink, E.J. (2017) "Qualities of Entrepreneurial Design Conversations." *Proceedings of the 1st Design Management Academy Conference*, 7-9 June 2017, Hong Kong, pp.1577-1593.

Verganti, R. (2003) "Design as brokering of languages: Innovation strategies in Italian firms." *Design Management Journal*, 14(3), pp.34-42.

Verganti, R. (2009). *Design driven innovation: Changing the rules of competition by radically innovating what things mean*, Boston: Harvard Business School Press.（佐藤典司（監訳），岩谷昌樹・八重樫文（監訳・訳），立命館大学 DML（Design Management Lab）（訳）（2016）『デザイン・ドリブン・イノベーション』クロスメディア・パブリッシング）

Wu, C. and Sung, T. (2017) "Applying Value-based design to lead technology innovation towards PSS development: A case study of FamiCare in ITRI." *Proceedings of the 1st Design Management Academy Conference*, 7-9 June 2017, Hong Kong, pp.415-432.

Xing, K., Ness, D., and Lin, F.R. (2013) "A service innovation model for synergistic community transformation: integrated application of systems theory and product-service systems." *Journal of Cleaner Production*, 43, pp.93-102.

Zahra, S.A., and George, G. (2002) "Absorptive capacity: a review, reconceptualization, and extension." *The Academy of Management Review*, 27(2), pp.185-203.

石坂庸祐（2014）「組織双面性アプローチの論点：『イノベーターのジレンマ』の超克をめざして」『九州共立大学研究紀要』第4巻2号，pp.107-119.

日経コンピューター（2016）「特集：デザイン思考 革新を量産するシリコンバレー」『日経コンピューター』2016年3月31日号，pp.28-31.

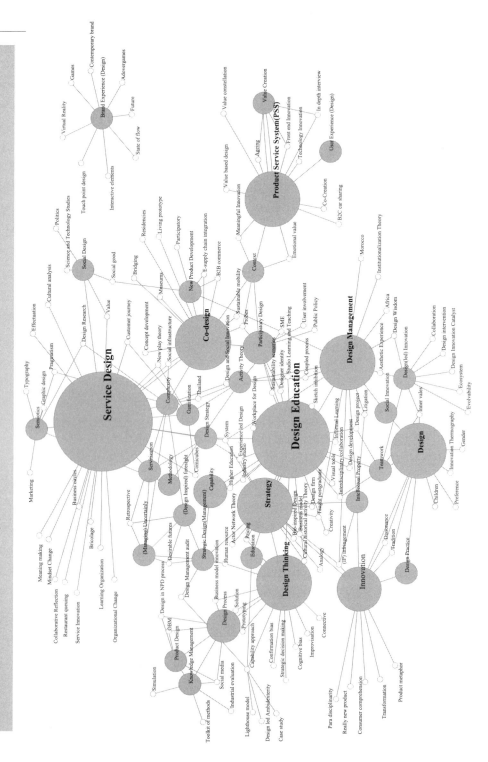

付録：DMA2017におけるキーワードのネットワーク

# 第 2 部
# デザインマネジメント研究の課題

# 第3章

# 「デザイン思考」と「デザインシンキング」研究における課題

## 1.「デザイン思考」と「デザインシンキング」

### (1) 日本のビジネスにおける課題

　現在,日本ではビジネスにおけるデザインの重要性に注目が集まり,「デザイン思考」の活用への興味・関心が高まっている。しかし,現在の日本のビジネスに関わる場にて参照される「デザイン思考」のほとんどが,IDEO とスタンフォード大学 d.school が提唱する方法論(Brown, 2009 ; Kelly, 2001 など)のみを示すもの[1]であり,これまでにデザイン論やデザイン研究が追究してきた世界の多様なデザインの考え方や捉え方,思想・信念・文化を踏まえた「(本来の ; 広義の)デザイン思考＝デザインシンキング」[2]を十分に参照するものではない。

　よって,現在の日本では,世界の多様なデザインの思考方法やその知見を,ビジネスに対して十分に還元・流通させることができていない。筆者らは,我が国のデザインマネジメント研究者としてこの事態を看過せず,またその不備を猛省し喫緊に取り組むべき課題として認識している(第3部参照)。

　このような課題認識は,筆者らの独断ではない。また,日本のみで起こっている事態でもなく,世界共通のものでもある。例えば,デザインおよびデザインマネジメント研究に関する主要な学術誌である *Design Studies* において,このテーマで 2011 年と 2013 年に 2 度の特集号が組まれる[3]など,世界中でデザインの知見をビジネスに応用しようとする文脈において盛んな議論が行われ

ていることからも見て取れる。

　しかし，このような「デザイン思考」と「デザインシンキング」に関する議論は，日本（語）ではまだ十分に整理されていない。そこで本章では，この *Design Studies* 特集号にて取り上げられた議論を整理し，デザインシンキング研究における課題と展望を考察する。

## (2)「デザイン思考」と「デザインシンキング」

　Design Thinking（デザイン思考[4]，デザインシンキング[5]）の定義に関して，2013年の *Design Studies* の特集号（テーマ "Articulating Design Thinking"）において編集者が以下のように述べている。

　"There is no universally agreed upon definition of 'design thinking', but the strongest common denominator embraces the centrality of the user and empathy to human condition（Rodgers, 2013, pp.434-435）.（デザインシンキングに世界共通の定義は存在しないが，ユーザーを中心に考え，人間に思いを寄せるという特徴が強く共有されている(筆者訳)。）"

　ここでデザインは，様々な文脈においてユーザー中心，さらには人間中心を原則とすることが述べられている。「デザイン思考」という用語を，ビジネスの文脈で普及させたアメリカのデザインコンサルタント会社のIDEOは，デザインプロセスがユーザーの観察・共感から始められるという点で，ユーザー中心という概念を用いている。

　これに対して，デザイン・ドリブン・イノベーションを提起したVerganti（2009, 2017）は，ユーザー中心から人間中心への移行の必要性を強調する（次章参照）。彼は，ユーザー中心の概念は，ユーザーを問題解決のための問題提起者，つまり「歩く問題」としてみなしていると批判している。彼は企業の既知のターゲットであるユーザーではなく，開発者自身を含む一人の人間として自分自身が「愛するもの」を開発すべきだと主張している。つまり，ユーザー中心と人間中心の違いは，人をビジネスの対象として見るか，人間として見るかである。

　このような人間中心のデザインでは，モノに対する一人一人の解釈に注目することが求められる。このような流れは，2011年の *Design Studies* の特集号（テーマ "Interpreting Design Thinking"）の編集者によって以下のように述べら

れている。

"Common to these papers is an interest in design as an interpretive practice within which particular kinds of sense-making are operative（Stewart, 2011, pp.517-518）.（本特集号の論文に共通する視点は，ある種のセンスメイキングが行われる解釈的な実践としてデザインに注目していることである（筆者訳）。）"

しかしながら，このような視点が「デザイン思考」に全く欠けているわけではない。従来実務的な視点から行われてきた「デザイン思考」に関する研究も，近年は学術的に議論されており，その中でCarlgren, Rauth and Elmquist（2016）やLiedtka（2015）では，明確にsensemaking（センスメイキング：意味付け）に焦点を当て論じてきた。

それでは，「デザインシンキング」研究において批判される「デザイン思考」にはどのような点が不足しているのであろうか。それは「デザイン思考」がデザイナーの特徴でもある反復的（iterative）なプロセスをデザイナー以外のビジネスマンにも使えるように汎用化・ツール化し，その利用を強調したところ，つまりdesign process without designersに問題があると指摘されている。なぜなら，この反復的なプロセスは他のビジネスマンと比較してデザイナーが持つ特徴の一面に過ぎず，「デザイン思考」がデザイナーの他の特徴に目を向けていないことにある。Design Studiesの特集号ではこの点に焦点が当てられ，「デザイン思考」のプロセスも含めた広義の「デザインシンキング」が広く議論されている。

## (3) デザイン対象の遷移

「デザインシンキング」が広く議論される背景には，デザインが伝統的なモノから，その対象を拡げてきたことが関わっている。Krippendorff（2006）は，これをモノからディスコースへの変化の軌道としてまとめている（図3-1）。

まず，デザインの対象が「製品」であった工業化時代におけるデザインのイデオロギーは，①市場を拡張させること，②西欧の文化や美学を発展途上の人々に普及されること，③製品の誤用と乱用にはあらかじめユーザーに注意が促され，もしユーザーがトラブルに陥っても生産者が責められない（生産者・デザイナーが意図しなかった結果に対する責任を拒否することを隠す）ことであった。

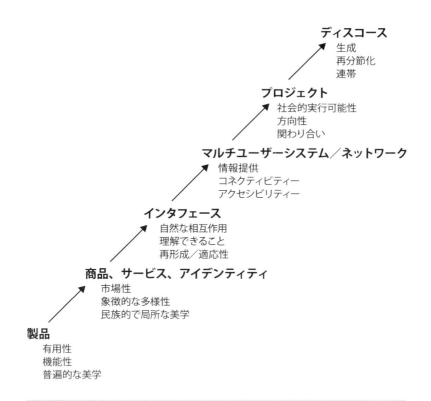

図3-1：デザインの対象の遷移（「人工物の軌道（Krippendorff, 2006, p.6 小林ほか訳, 2009, p.7)」より，一部日本語訳を修正し作成）

　次にデザインの対象は，「商品，サービス，アイデンティティ」に移行する。これは1940年代以来の新たなスタイリングおよび新たな種類の人工物であり，この3者は手に触れられないメタファー的な意味での製品である。ここで「多様性」がひとつのキーワードとなり，デザインは「普遍的美」に依存できない，民族的で地域的な美学に関わるべきとされる。

　さらに「インタフェース」のデザインはデザイナーの注意をモノの外観から，ユーザーと技術の間の媒介性に移行させている。その次の「マルチユーザーシステム／ネットワーク」とは，標識システム（道路案内，ナビゲーションなど），情報システム（データバンク，ライブラリ，チケット販売，航空管制システムなど），コミュニケーションネットワーク（電話，インターネットなど），マスメ

ディアネットワーク（新聞，ラジオ，テレビなど）のことである。

　続いて，デザインの対象は「プロジェクト」に移行する。プロジェクトはデザイナーの一存で，デザインされるようなものではなく，デザイナーはプロジェクトを始めることができるが，完全にコントロールすることはできない。そこでデザイナーができることは，プロジェクトが進む方向の示唆と，ステークホルダーにその意義を理解させるための機会を生み出し，プロジェクトのためのリソースを引き出すことである。

　そして，デザインの対象は「ディスコース」に至る。ディスコースとは「組織化された話し方，書き方，しかるべき行動の仕方（Krippendorff, 2006 小林ほか訳, 2009, p.12)」である。商品の価格の取り決めは未だに製品に関わって行われるが，人工物の価値は，インタフェースでは一時的な部分（アイコン，テキスト，グラフィックなど）であり，マルチユーザーシステムでは情報である。プロジェクトでは話し方がプロジェクトを創り上げる。これはデザインの対象が技術的なメカニズムから言語の構成的な使用に移行していることを示している。さらに，この軌道は技術決定論の信念から，脱構築・再構築される人工的な世界に対する信念への移行を示している。それは人間中心性，すなわち人々にとっての意味が重要であるという認識に向けての移行である，とKrippendorff (2006) は述べている。

　加えて，Krippendorff (2006) は，典型的なユーザー像（いわゆる「ユーザー」）というものが，工業時代の発明物であり神話であることを指摘している。これは既存の「ユーザー」という概念においては，ユーザー自身の自由な発言権と，ユーザー自らが自分を定義し興味に基づいて行動する余地が与えられていない，という意味からの批判である。そこで彼は，デザインされている技術に影響を受ける人々の概念・価値・目標を尊重し，必ずしも人々が欲することに従うことではなく，人々の視点と興味について公正に考慮する必要性を提起する。そして，いわゆる「ユーザー」という概念から，「ステークホルダーのネットワークやコミュニティー」の概念への方向転換が必要であることを指摘している。

## 2. *Design Studies* 誌におけるデザインシンキング研究に関する議論

### (1) デザインシンキング研究の焦点

　前節では，デザインの対象がモノからディスコースへと変化していることについて述べた。モノのデザインのプロセスでは，企業内のリソースや技術が制約となる。その一方で，ディスコースのデザインでは，ステークホルダーに取り巻かれる社会に注目し，単にモノをつくるのではなく，つくられるモノに対して彼らがその社会構造の中でどのような意味解釈を行い，どのようにその社会構造を再生産するかという点まで考慮に入れるべきとなる。

　「デザイン思考」がこの点をまったく無視しているわけではない。「デザイン思考」が推奨するエスノグラフィーは，もともと文化人類学において民族の社会構造を明らかにする手法であり，「デザイン思考」もユーザーの属する社会構造に対する実践的な分析に取り組んでいる。しかし，*Design Studies* において「デザイン思考」が批判される点は，このような社会構造への理論的な視点に触れることなく，汎用化したツールとして「デザイン思考」を提唱した点である。故に，*Design Studies* で議論されているデザインシンキング研究の1つ目の焦点はこの社会構造の再生産への視点である。

　さらに，もう1つの焦点は，デザイナーがデザインプロセスにおいて発揮するプロフェッショナルな能力がどのように構築され，かつそれがどのようにプロジェクトの中で発揮されるかという点，つまり社会構造から影響を受ける実践と構造の再生産の具体的なプロセスである。「デザイン思考」は，デザイナー以外の人々にデザイナーが行う手法を普及させることが1つの目的であるため，デザイナーしか持ち得ない能力をプロセスから排除する必要がある。そのため，「デザイン思考」においてはこの点が抜け落ちてしまう。

　以上の2つの焦点から，*Design Studies* の2011年の特集号に掲載された論文について検討を進めることで，デザインシンキングの理論を明らかにする。

### (2) デザインシンキング研究に関する議論の整理

　① Tonkinwise（2011）"A taste for practices: Unrepressing style in design thinking."

　この論文は，「デザイン思考」がデザイン研究で蓄積されてきた過去の知見を

ほとんど引用することなく,「デザインシンキング」という用語を使用することを批判し,「デザインシンキング」を社会学的視点から再考したものである。

　この論文の焦点は, 近年のデザインシンキング研究に不足している理論的要素の検討である。Tonkinwise (2011) は,「デザイン思考」が「デザインシンキング」から排除したものは「審美性 (aesthetics)」であると指摘している。この点は「デザイン思考」の提唱者である Tim Brown の著書 Change by Design の中でデザインの "aestheticism"(耽美主義) に代えて, 戦略的なデザイン (ユーザー中心主義) の必要性を明確に示していることから裏付けられる。しかしながら, Design Studies の文脈でも審美性やスタイルの議論は, 製品の外観 (form) に関する議論に限られている (例えば, Crilly, Moultrie and Clarkson, 2004)。そこで, Tonkinwise (2011) は審美性やスタイリングという概念を単なる製品の形態として捉えるのではなく, 社会構造との関係性を明らかにすることで拡張しようと試みた。

　Tonkinwise (2011) は, まずここで審美性の概念を拡張している。審美性とは, 個人の主観に依存するものであり, かつ社会構造に影響される政治的なものであると述べている。ここで社会学的視点として Bourdieu (1984) の議論を導入している。Bourdieu (1984) は著書 Distinction の中で, 人々の嗜好の構造が異なったフィールド間で一致していく過程について, 様々な実践事例を用いて説明している。このような Bourdieu (1984) の視点は, これまでデザイン研究の中で, デザインされたモノを対象とするカルチュラル・スタディーズとしてよく研究されてきた。

　しかしながら Tonkinwise (2011) は, そのような過程を「デザインする」という観点ではまだ十分に研究されていないと指摘している。Bourdieu (1984) のテイスト・レジームの概念は, 明らかに審美性と人々の日常の実践のつながりを明らかにしている。つまり, 人々の審美的な判断を理解することで, 彼らが実践でできることを理解でき, かつ彼らに何かを行うように説得することもできるのである。それゆえに, この論文では人々のテイスト・レジームを「実践的なスタイル」として定義している。デザイナーは, このスタイルに関心を持つべきである。なぜなら, スタイルは人々の構造的な選択を翻訳してくれるものであるからだ。

　次に, Tonkinwise (2011) はスタイルの概念を, Spinosa and Dreyfus (1999) を

引用し，アクションに連動し，実践の意味づけを行う，実践の基底にあるものとして定義している。つまり，スタイルとは単にモノや人や活動の外見ではなく，人々が一体何者かということを構成するものなのである。その上で，Tonkinwise (2011) はイノベーターとしてのデザイナーは，スタイルの優れた判断力とそれらの変動性の中で行動するという仮説を導き出した。

次に上述の前提の下で，有名なデザインのスローガンである「形態は機能に従う (form follows function)」に対して疑問を呈している。この原理は，機能を追求したシンプルな形態は自ずと美しくなるという考え方であり，シンプルなものは社会構造にかかわらず，つまり万物に受け入れられる普遍的なものであるということを意味している。しかしながら，これは上述において議論してきた社会構造に影響される審美的な判断やスタイルというものに目を向けていない。それゆえに，Tonkinwise (2011) は，「機能は，ターゲット市場の嗜好の実践の現れとしての形態に従う」というスローガンを提唱した。つまり，これは機能を追い求めるのではなく，ユーザー一人一人が影響を受ける社会構造までをも追い求める人間中心的視点なのである。

このスローガンを前提にし，Tonkinwise (2011) はブランドとペルソナ，デザイン教育へのインプリケーションを提示している。ユーザー中心のブランドの考え方では，その価値はユーザーの製品やサービスの使用体験に由来する。Bourdieu (1984) の考え方に沿うとブランディングとは，製品や環境に対して，同レベルの文化的かつ社会的資本に関連づけるためにテイストとレジームの一致を試みることであり，明らかにスタイリングの範疇である。

また，ここでデザインツールとしてペルソナの重要性が指摘されている。ペルソナは，個人像から製品・サービスを使用する場面のシナリオまでを推定・想像する方法である。Tonkinwise (2011) は，ペルソナをパターン認識のツールとして使用することを提案している。つまり，これは個人のスタイルを明らかにするための方法として利用することを意味する。

最後に，Tonkinwise (2011) はデザイン教育にも言及している。Bourdieu (1984) に従うとデザイン教育では，デザイナーが特定のテイスト・レジームや文化的資本の分類を横断できるようにさせる必要がある。近年のモダニストが訴える倹約的な外観は，万物に通じる真実からは遠く離れている。Tonkinwise (2011) は，Norman (2005) が指摘するように，美しいものがよりよく

機能するのであれば、デザイン教育自身のテイスト・レジームはどのように再生産されるべきなのかと問題提起を行なっている。そして、議論の最後を以下のように締めくくっている。

" 'design thinking' has been blind to the functional role of aesthetic tastes in design because a form of modernism has been taken for granted as a near universal, at least in the institutions of design education around the world (Tonkinwise, 2011, p.543). (少なくとも世界中のデザイン教育機関においては、モダニズムの形態はほとんど万物に通底する普遍的なものとして当たり前のように捉えられてきた。その結果、デザイン思考はデザインにおける審美的な嗜好の実用的な役割を理解できないのである(筆者訳)。)"

② Burdick and Willis (2011) "Digital learning, digital scholarship and design thinking."

この論文は、コンピュータやインターネットを介したコミュニケーション、SNS、モバイル機器等の新たな技術によって生まれた新たなメディアを用いてデジタル世代に教育を行う教育者の考え方、さらにデジタルスカラーシップ(研究に関わる全ての活動を、デジタル技術を用いて行うという研究上の新たな手法)に対して、デザインシンキング研究で30年以上蓄積された知見がどのように有効かを明らかにした論文である。

デジタルネイティブと呼ばれる、コンピュータやビデオゲーム、携帯電話に幼少期から触れてきた世代は、社会的実践や学習スタイル、さらに認知すらも他の世代とは大きく異なっていると考えられている。この文脈における学習はもはや教室の中で情報を獲得するものではなく、ネットワークの中で情報を集め、文脈に当てはめ、使用することに焦点が当てられている。

デザインシンキング研究では、このような状況で求められる考え方に近い思考方法が存在する。Cross (2006) が定義した 'constructive thinking' (推論方法としてのアブダクションにあたる) は、不完全な情報や証拠から作業を始め、創造的で直感的な推測を行う。また、Buchanan (2001) がまとめたデザインの編年史の中で、デザインの伝統的な学習と新しい学習の間に同様の違いがあることを発見している。

さらに Burdick and Willis (2011) は、Cross (2006) や Buchanan (2001) の発見に

加え，近年のコミュニケーション・デザインやインタフェース・デザイン，インタラクション・デザインの専門的能力を参考にし，新たなモデルを提案した。モデルの着目点は，解釈的・修辞学的・遂行的特性と状況依存的でネットワーク化されたもの，偶発的な特性，ユーザー中心的特性の3点である。

次に，Burdick and Willis（2011）はデジタルスカラーシップとデザインシンキングの関係性について理論的に検討した。デジタルスカラーシップとは，研究に関わる全ての活動においてデジタル技術を用いて行うという研究上の新たな手法であり，デジタル・ヒューマニティーズという新たな学問分野を生み出している。これはデジタル技術を用いて学術成果やそのコンテンツの公開方法などを検討する学問である。Burdick and Willis（2011）はこの学問は現在進行形の反復的なプロセスを用いて進化しており，ユーザーや記号論，インタフェースとインフラの両者の手段の理解と同様に，アブダクションの推論方法を必要とし，この点においてデザインシンキング研究の知見が活躍する機会があることを指摘している。

③ Adams, Daly, Mann and Dall' Alba（2011）"Being a professional: Three lenses into design thinking, acting, and being."

この論文は，プロフェッショナルのデザイナーを育成するデザイン教育という観点から，デザインシンキングを解釈するための3つの視点を提案することを目的とした論文である。

Adam *et al.*（2011）は，デザインシンキングをデザイナーがどのような理解をし，さらにその理解に基づき，どのように行動するかという'thinking'と'acting'をセットにして捉える。

さらに，プロフェッショナルのデザイナーであることの証は何か，どのようにデザイナーはプロフェッショナルになるか，またそのために教育プログラムはどうあるべきか，つまり"being"に関するフレームワークを提示することが重要であると述べている。その理由として，Lawson and Dorst（2009, p270）を引用し，デザインするということは単に何かを実践するというよりも，むしろデザイナー自身の人生，学習スタイルや世界観，問題へのアプローチを含むという点でデザイナーのアイデンティティを形成するということを指摘している。つまり，デザイナーは考え，アクションを起こし，それによりデザイナー自身のアイデンティティを更新し続けるのである。

プロフェッショナルのデザイナーになるということは，始まりも終わりもない，常に不完全なプロセスである。このプロセスは個人の認知の範囲にとどまらず，社会とのダイナミックで間主観的な関係性の中で成立する。つまり，プロフェッショナルのデザイナーとは，ある特定の知識とスキルによって決まる静的なものではなく，常に社会との関係の中で存在自身が変化し続けるのである。変化し続ける'being'によって，知識やスキルの「意味」が変化するという点で，'thinking'，'acting'，'being'は一体のものとして捉えられる必要がある。そのため，プロフェッショナルは新しい状況に出会うたびに，デザインの実践に対する体系的な理解を進化させる。

　このようなフレームワークは，既存のフレームワークに対して新たな示唆を提供する。既存のフレームワークの第一の限界は'knowing'（認識論的）と'being'（存在論的）の分離である。認識論的な'knowing'を重視する現在の教育は，学習の存在論的検討に目を向けていない。それゆえに専門知識の静的で固定化された見方を強化するリスクを孕んでいる。これは知らないこと，つまり不確実性を排除しようとする態度を育む結果に陥る。それに対して，プロフェッショナルになるということが始まりも終わりもない不完全なプロセスであるという認識は，変化や不確実性を受け入れるという態度を育成し，知識体系のコンテクスト横断的な学習を可能とするのである。

　既存のフレームワークの第二の限界として，精神と身体，世界の分離が挙げられる。この論文のフレームワークの中心的なアイデアは，知っているという状態の身体化である。つまり，身体こそが，世界へのアクセスと知っていることの意味を理解させるのである。Adam *et al.*(2011)は，世界が本来持つ身体の状況依存性とそれに伴う不確実性は，我々がプロフェッショナルの実践が従事する社会の多元的共存やパラドクスの受容に迫られているということを意味している，と指摘している。

　上述の理論を前提に，Adam *et al.*(2011)は2つの事例を調査し，プロフェッショナルのデザイナーの実践をカテゴリー化した。第一の事例は，デザイナーの体験するデザインについてである。ここではエンジニアリング・デザインも含めた様々な分野の20人のデザイナーを調査し，彼らのプロジェクトにおける役割が表のような6種類の段階的なカテゴリーに分割されることを明らかにした。これはカテゴリー1のエビデンスをベースにして問題に対して最

適なソリューションを発見する役割から，カテゴリー 6 のプロジェクト内でデザイナーに問題設定からソリューションまで完全に自由を与えられる段階である。この最もデザイナーに自由が与えられるカテゴリー 6 では，デザイナーには問題の意味を彼らの審美性によって解釈し，方向性を再定義し，創造的なソリューションを提案することが求められる(表 3-1)。

このデザイナーが持つ特有のデザイン原理がどのように獲得されていくかということに関して Adam *et al.* (2011) は，Lawson and Dorst (2009) を引用し，デザインは単に直面した問題を解決するのではなく，デザインとはデザイナー

表 3-1：デザインの役割（Adam *et al.*, 2011 より筆者作成）

| カテゴリー | 概要 |
| --- | --- |
| カテゴリー 1：<br>Evidence-based decision-making | エビデンスをもとに，目前の問題に対して最適なソリューションを発見するための意思決定を行う。このカテゴリーで重視されるのは論理性やエビデンス，合理性であり，不確実性は排除されるべきものとして見なされる。 |
| カテゴリー 2：<br>Organized translation | アイデア出しから始め，最終的に現実的に機能するソリューションとして落とし込む。カテゴリー 1 に対して，流動的なアプローチを取ることに特徴がある。トライアンドエラーの反復的なプロセスにより，様々なピースのバランスを取りながら，1 つのソリューションにまとめ上げていく。それゆえに，不確実性は仕方がないものとして捉えられる。 |
| カテゴリー 3：<br>Personal synthesis | デザイナー，またはデザインチームの個人的なレンズを通して資源（過去のデザイン・アウトプットや他人のアイデア）を統合し，新たなモノを開発する。カテゴリー 2 に対して，デザインの人間的要素が強調される点に特徴がある。不確実性はデザイナーにとって当たり前のものとして捉えられる。 |
| カテゴリー 4：<br>Intentional progression | 将来を見据えた長期間のコンテクストの中で進化のための可能性を探る。目前のソリューションを求めるカテゴリー 3 までに対して，未来を見据えた上で，現在取り得る有効なソリューションの創造をゴールとすることに特徴がある。それゆえに，不確実性は価値を生む源泉として捉えられる。 |

| カテゴリー5:<br>Directed creative exploration | 戦略的に未来の価値を探索する。カテゴリー5に対して，新たな方向性を発見するために柔軟性を持ったオープンなプロセスが特徴である。それゆえに，不確実性は新たな道を切り開くための探索的空間として捉えられる。このカテゴリーまでは取り組むべき問題の方向性は明らかである。 |
|---|---|
| カテゴリー6:<br>Freedom | デザイナーに自由を与える。このカテゴリーでは取り組むべき問題自身が不確実であるため，自由を与えられたデザイナーの設定する境界次第で問題の意味が変化し，この新たな意味の創出こそがアウトプットである。カテゴリー5までに対して，問題自身の意味を問うところに特徴があり，不確実性や制約はセンスメイキングのきっかけである。 |

のアイデンティティを形成させるものだと捉えている。つまり，カテゴリー1のようなプロジェクト内でのエビデンスをベースとした意思決定のような組織間の調整ではなく，上述のようにデザイナーが人生の中で経験してきたあらゆるイベントや，そこから得られた知識によって形成されるものだと考えられている。彼らはこのような考え方に基づいてデザイン教育を行うために，Nasir, Stevens and Kaplan（2010）が提案するように個人のアイデンティティを教育プロセスのコアとして置くことが1つの答えであると述べている。

④ McDonnell（2011）"Impositions of order: A comparison between design and fine art practice."

この論文は，デザイナーとアーティストのプロジェクトにおける制約の利用方法を比較し，それらの類似と差異を実践的なファインアートの事例から明らかにすることを目的としている。

デザイン研究では，デザイナーがいかに複雑な状況のなかで秩序をつくり上げるかということを明らかにしてきた。その中でこの論文が特に注目している概念がDarke（1989）の'primary generator'とRowe（1987）の'organizing principle'である。これらの概念は，デザイナーがプロジェクトの中で，アウトプットの一貫した秩序を形成するために制約を意味づけする場面で，彼らがどのような原理に基づいて行なっているかを説明するものである。

'primary generator'は，デザイナーが問題に対して入り口となる最初のア

イデアや意味づけを行う起点の原理であり，合理的な視点を持ってそれを正当化する能力である。それに対して 'organizing principle' は，多数のアイデアを生み出す余地を残しており，それゆえに破棄され得るものでもある。Rowe (1987) はスタイルについて，前述した Tonkinwise (2011) と同様にデザインのアウトプットではなく，人々は一体何者なのかを表すものだと捉えている。それゆえに，Rowe (1987) はどの 'organizing principle' を選択するかによって，スタイルが決まると述べている。この論文は，このようなデザイナーの経験や知識によって構成される 'primary generator' と，プロセスの中での 'organizing principle' の選択，つまりスタイルがどのように構築されるかがファインアートの世界ではどのように行われているかを実践的に明らかにしている。

　McDonnell (2011) は事例として，Ellard と Johnstone という2人のアーティストのファインアート実践（大規模なビデオインスタレーションや建築の照明の作品，映画，スケッチ）のうち，特に近年の3つの16mm フィルムの制作プロジェクトを調査した。この論文では彼らの会話に基づいて，彼らがどのように制約を利用し，作品の秩序を課すかを明らかにしようとした。Ellard と Johnstone のプロジェクトから発見されたこととして，第一に彼らがどの作品においても適用される支配的なイメージや視点を持っているということである。このような元々支配的であった価値システムは過去の経験から構築される。彼らにプロジェクトはどのように始まったかを質問すると，必ず過去18年間のコラボレーションについて語るのである。この点が Tonkinwise (2011) のスタイルの概念と一致する点であり，単一のプロジェクトを調査する既存研究にはない視点である。プロジェクトの入り口で起点となる解釈はこのような原理から行われる。熟練のデザイナーも新たなデザインプロジェクトに対して任意の視点では取り組まない。ある種の偏った創造性を持っているのである。

　このような解釈の原理は Darke (1989) が提案した 'primary generator' と同じ方向性である。しかし，Ellard と Johnstone にとっての 'primary generator' は論理的なプロセスによって帰着する合理的なものではなく，個人の主観的な判断に基づく選択なのである。プロジェクトの入り口で使用する原理について，彼らはその後のプロセスで固執しない。入り口の段階で使用された原理は，その後のプロセスで他のものに取って代えられるのである（破棄される）。つまり，

初期の原理はその後のプロセスの骨組みとして使用され，過去の経験から構築された原理自体がプロジェクトを通して再構築されるのである。このような特性は'primary generator'では特定されておらず，McDonnell（2011）はむしろRowe（1987）が定義する'organizing principle'に近い概念であると指摘している。つまり，'organizing principle'の主観的な選択によるスタイルの変化である。

このような選択はプロジェクトの中の制約によって引き起こされる。アーティストの特徴は，制約や不確実性に対する寛容さである。例えば，EllardとJohnstoneはフィルム製作におけるカメラの技術的な制約をプロジェクトの進行を阻害するものとしてではなく，生産性を高める機会だと捉えている。彼らは制約を受け入れ，利用し，回顧的にセンスメイキングを行う。このような特徴は，彼らが'opportunism（ご都合主義）'なのではなく，環境に対する彼らの'on-going openness（常時開示性）'の問題である。EllardとJohnstoneが一見ある種の偶然の一致と考えられることについて語るときも，決してそれが偶然ではないと述べている。つまり，プロジェクトにおいて不確実性を排除し，予定通りに物事を進めるというよりも，むしろ常に不確実な環境との相互作用が当然のものとしてプロジェクトの中に織り込まれ，このような相互作用は回顧的なセンスメイキングによってプロジェクトの一貫性が保持されるのである。

McDonnellは最後に，インスピレーションに目を向けるデザイン研究の多くが，創造的な実践者の特定の刺激に常に休むことなく反応する視点や態度に目を向けてこなかった，と問題提起を行なっている。

⑤ Dorst（2011）"The core of 'design thinking' and its application."

この論文は，デザイナーの推論方法を明らかにし，そのような推論が組織の中でどのように適用されるかを明らかにする事を目的としている。

まず，デザイナーに特徴的な推論方法を明らかにするために，基本的な推論方法について説明した。一般的に問題解決を行う上で基本的な推論パターンは，以下の式によって表現される（Dorst, 2011）。

| WHAT | + | HOW | leads to | RESULT |
| (thing) | | (working principle) | | (observed) |

その上で，演繹法では WHAT と HOW が明らかであり，その両者から RESULT を予測することができる(Dorst, 2011)。

| WHAT | + | HOW | leads to | ？？？ |
|---|---|---|---|---|
| (thing) | | (working principle) | | (observed) |

対して，帰納法は WHAT と RESULT が明らかであり，そこから HOW，つまり working principle を導き出す方法である。この working principle を導き出すことは創造的な活動である。自然科学の分野では，新たな発見は帰納的推論によって起こり，発見の厳密なテストは演繹的推論によって行われる（Dorst, 2011)。

| WHAT | + | ？？？ | leads to | RESULT |
|---|---|---|---|---|
| (thing) | | (working principle) | | (observed) |

以上は，事実を導き出す推論方法であったが，他者への価値を考えるときには，推論パターンの式は以下のように変化する(Dorst, 2011)。

| WHAT | + | HOW | leads to | VALUE |
|---|---|---|---|---|
| (thing) | | (working principle) | | (aspired) |

この状況で行われるベーシックな推論方法がアブダクションである。このアブダクションには2種類がある。第一のアブダクションは，伝統的な問題解決に用いられる推論方法であり，以下のような式によって表現される（Dorst, 2011)。

| ？？？ | + | HOW | leads to | VALUE |
|---|---|---|---|---|
| (thing) | | (working principle) | | (aspired) |

これは顧客に提供すべき VALUE とそれを実現する方法 HOW（working principle）が明らかであるが，WHAT，つまり何を作るべきかが明らかでない時に行われる推論パターンである。この推論方法はデザイナーやエンジニア

によって日常的に行われる。例えば，自社の技術（working principle）によって顧客のニーズ（VALUE）を満足させる製品（WHAT）を開発するというようなパターンである。

　アブダクションの第二の推論方法は達成したい価値のみが明らかである場合に行われる以下のような推論パターンである（Dorst, 2011）。

| ？？？ | + | ？？？ | leads to | VALUE |
| (thing) | | (working principle) | | (aspired) |

　この推論方法では WHAT を創造することが挑戦であるが，同時に価値につながる信頼できる working principle が存在しない。つまり，組織として新たなアプローチを求める方法であり，これがデザイナーの実践で行われる推論である。

　Dorst（2011）は，学生や新人のデザイナーは上述の式のうち，WHAT と HOW をランダムに提案し，その中で求められる価値につながるペアを見つけようとすると指摘している。それに対して，ベテランのデザイナーは HOW と VALUE の組み合わせをフレームと捉え，まず可能性のあるフレームを見つけること（フレーミングと定義される）を優先する。そして，最適なフレームが見つかると，次に第一のアブダクションと同様に WHAT（製品，システム，サービス）のデザインに移行する。さらに方程式が完成した場合のみ，演繹法を使用し，選択した thing と working principle で望まれる価値が本当に創造できるのかを確認する。

　この一連の推論方法の中でも Dorst（2011）はフレーミングをデザイナーのコアな実践として定義し，新たなフレームを創造するデザイナーの能力の理解に焦点が当てられる必要があると述べている。デザイナーが取り組む状況がすでに経験したことがあるものであれば，過去に使用したフレームをすぐに適用できるが，デザイナーにとってパラドックスと呼ばれる複雑な問題では第二のアブダクションの推論が行われる。優れたデザイナーはこのパラドックスに直接取り組むのではなく，その周辺にある論点に焦点を当てる傾向にある。つまり，パラドックスに対する新たなフレームは，問題の周辺のコンテクストから生じるのである。そして，"テーマ"を持って複雑な状況を読み込み，センス

メーキングすることで新たなフレームを創造する。平易な言葉で説明するなら，一見大きな問題であった点も，大局的な視点（テーマ）を変えると問題ではなかった，または全く別の問題であったというように意味づけができるということである。

さらに Dorst（2011）は，このようなデザイナー特有の推論方法の組織への応用として，次のような手順を示している。最初に第一のアブダクションを適用し，次にもしそのアプローチから創造された WHAT が機能しない場合に，第二のアブダクションを適用し組織が過去に蓄積してきたレパートリーから別のフレームを用いる。別の方法として，外部の専門家を活用し，組織に新たなフレームを持ち込むこともできる。また，優れたデザイナーが行うように問題を広げ，新たなテーマをゼロベースで探索することも必要である。このような手順を行うことでデザイナーの能力が組織に取り込まれることが理想である。

⑥ Paton and Dorst（2011）" Briefing and reframing: A situated practice."
この論文は，デザインシンキングの特徴の１つであるフレーミングが実践でどのように機能するかについて，事例から明らかにすることを目的としている。このフレーミングを通して，デザイナーは問題の裏側にあるものにたどり着き，プロジェクトで新鮮な視点を創造することに貢献する。この論文では，特にプロジェクトのフロントエンドであるブリーフィングの段階で，デザイナーがどのように顧客とコミュニケーションを行い，フレーミング，またリフレーミングを戦略的に行うかに焦点を当てている。

フレーミングは古来のレトリックの技術であり，Goffman（1974）がその著書で紹介して以来，社会科学に大きな影響をもたらした。フレームの定義は，大きく分けて二種類が存在する。１つは認知学者のアプローチで，精神上のナレッジと意味構造の産物として捉えられる。もう１つはディスコース・スタディーズのように社会的な象徴の構造として捉える見方である。デザイン研究の中でのフレームは，おおよそは Schön（1984, 1987, 1994）の内省的実践の中で議論された定義として認識されている。これは認知学者のフレームの定義に沿ったものであり，この定義のもとでのフレーミングは価値観を伴ったものとしては見なされていない。それに対して，この論文ではフレームがより状況依存的で，実践ベースの視点として捉え，さらに価値観を伴ったものとして

定義している。

　ブリーフィングとは，プロジェクトのスタートポイントであり，プロジェクトが何を目的に行われるかについてデザイナーとクライアントの相互の理解を促すものである。この段階では，デザイナーとクライアントはそれぞれの専門知識に基づき，問題に対して独自のフレームを所有している。Darke（1989）は，デザイナーの初期のフレームは'primary generator'によって構築されることを明らかにした。近年の研究では，デザイナーとクライアントの両者とも過去の自身の同様の人工物の体験によってフレームが構築されると議論されている（Eckert, Starcey and Clarkson, 2004）。ブリーフィングによって両者の状況の見解をリフレーミングし，理想的には望ましい状態，またはゴール，プライオリティ，問題の範囲，ソリューションの範囲，リソースの制約，プロジェクトの価値に関する実行可能な見通しを創造する。

　この論文では，①どのようにデザイナーは社会的に状況依存的な実践としてフレーミングを体験するか，②フレーミングの異なる体験の変化のパターンは何かをリサーチクエスションとして，15名の経験豊富なデザイナーにインタビューを行なっている。その結果4つのパターンが発見された。

　まずカテゴリー1は'Technician'である。これはデザイナーに強固に定義された説明が与えられ，それを実行することが求められるパターンである。この状況では，クライアントは求められていることを正確に理解し，デザイナーはそれに従う。この場合は，クライアントがフレームを提供し，デザイナーに交渉する余地は与えられない。

　次にカテゴリー2は'Facilitator'である。これはクライアントが求められていることを理解しているが，クライアントだけでは完全に達成できないパターンである。この状況ではデザイナーにはソリューションを実行可能にするスペシャリストとしての役割が求められる。このようなプロジェクトでは，大枠のフレームはクライアントが保持するが，ソリューションにおいてはわずかにデザイナーのフレームを取り込むことができる。

　カテゴリー3は'Expert／Artist'である。デザイナーにとっては前述のカテゴリーに比べると好ましいケースで，クライアントは一部のアイデアしか持ってはいないため，デザイナーには実行可能なアウトプットを達成するためにフレーミングの権限が与えられる。この場合，クライアントはデザイナーにビ

ジュアル・コミュニケーション・デザインの専門家として，また特別なケースとしてはアーティストとしての機能を期待している。

最後に，カテゴリー4は'Collaborator'である。この場合，クライアントとデザイナーは問題とソリューションの両方で相互的にフレーミングを行う存在として認識し合う。このケースでは，クライアントとデザイナーは，高度に反復的で，透明性があり，遊び心を持った関係となる。

さらに，Paton and Dorst (2011) は，イノベーションを伴うプロジェクトとそうでないプロジェクトにおいて，デザイナーの上述の4つのカテゴリーがどのように機能するかを調査した。その結果，イノベーションを伴うプロジェクトでは'expert／artist'と'collaborator'の役割が求められ，デザイナーはフレーミングに従事することが明らかとなった。この場合，デザイナーは不確実性を逆手にとって，特定のアウトプットと距離を取り，メタファーやアナロジーを用いて抽象的な議論からその状況に合致した価値を深く探索している。インタビューの中では，コンテクストに没頭することの重要性が指摘されていた。つまり，メタファーを用いて，目の前の問題を別のコンテクストから解釈し（センスメイキング），新たなフレームを創造するのである。また，このプロセスにおいては，会話と言語のダイナミクスが重要であることが明らかとなった。

また，Paton and Dorst (2011) はリフレーミングの障壁として，初期の顧客のアイデアによる固定観念の形成を意味する'fixation'，問題解決に過度に焦点を当てようとする'problem-solving mental model of design'，顧客とのインタラクションに抵抗しようとする'resistance to journey'を挙げている。それに対して，リフレーミングを推進する要素として，メタファーとアナロジーの利用，コンテクストへの没頭，不確実性からの推測を挙げている。

## 3. デザインシンキング研究における課題の考察

### (1) デザイナーによる意味解釈と社会構造の再生産に関する「理論」

前節での整理の中で最も明確に「デザイン思考」の理論的欠点を指摘しているのがTonkinwise (2011) である。Tonkinwise (2011) はデザイン原理の1つである「形態は機能に従う」という考え方に疑問を呈している。この点に関してTonkinwise (2011) では明示的に述べられてはいないが，筆者らは構造機能主義

への批判として捉えている。それは「形態は機能に従う」という原理を重視する人々は，技術や機能を重視し，形態はシンプルであることが美しいと捉える。言い換えると，技術や機能が優れていれば，人々はその製品を受け入れるということを意味している。つまり，技術や機能はユニバーサルなものであり社会構造として通底するものであるという，構造機能主義的な認識が基底に存在する。これは審美性の政治的な側面を考慮していない。

　Design Studiesで議論されてきたデザインシンキングは，人々の意味解釈を重視する点で解釈主義的な立ち位置に近いが，同時にTonkinwise(2011)のように社会構造の影響を無視することはない。Bourdieu(1984)も社会構造が世代間で引き継がれるという点では，構造機能主義のように捉えられるが，社会構造自体が個人によって再生産されることを認めており，構造機能主義と解釈主義の中庸・折衷的な立場である。このようなことから，Tonkinwise (2011)は「機能は，ターゲット市場の嗜好の実践の現れとしての形態に従う」というアンチテーゼを提言した。

　ここで，著者らはデザインのこのような特性をGiddens（1984）の構造化理論を用いて捉え直してみたい。彼は社会の構造機能主義と解釈主義の二項対立的な視点（dualism）を批判し，その中庸として構造と解釈（行動）の二重性（duality）を提案した。構造を静的なものとしてではなく，常に変化し続ける動的なものとして捉える視点は，デザイン研究の状況依存的な視点と一致する。つまり，人々は常に技術も含めた構造の影響を受けて意味解釈を行うが，同時に構造を再生産しうる存在である。プロフェッショナルなデザイナーにおいてもプロジェクトのなかで技術や組織との関係など，様々な構造的要因による制約に常に影響を受ける存在であることは否定できない。

　しかし，デザイナーの意味解釈が単に決定論的に構造によって決まるのであれば，デザイナーという存在自体を否定することになる。Design Studiesで議論されてきたデザイナーは，リフレーミングによって'organizing principle'を選択し，スタイルを変化させ続ける存在であることが強く主張されている。つまり，デザイナーは自身の意思によって構造を再生産する存在であり，デザインシンキングとはデザイナーが構造から影響を受けて意味解釈を行い，さらにその構造を再生産する思考方法または態度として捉えるべきである。

　また，Burdick and Willis（2011）の論文自体は事例を用いた解説であり，理論

的な議論は行われていないが，Tonkinwise（2011）の議論を借りると，デジタル世代という１つの社会の中のグループがもつ独特の審美性に関する１つの事例と捉えられる。Burdick and Willis（2011）の議論自体は「デザイン思考」の議論と大きな違いはないことから，近年の実践としての「デザイン思考」の流行はデジタル世代のビジネスの世界での活躍と関係することが予測される。

　逆にいうと，「デザイン思考」への盲目的な信仰は，デジタル世代以外の社会グループに属した人々の審美性を自ら排除することを意味するだろう。デザイナーやそのほかの組織メンバーもまた特定の社会グループに属し，独特のスタイルをもつ個人である。つまり，デジタル世代にとって「デザイン思考」は自然に受け入れられるものかもしれないが，その他の個人にとってはそうでないかもしれない。実際に，Carlgren, Elmquist, and Rauth（2016）や Seidel and Fixson（2013）によって，「デザイン思考」を導入したにもかかわらず，うまく機能しない事例とその要因が報告されている。これこそが，Tonkinwise（2011）が指摘する審美性を排除することによるリスクであることが推察できる。

## (2) デザイナーによる意味解釈と社会構造の再生産に関する「実践プロセス」

　次に，*Design Studies* のデザインシンキングに対する議論のもう１つの視点が，プロフェッショナルのデザイナーが持つ審美性やスタイルがどのように獲得され，さらにそれがどのようにプロセスの中で利用されるかという点である。デザインプロセスは，常にプロセスの中で直面する様々な不確実性や制約を調整しながら進められるが，そもそもその調整の判断の基底に存在するものはデザイナーが自身の経験から得てきた審美性である。

　Giddens（1984）の構造化理論に沿うと，デザイナーが影響を受ける構造自体がどのように構築され，プロセスの中で不確実性や制約に対してどのような意味解釈を行い，さらにプロセスを通して構造をいかに再生産するかという視点である。ここで議論されてきたスタイルは，Giddens（1984）の解釈的スキームの概念に近いものであろう。解釈的スキームとは構造と実践を仲介する様式であり，ディスコースの社会的インタラクションを通して発生するものである（Heracleous and Barrett, 2001）。

　本章で取り上げた *Design Studies* の論文の中では，この解釈的スキームを

'organization principle（Rowe, 1987）' や 'primary generator（Darke, 1984）', 'working principle（Dorst, 2011）' という用語で説明しているが，これらはTonkinwise（2011）が指摘する審美性と同様に構造と実践を仲介するものを意味する。まず，プロセスの中での制約に対してプロフェッショナルなデザイナーがどのように振る舞うかを明らかにしたのが，Adams et al.（2011）である。彼らは，デザイナーがプロジェクトの性質の中で，不確実性に対する対応を変化させることを明らかにした。その中で最もデザイナーに高い自由度が与えられるカテゴリー6は，McDonnell（2011）が指摘したアーティストの不確実性や制約への対応と一致する。

McDonnell（2011）は，アーティストが過去の経験から構築されたスタイルからプロジェクトの最初の起点となるアイデアを生み出すが，プロジェクトが進み，制約との相互作用の中で新たなアイデアが創造されるに従ってそのスタイルが変化していくと主張している。これがアーティストや高い自由度が与えられたデザイナーが持つ 'on-going openness（常時開示性）' によるものである。つまり，過去の構造はプロセスの起点としての創造に貢献するが，プロセスが進む中でデザイナーは初期の構造的要因を捨て，再生産されるものとして捉えられる。

この点は，Dorst（2011）と Paton and Dorst（2011）のフレーミングの議論でも見られる。両者ともデザイナーは，問題とソリューションの一対一の関係の中で推論するのではなく，周辺のコンテクストに焦点を当て，別のコンテクストで用いられる 'working principle' を選択することで，新たなソリューションの方向性を創造するのである。Paton and Dorst（2011）はこの点において以下のように述べている。

"We found that 'innovative' projects from the designer's perspective, are those that have been reframed based on 'valued' frames, cultivated over projects within the designer's practice as a professional meta-activity（Paton and Dorst, 2011, p.585）.（デザイナーのパースペクティブから発生した「イノベーティブな」プロジェクトは，デザイナーがメタ・アクティビティとしての実践の中で育て上げてきた「貴重な」フレームに基づいてリフレーミングされている（筆者訳）。)"

つまり，プロフェッショナルのデザイナーの実践はメタ・アクティビティなのである。また，彼らも McDonnell（2011）と同様に，初期のフレームは 'primary generator'によって設定されるが，リフレーミングにより初期のフレームは破棄されると捉えている。

　これらの論文では，このプロフェッショナルなデザイナーの解釈的スキーム（style／principle）が，結局 Adam et al.（2011）が述べたように，デザイナーのアイデンティティによって構成されるということに共通点が見いだせる。つまり，デザイナーは「デザイン思考」が強調するようなプロジェクトの中で完結する反復的なプロセスや調整，問題解決に関する能力だけではなく，デザイナーが今目の前にあるプロジェクトを含むキャリアの中で経験してきた，さらに大きく言えば人生の経験や得てきた知識の中で構築されたアイデンティティもまたデザインシンキングの議論の中心に据え置かなければならないのである。最後に，Krippendorff（2006）によれば，人間中心のデザインにおける基本的な命題は以下のように表現される。

　「デザインは，人間であることの一部をなす（Krippendorff, 2006, p.6 小林ほか訳, 2009, p.82）。」

### (3) デザインシンキング研究における今後の課題

　本章で取り上げた議論をまとめると，デザインシンキング研究の範疇では'primary generator'として，デザイナーの意味解釈に影響を与える構造がデザイナーの過去の経験からどのように構築されたか，またどのようにプロジェクトの中で不確実性や制約を扱い，'organizing principle'または'working principle'の選択によるリフレーミングを行い，構造を再生産するかという，特定のプロジェクトの始まりから終わりだけの一回性では理解し得ないプロセスとして，「デザインシンキング」を捉えている。さらに，研究方法論として注目すべき点は，これらのプロセスは回顧的なセンスメイキングとして取り扱うべきということである。つまり，デザインシンキング研究は，デザイナーが語る「言葉」を扱わなければならないのである。これは本章1節3項においてKrippendorff（2006）が示したような「デザインの対象が技術的なメカニズムから言語の構成的な使用に移行していること」にも合致する。

　近年のデザインに関わるイノベーション研究の中で「デザイン思考」と並び，もう1つの主要な概念が「意味のイノベーション（innovation of meaning）」である。これは本稿で論じてきた Design Studies におけるデザインシンキングの考

え方が反映されたものとして捉えられる。

　意味のイノベーションを提言した Verganti（2017）は，「デザイン思考」はデザインの複雑なパズルの1つのピースでしかなく，イノベーションに影響を与えるデザインには他の考え方が存在することを明確に述べている。また，Norman and Verganti（2014）は，「デザイン思考」はインクリメンタル（漸進的）なイノベーションには適しているが，その事例からラディカル（急進的）なイノベーションの成功例を見出すことはできなかったと指摘している。

　そのなかで Verganti（2017）が強く「デザイン思考」を批判する点として，ユーザーを含めた企業の外部からアイデアを取り込むアウトサイド・インのプロセスではラディカルなイノベーションは生まれないという点である。それに対して，Verganti（2017）は個人のビジョンから始めるインサイド・アウトのプロセスを推奨している。

　意味のイノベーションは，デザイナーの反復的なプロセスや調整，問題解決に関する能力ではなく，個人のアイデンティティをベースとしたイノベーションである。Verganti（2017）がイノベーションの対象を「意味」として捉えた理由は，意味は個人の解釈に依存する，つまり個人の審美性やスタイルを強調するためである。Verganti の著書や論文（2008，2011，2017）のなかでは，本章で議論してきたようなデザインシンキング理論の説明は行われていない。しかし，彼が製品の外観を「製品言語」と定義し，プロセスの中で対話を行う専門家のネットワークを「デザイン・ディスコース」と定義していること，さらにデザインの定義について Krippendorff（1989）を引用し，「Design is making sense of (things).」としていることから，本章の議論が背景に含まれていることが容易に想像できる。

　Verganti（2011）は著書 "Design Driven Innovation" において，デザインは決してデザイナーのみによって扱われるものではないと述べている。「デザイン思考」がビジネスにおいてデザイナーの思考プロセス一部をツールとして利用しようとしたことに対し，「意味のイノベーション」では，「デザインシンキング」を応用することで，デザイナー以外の人々のデザインシンキングを熟成させようと試みている。構造機能主義的に捉えれば，前者は「デザイン思考」というツールを企業に構造・機能的に適用させようとしたが，組織の構造を再生産し，企業独自の方法として昇華させることにまで至らず，「デザイン思考」を組

織で適用してもうまく成果を出せない（「試してみたけど，なぜか上手くいかない」という状態）結果を生み出した。それに対し，意味のイノベーションはプロセスオントロジー的なメタ理論であり，それぞれの企業のリソースをベースとし，企業ごとに直面する不確実性や制約に対して組織の中の一人一人が取り組む姿勢を育むのである。

　Dell'Era and Verganti（2018）は，世界中の 40 以上の企業・組織とのコラボレーションで発見した，ビジネスにおけるデザインシンキングの進化をまとめている（次章参照）。本稿では *Design Studies* における「デザイン思考」への批判的な視点からデザインシンキングを見てきたが，彼らは「デザイン思考」を創造的問題解決（creative problem solving），デザイン・スプリント（sprint execution），創造的自信（creative confidence）の 3 つの要素に分解し，実践としては「デザイン思考」も「意味のイノベーション」も含めたデザインシンキングを状況（イノベーションの目的）によって使い分けることが重要であると考える。なぜなら，「デザイン思考」が推奨する反復的なプロセスもまたデザインシンキングの重要な一側面であるからだ。

　このように世界の多様なデザインの考え方や捉え方，思想・信念・文化を踏まえた「（本来の；広義の）デザイン思考＝デザインシンキング」を整理し，ビジネスに活用しようとする動きが，研究と実務の双方において現在世界で同時並行的に進んでいる。私たちは世界の動きを視野に入れながらも，同時に日本独自のデザインの思考方法に着目し，その特徴を持って世界のビジネスと研究フィールドに発信していく必要がある。日本独自のデザインの思考方法は，これまでさまざまなデザインに関する文献において考察されてきたが，ビジネスの文脈および，本章で取り上げてきた世界のデザイン研究のコンテクスト上での議論は進んでおらず，次なる私たちのチャレンジとなる。

注釈
1) 本章では，IDEO とスタンフォード大学 d.school が提唱する方法論としての Design Thinking を「デザイン思考」と表記する。
2) 本章では，注 1 の「デザイン思考」に対して，これまでにデザイン論やデザイン研究が追究してきた，世界の多様なデザインの考え方や捉え方，思想・信念・文化を踏まえた（本来の；広義の）Design Thinking を「デザインシンキング」と表記する。

3) Edited by Susan C. Stewart. (2011) "Interpreting Design Thinking." *Design Studies*, Volume 32, Issue 6, pp.515-610.; Edited by Paul Rodgers. (2013) " Special Issue: Articulating Design Thinking." *Design Studies*, Volume 34, Issue 4, pp.433-514.
4) 注1を参照のこと。
5) 注2を参照のこと。

**参考文献**

Adam, R.S., Daly, S.R., Mann, L.M., and Dall'Alba, G. (2011) "Being a professional: Three lenses into design thinking, acting, and being." *Design Studies*, Vol.32, No.6, pp.588-607.

Bourdieu, P. (1984). *Distinction: A social critique of the judgment of taste*, Boston: Harvard University Press.

Brown, T. (2008) "Design Thinking." *Harvard Business Review*, Vol.86, No.6, pp.84-92. (「人間中心のイノベーションへ IDEO: デザイン・シンキング」『DIAMOND ハーバード・ビジネス・レビュー』2008年12月号, ダイヤモンド社, pp.56-68)

Buchanan, R. (2001) "Design research and the new learning." *Design Issues*, Vol.17, No.4, pp.3-23.

Burdick, A., and Willis, H. (2011) "Digital learning, digital scholarship and design thinking." *Design Studies*, Vol.32, No.6, pp.546-556.

Carlgren, L, Elmquist, M., and Rauth, I. (2016) "The challenges of using design thinking in industry ―Experiences from five large firms." *Creativity and Innovation Management*, Vol.25, No.3, pp.344-362.

Crilly, N., Moultrie, J., and Clarkson, P.J. (2004) "Seeing things: Consumer response to the visual domain in product design." *Design Studies*, Vol.25, No.6, pp.547-577.

Cross, N. (2006). *Designerly ways of knowing*, London: Springer.

Darke, J. (1989) "The primary generator and the design process." *Design Studies*, Vol.1, No.1, pp.36-44.

Dell'Era, C. and Verganti, R. (2018) "The evolution through 4 kinds of design thinking." In Politechico di Milano, *Observatory DESIGN THINKING FOR BUSINESS Which kind of design thinking is right for you?*, pp.11-22.

Dorst, K. (2011) "The core of 'design thinking' and its application." *Design Studies*, Vol.32, No.6, pp.521-532.

Eckert, C., Stacey, M., and Clarkson, P.J. (2004) "The lure of the measurable in design research." *In Paper presented at the 8th International Design Conference DESIGN 2004*, Dubrovnik, Cavtat, Croatia, pp.18-21.

Giddens, A. (1984). *The constitution of society,* Cambridge: Polity.

Heracleous, L., and M. Barrett. (2001) "Organizational change as discourse: Communicative actions and deep structures in the context of information technology implementation." *Academy of Management Journal*, Vol.44, No.4, pp.755-778.

Krippendorff, K. (1989) "On the essential contexts of artifacts or on the proposition that 'design is making sense (of things)'." *Design Issues* 5 (2), pp.9-38.

Krippendorff, K. (2006). *The semantic turn: A new foundation for design*, Boca Raton: CRC Press.

（クリッペンドルフ，小林昭世・西澤弘行・川間哲夫・氏家良樹・國澤好衛・小口裕史・蓮池公威（翻訳）（2009）『意味論的転回 — デザインの新しい基礎理論』エスアイビーアクセス）

Lawson, B., and Dorst, K. (2009). *Design expertise*. Oxford: Architectural Press.

Liedtka, J. (2015) "Perspective: Linking design thinking with innovation outcomes through cognitive bias reduction." *Journal of Product Innovation Management*, Vol.32, No.6, pp.925-938.

McDonnell, J. (2011) "Being a professional: Three lenses into design thinking, acting, and being." *Design Studies*, Vol.32, No.6, pp.557-572.

Nasir, N.S., Stevens, R., and Kaplan, A. (2010) "Identity as a lens on learning in the disciplines." In Gomez, K., Lyons, L., and Radinsky, J. (eds.), *Learning in the Disciplines: Proceedings of the 9th International Conference of the Learning Sciences (ICLS)*. Chicago, IL: International Society of the Learning Sciences.

Norman, D.A. (2005). *Emotional design*, NY: Basic Books.

Norman, D.A., and Verganti, R. (2014) "Incremental and radical innovation: Design research vs. technology and meaning change." *Design Issues*, Vol.30, No.1, pp.78-96.

Paton, B., and Dorst, K. (2011) "Briefing and reframing: A situated practice." *Design Studiess*, Vol.32, No.6, pp.573-587.

Rodgers, P. (2013) "Articulating Design Thinking." *Design Studies*, Volume 34, Issue 4, pp.433-437.

Rowe, P. (1987). *Design thinking*, Cambridge, MA: MIT Press.

Seidel, V.P., and Fixson, S.K. (2013) "Adopting design thinking in novice multidisciplinary teams: The application and limits of design methods and reflexive practices." *Journal of Product Innovation Management*, Vol.30, No.S1, pp.19-33.

Spinosa, C., Flores, F., and Dreyfus, H. (1999). *Disclosing new worlds: Entrepreneurship, democratic action and the cultivation of solidarity*, Cambridge, MA: MIT Press.

Stewart, S, C. (2011) "Interpreting Design Thinking." *Design Studies*, Volume 32, Issue 6, pp.515-520.

Tonkinwise, C. (2011) "A taste for practice: Unrepressing style in design." *Design Studies*, Vol.32, No.6, pp.533-545.

Verganti, R. (2009) *Design-driven Innovation: Changing the rules of competition by radically innovating what things mean*, Boston: Harvard Business Press.（佐藤典司（監訳），岩谷昌樹・八重樫文（監訳・訳），立命館大学 DML 訳（2016）『デザイン・ドリブン・イノベーション』クロスメディア・パブリッシング）

Verganti, R. (2011) "Radical design and technology epiphanies: A new focus for research on design management." *Journal of Product Innovation Management*, Vol.28, No.3, pp.384-388.

Verganti, R. (2017), *Overcrowded: Designing meaningful products in a world awash with ideas*, Cambridge, MA: MIT Press.（安西洋之・八重樫文（監訳），立命館大学経営学部 DML（訳）（2017）『突破するデザイン』日経 BP 社）

# 第4章

# 意味のイノベーション／デザイン・ドリブン・イノベーション研究における課題

## 1. ビジネスにおけるデザインの考え方の進化

　近年，世界の多様なデザインに関する考え方や捉え方，思想・信念・文化を踏まえた知見を整理し，ビジネスに活用しようとする動きが，研究と実務の双方において世界で同時並行的に進んでいる。その中で，ユーザーの観察・理解を基にした製品開発手法であり，IDEOとスタンフォード大学d.schoolが提唱する方法論としての名称である「デザイン思考」が，イノベーションを生み出す源泉として学術的にも実務的にも広く認知されてきた。この方法論が普及した背景には，製品開発が技術志向によるテクノロジープッシュ戦略に偏りすぎ，ユーザーへの視点が欠けていたことへの反省がある。

　一方で，このデザイン思考の方法論に対して，ラディカル（急進的）なイノベーションの源泉としての限界が指摘されている（Norman and Verganti, 2014）。その理由として，この方法論はユーザーの観察結果から得られる洞察（インサイト）と破壊的技術を前提としており，ユーザーが今目の前で困っている問題解決の枠組みを超えられないことがあげられている（Verganti, 2017）。

　さらにVerganti（2017）は，このIDEO・スタンフォード型のデザイン思考は，デザインという複雑なパズルの1つのピースでしかなく，ビジネスにおいてイノベーションに影響を与えるデザインの知見には他にも多様な考え方が存在することを指摘している。そしてその1つとして「意味のイノベーション

(innovation of meaning)」をあげ，世界の40以上の企業・組織とのコラボレーションで発見した，ビジネスにおけるデザインの考え方の進化を図4-1のように説明している(Dell' Era and Verganti, 2018)。

このうち，創造的問題解決(creative problem solving) (Brown, 2009 ほか)，デザイン・スプリント (sprint execution) (Banfield *et al.*, 2015 ほか)，創造的自信 (creative confidence) (Kelley and Kelley, 2013 ほか) の3つの要素については，デザイン思考および，その発展として実践的・学術的な研究知見が多く提供されているが，意味のイノベーションについてはその提起者である Verganti 自身の研究（Verganti, 2003, 2006a, 2006b, 2008, 2009, 2011, 2017; Verganti and Öberg, 2013; Verganti and Shani, 2016）があるものの，その実践的・学術的な展開はまだ少ない(特に日本語で参照できるものは少ない)。

そこで本章では，意味のイノベーションおよび，その概念が生み出されたデザイン・ドリブン・イノベーションに関する研究動向について把握する。

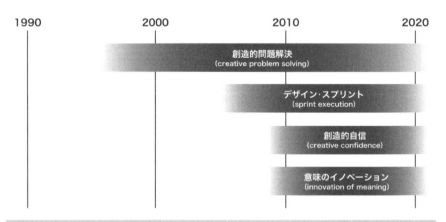

図4-1：ビジネスにおけるデザインシンキングの進化（Dell'Era and Verganti (2018, p.12) より筆者作成）

## 2.「デザイン・ドリブン・イノベーション」と「意味のイノベーション」

### (1) デザイン・ドリブン・イノベーション

　Verganti（2009）は，さまざまなデザイン行為を検討することで，その定義が色やかたちを操作する造形行為という狭義なものではなく，「モノの意味を与えること(Design is Making Sense (of Things))(Krippendorf, 1989)」とされることに着目した。そこで，製品のイノベーションにおいて，製品の情緒・象徴的側面である意味を革新することが重要であり，その鍵がデザインにあることを指摘し，この製品の意味の革新プロセスを「デザイン・ドリブン・イノベーション」としてまとめている。意味のイノベーションは，この「デザイン・ドリブン・イノベーション」の構成概念として提起された。

　Verganti（2009）は，製品の意味を革新するためには，感情，象徴的価値，生活のコンテクストなどの社会文化モデルの分析が重要であることに言及し，市場やユーザーニーズに応えていくという漸進的な進歩ではなく，社会文化モデルを分析し人々への提案を行うために，モノの意味の急進的な変化を促す「意味の（急進的な）イノベーション」を中心に製品開発を行っている企業事例を明らかにした。ここから，イノベーションを意味と技術の2つの軸で分類し，既存のイノベーション理論における技術主導型の「テクノロジー・プッシュ・イノベーション」と市場牽引型の「マーケット・プル・イノベーション」に加え，デザイン・ドリブン・イノベーションを配置することでそれらを対比し，差異を説明している（図4-2）。特に，新たな技術に意味を与える意味と技術の相互作用の領域を「テクノロジー・エピファニー(技術が悟る瞬間)」と呼んでいる。

　また，Verganti（2009）は，デザイン・ドリブン・イノベーションを実現するには「デザイン・ディスコース」に参加し，対話し，相互作用することが重要であると述べる。デザイン・ディスコースとは，デザインという共通価値を共有する者同士の間でなされるさまざまな意思伝達，叙述実践活動など包括的に意味するものとされ，メーカー，ユーザー，供給業者，支援サービス，大学・研究センター，展示会，出版社などのデザインに関わる参加者で構成されるネットワークとして現れる（図4-3）。企業が単独でデザイン・ドリブン・イノベーションを達成するのは難しく，デザイン・ディスコースを構成する様々な解釈

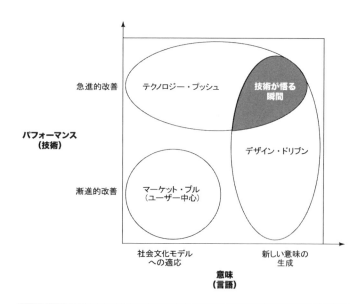

図4-2：意味と技術の相互作用（Verganti, 2009 より筆者作成）

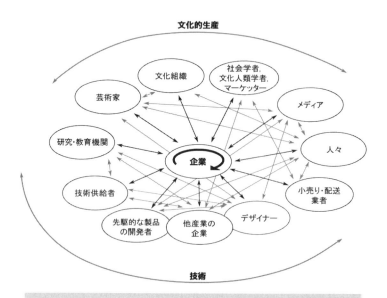

図4-3：デザイン・ディスコース（Verganti, 2009 より筆者作成）

者（interpreters）との相互作用を形成することでそれは達成される。

　このデザイン・ディスコースにおける相互作用の重要性を示す根拠として，Krippendorf（2006）のデザインにおける二次的理解の重要性に関する指摘が参照できる。Krippendorf（2006）は，デザイナーがデザインしているものに対する自分の考えを「一次的理解」とし，それに対して他者が理解している多様な世界の理解のことを「二次的理解」と呼び，デザインにおける二次的理解の重要性を主張している。この二次的理解の対象は，独立したユーザーの個人的・主観的な理解ではなく，ステークホルダーのネットワークやコミュニティーにおいて間主観的に構成される意味についての理解である。

　そこでKrippendorf（2006）は，デザインされている技術に影響を受ける人々の概念・価値・目標を尊重し，必ずしも人々が欲することに従うことではなく，人々の視点と興味について公正に考慮する必要性を提起している。そして，いわゆる「ユーザー」という概念から，「ステークホルダーのネットワークやコミュニティー」の概念への方向転換が必要であることを指摘し，以下のように述べている。

　　「重要な人々，デザインのステークホルダーの関心を知ることは，誰にとっても不可能であるため，専門のデザイナーにとっては，彼らのデザインのステークホルダー間の討議に参加することは避けられない。参加することによって，ステークホルダーのコミュニティーの資源を利用できるようになる。人々がデザインについて持っている利害関係を明らかにし，デザインの概念と評価基準の受容性を高め，デザインの実現の可能性を高くする（Krippendorf, 2006 小林ほか訳, 2009, p.83）。」

　Verganti（2009）は，デザイン・ディスコースの具体例について，アルテミデ社（Artemide）の「メタモルフォシィ」という照明の開発事例を通して説明している（安西・八重樫, 2017）。アルテミデは，ケーブルなしで電流を通す金属棒を使用した世界初のテーブルランプであるティジオ（1972年）や，20年間以上もベストセラーであり続けているトロメオ（1986年）など，代表作がいくつもある照明器具メーカーであり，これまでに欧州のデザイン賞をはじめ数多くの賞を獲得している。しかし，美しい照明をデザインするだけではもはや十分ではなく，競合との差異化を図るためにイノベーションの必要性を感じていた。そこで開発されたのが「メタモルフォシィ」という照明である。この照明は，一

般的な照明器具のように天井から吊るすものではなく，舞台照明のように空間全体を照らすもので，使用者の気分や状況に応じて，部屋全体の色の微妙な調整を可能にしている。

　もしアルテミデがイノベーションのために，ユーザーの要求に注力していたら，電球の交換のためのよりよい方法を考えていたかもしれない。しかし，アルテミデはユーザーから距離を置き，「彼女が夜の7時に仕事から帰ってきたとき，私たちはどのように彼女を癒すことができるか？」という問いを立て，製品の意味を根本から再定義した。このような問いの立て方の有用性について，Verganti（2009）は次の3点を指摘している。

① 「問いの背景」の広さ：電球の交換のような「使用」に関することではなく，一人でまたは，家族や友人との関係における「家庭生活」に関する広い視野を得ている点。

② 「対象者」の広さ：特定の製品のユーザーではなく，「人々全体」を対象としている点。

③ 「目的」の広さ：電球を交換するための実際的なニーズではなく，人々が行動するにあたっての実用的かつ感情的な「理由」を目的としている点。

　このように問いの立て方を変えることで，アルテミデは「人々が仕事から帰ってきたとき，どのようにモノに意味を与えるか」ということに興味を持っている意味の解釈者たちのデザイン・ディスコースを手に入れた（表4-1）。特

表4-1：アルテミデが構築したデザイン・ディスコース（Verganti, 2009より筆者作成）

| 解釈者 | 役割 |
|---|---|
| 家具・パソコン・ゲーム機の製造業者や放送業者 | 彼らの製品とサービスを利用して，家庭における経験の創造に貢献する |
| プロダクトデザイナーや建築家 | 家や生活空間などをデザインする |
| 雑誌や他のメディアの編集者 | 家庭生活に関する記事を発行する |
| 原料のサプライヤー | 家庭用製品に新しく採用される可能性がある |
| 大学やデザイン学校 | 教授と学生が家庭用製品のデザインに関するワークショップを開催する |
| ホテルや展示デザイナー | 空間の新しい構成を探索する |
| 消費に関する社会学・人類学の研究者 | 企業と協働することによって，家庭生活についての彼ら自身の研究を発展させる |

にここで，通常は製品開発に関係がないと思われている社会学や人類学の研究者が入っていることに注目できる。この解釈者たちとの相互作用によって，アルテミデは，家庭生活における新しい意味をよく理解することができ，それを照明に与えることができたのである。

### (2) 意味のイノベーション

図4-2に示されているように，デザイン・ドリブン・イノベーションは，意味と技術との特別な相互作用がない（テクノロジープッシュを前提としない）領域においても存在する。Verganti(2017)は，この部分を「意味のイノベーション」として純化し，そのプロセスをまとめている（安西・八重樫，2017）。

Verganti (2017) は，社会の変化に連れて，人々に求められるイノベーションの性質もまた変化してきていることを指摘している。これまでのイノベーションについて言及された文献では，「イノベーションにはまず良いアイデアが必要である」という暗黙の前提があった。実際に多くの企業においては，アイデアを得ることを重要視し，ブレインストーミングやワークショップを頻繁に行ってきた。しかし，近年ではクリティティブ・クラス(Florida, 2002)として多くの人々が創造的な仕事に携わり，アイデアを生む手法やツールも普及している。

さらに，デジタルテクノロジーの発展によって，誰もが多くのアイデアに簡単にアクセスできるようになった。このような環境下では，企業は簡単にアイデアを見つけることができる反面，これまで必要としていたアイデアに逆に埋もれてしまい，その価値を見失ってしまう。Verganti (2017) は，このようなアイデアの溢れた状況を指して，"Overcrowded"（ひどく混雑した状態）と呼んでいる。その状況では，これまでに求められてきたような「新たなアイデアを生む」ことよりも，その「アイデアの意味を問う」ことが必要となる。この「意味を問うこと」こそが，イノベーションのアプローチの鍵となることをVerganti (2017)は述べている。

また，Verganti(2017)は，従来のイノベーション実践に通底している「問題解決のプロセス」に対して異を唱え，意味のイノベーション・プロセスと，従来の問題解決のイノベーション・プロセスとの比較において，以下の2つの点を違いとしてあげている。

第一に，問題解決のイノベーション・プロセスが，外から内に向けての方向性を取るのに対して，意味のイノベーションは内から外へのプロセスを経て実現される。多くの問題解決のイノベーション・プロセスでは，まず（主体から物理的・心理的な）外に出て，ユーザーが既存製品をどのように使用するかを観察しそこに問題を定義し，外部者を巻き込みながら新しいアイデアを提案する。これは外から内に向かう「どのように（How）」を追求するアプローチであり，（ユーザーや外部者の思考や行動の枠組みの中にある問題しか定義できないという点で）市場ですでに明らかになっている問題に対して，よりよい何か（漸進的な改善）を提供する方法である。

　その一方で，意味のイノベーションは「なぜ（Why）」を追求し，主体の内にある「人々が愛するであろうもの」に対する暗黙の仮説を，外へ向けてかたちにしていくプロセスである。これは人々がモノを使用するための新しい理由を提案するアプローチであり，「よりよい何か」ではなく「より意味のある何か」を提供することで，人々を魅了していく方法である。

　このアプローチを示す事例として Verganti (2017) は，ロウソク産業におけるヤンキーキャンドル社（Yankee Candle）をあげている。ロウソク産業は，数百年の歴史を持つ産業であるのにもかかわらず近年売り上げが急上昇した稀有な産業である。1990年代に売り上げが上昇し，2000年に頂点に達しており，年成長率は10％と高い。

　1969年にマサチューセッツで起業したヤンキーキャンドル社は，ロウソク製造業では新規参入者であるが，2012年の香り付き高級ロウソク市場で44％のシェアを獲得し売上高は8億4400万ドルに上る。同社のロウソクは分厚い瓶の中に入っており，炎はほとんど見えず，部屋を明るくするという伝統的なロウソクの目的は果たしていない。しかし，150種類以上の様々な香りがあり，大きなラベルに香りの種類が記入されている。

　同社の製品は，従来の単なる「光源としてのロウソク」という意味から，「香りの空間創造としてのロウソク」という意味へ変化させ，大きな市場を獲得した。この製品を使う理由は，友人を自宅に招いたり，一人で過ごす時に空間に温かなぬくもりを感じたいからである。より明るく，明かりを長持ちさせたいという既存のロウソクに関する支配的な解釈は，同社の「ロウソクの香りによって人々を心地よくさせる」というビジョンのもとに，抜本的に変化したと

される。

　第二に，意味のイノベーションの考え方には，アイデア創出のスキルではなく「批判精神」を必要とする。問題解決のイノベーション・プロセスが外部から得られるアイデアを必要とするのに対して，意味のイノベーションでは自分自身から仮説を外へ向けて進めていくことが必要になる。そのためには，自分自身の仮説が他の人々にとって意味のあるものなのかを確かめなければならない。自分自身の仮説は進むべき方向を示すものの，当初は不明瞭なため，より強いビジョンへと深めていく必要性がある。そのために，意味のイノベーションには，ビジョンを育むための批判精神が不可欠である。

　この批判精神の効用を示す事例としてVerganti(2017)は，ネストラボ社(Nest Labs)のサーモスタットをあげている。ネストラボ社は，元アップル社のマネージャーであるマット・ロジャースとトニー・ファデルによって2010年に設立された。同社のサーモスタットは，生活者の生活習慣を学習し，ユーザーによってプログラミング操作を必要としないシンプルな製品である。サーモスタットのスイッチを操作するだけで，その家族にとっての適温を学習する。

　従来のサーモスタットにおける「温度を自分で思うようにコントロールできる」という意味は，「自分で温度をコントロールしなくても心地よく過ごせる」という新しい意味に取って代わることとなった。ネストラボ社は，2014年にグーグルに32億ドルで買収されている。この事例の興味深い点は，設立者の二人は，これまでのイノベーション実践にて重要視されてきたアイデア創出のためのブレインストーミングをせず，むしろ全く反対のアプローチを取っている点にある。二人の初期の会話は，ブレインストーミングのルールとして一般的に取り入れられている「他人の意見を批判してはならない」というルールに背き，厳しい批判を繰り返すことで成立していた。このそれぞれの立場からモノの見方をぶつけ合いながら，「スパーリング」を通してビジョンを深く明確にしていくことが，意味のイノベーションの中核をなす取り組みとなる。

　Verganti (2017)は，この信頼できるペアで行う厳しい批判のプロセスの重要性を指摘している。このような批判精神を持つことは，意味のイノベーションにおいてビジョンを育んでいくための重要な要素である。人々にとっての意味は絶えず変化する可能性を持っている。社会に形成されている既存の枠組みは，批判の中で新たな解釈を経て鍛えられ，確信されていく。より意味のあ

る方向，より意味を成す方向を見出すということが，意味のイノベーションに最も必要な考え方である。意味のイノベーションを導くプロセスは，Verganti (2017)によって図4-4のようにまとめられている。

次節では，デザイン・ドリブン・イノベーションおよび意味のイノベーション研究が，現在どのように展開されているのか，6本の論文を取り上げ検討する。

| 誰が | 個人 | ペア | ラディカルサークル | 解釈者たち | 人々 |
|---|---|---|---|---|---|
| 批判 | ストレッチ | スパーリング | 衝突と融合 | 問いかけ | 実行 |

内 → 外

| ステップ1 | 個人による熟考 | 一人一人が自分の持つモノゴトの前提に疑問を投げかけ，新たな解釈で捉え直す。「自分自身の考えを起点にすること」が重要なポイントである。<br>多人数で意見を出し合うブレインストーミングでは，他者の目を気にして尖った意見を出すことをためらってしまったり，無難な表現に修正して表現してしまいがちだが，自分のビジョンをより深く掘り下げ・拡張する（ストレッチ）ことで，この弊害が回避できる。 |
|---|---|---|
| ステップ2 | ペアによる批判 | 2人1組のペアになり，互いの考えを磨き上げていく（スパーリング）。信頼できる仲間の建設的な批判にさらされることで，自分のビジョンやアイデアはより強いものになる。 |
| ステップ3 | ラディカルサークルによる厳しい批判 | 10人未満くらいのグループで，議論をさらに厳しい批判にさらす。この批判では，比較検討することを重視し，より優れた価値提案が見つかる可能性を検討する。<br>ここでのポイントは，みなの「共通の敵」をつくることである。好きなものよりも嫌いなものを話し合ったほうが意見はまとまり，仲間が団結し，強力な一体感が生まれる。<br>「共通の敵」をイメージし，コンセプトとビジョンを明確にするためには「メタファー（暗喩）」の使用が有効である。Verganti (2017) は，アルファ・ロメオ 4C スポーツカーの開発事例をあげている。アルファ・ロメオでのラディカルサークルにおける共通の敵は，不安内な旅行者向け |

| | | |
|---|---|---|
| | | に高級レストランを提案する「ミシュランのレストランガイド」のような高級自動車だと設定された。それに対し，アルファ・ロメオのビジョンは，情熱的で旅慣れた旅行者が自分の足でレストランを見つける「ロンリー・プラネットガイド」のようなものに設定された。このようにガイドブックに喩え，共通の敵をつくり，アルファ・ロメオのコンセプトとビジョンを明確にできたことがメタファーの効用である。<br>　ここでアルファ・ロメオの「新しい意味」は，必ずしも裕福ではないが，車には熟練しているドライバーに向けてのものであり，彼らは運転することへの情熱が高く，型にはまらない類の性能を賞賛することができる人々であると考えられた。 |
| ステップ4 | 解釈者による批判 | 　ここまでまとめられたビジョンを，新鮮な視点を持つ広範な領域の専門家（解釈者）の批判にさらす。新たなアイデアの創出を目的に解釈者を関与させるわけではない。新たなモノの意味を確固たるものにするために，厳しい意見をもらうことが主目的である。<br>　アルファ・ロメオ 4C スポーツカーの開発事例では，100人以上の候補者を検討した上で，14 人の解釈者が選ばれた。それは革製品の生産者，高級リゾートの CEO，フィットネス器具の製造者など，その大半は自動車業界の典型的なネットワークに属していないが，「運転」「自動車」というキーワードには強く関わる人たちであった。<br>　この解釈者の質が意味のイノベーションを導く重要なポイントとなる。 |

図 4-4：意味のイノベーションを導くプロセス（安西・八重樫, 2017; Verganti, 2017 より筆者作成）

## 3. 意味のイノベーション／デザイン・ドリブン・イノベーション研究の動向

### (1) Kembaren *et al.* (2014) "Design Driven Innovation Practices in Design-preneur led Creative industry."

　Kembaren *et al.* (2014) は，イノベーションの手法のトレンドの1つとしてのデザイン・ドリブン・イノベーションに着目し，インドネシアのクリエイティブ産業を例にとり，市場にどのように新しい意味を展開していったかを明らか

にしている。本論文がインドネシアに着目する理由として，既存のデザイン・ドリブン・イノベーション研究の多くが先進国の事例を取り扱っており，技術的な議論が多い発展途上国の議論がまだ十分でないことがあげられている。近年急激に発展するインドネシアにおいても，自国の製品の競争優位性を高めるためにクリエイティブ産業の発展が重要視されており，そのような環境でデザイン・ドリブン・イノベーションがどのように文化を変革し，市場を創造するかという観点が研究の背景に存在する。

本論文のリサーチクエスチョン（RQ）としては，以下の3点があげられている。

RQ1： クリエイティブ産業はどのように新たな顧客に新しい製品の意味をデザインするか

RQ2： クリエイティブ産業はどのように新しい製品の意味を新製品に翻訳するか

RQ3： クリエイティブ産業はどのように新しい製品を市場に届けるか

これらのRQは製品開発の前段階としての戦略的な意味の創造から，製品開発を介して，最終的にどのように市場に投入されるかという一連のプロセスを研究対象としている。

理論分析から，意味を創造する戦略的デザインのプロセスとして，①デザイン・ディスコースと対話することにより，新たなライフスタイルや新技術についてのトレンドを感知するプロセス（検出プロセス），②その結果を企業のビジョンと内部の評価に従って解釈するプロセス（意味づけプロセス），③製品コンセプトとしてアイデアを創造するプロセス（特定プロセス），があげられている。次に，実践的デザインのプロセスは，新製品開発（New Product Development: NPD）と，潜在的な顧客に価値を伝えるためのコミュニケーションから構成される。最終的には，製品とコミュニケーションによって，市場でどのように意味が解釈されたかを事例研究によって明らかにしている。

事例の選択においては，2人のデザインの専門家にインタビューを行い，両者がデザイン主導の企業であると認めた5社を特定した。これらの企業のデザインの責任者に対して，半構造化インタビューを実施した。このインタビューデータのテキスト分析から，まず7つの概念が導出された（表4-2）。

次に，この7つの概念の関係性を分析することにより，図4-5に示すデザイ

ン・ドリブン・イノベーションプロセスの概念的フレームワークが導かれた。このフレームワークは検出・意味づけ・特定・構成・ストーリーテリングの5個のカテゴリーから構成される。まず，検出の段階で特定の社会文化的なコンテクストの中のある一定のパターンを見出し，意味づけの段階でその一定のパ

表4-2：インタビューデータのテキスト分析から導出された7つの概念（Kembaren *et al.*, 2014より筆者作成）

| 1 | トレンド予測 | 検出プロセスにおいて，情報収集とその分析をすることで，その情報の中に存在するある一定のパターンを特定しようとする活動である。 |
|---|---|---|
| 2 | デザイン・パラダイム | 1で特定されたパターンに対してデザインのコミュニティーで行われる意味づけのベースとなるもの。 |
| 3 | 製品言語 | 創造された意味を人々に伝える手段として，どのような外観で表現されるべきかについての議論。 |
| 4 | 情報マネジメント | 開発プロセスを通して蓄積された意味のある情報やイメージを顧客に伝えるための観点。 |
| 5 | ストーリーテリング | 情報を顧客に適切に伝えるための手段。 |
| 6 | 持続的競争優位性の構築 | 一連のプロセスをマネジメントすることによる効果。 |
| 7 | デザイン精神の必要性 | プロセスをマネジメントするために支柱になるもの。 |

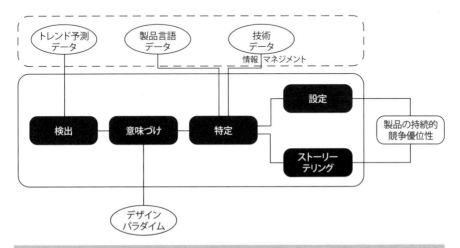

図4-5：インドネシアのクリエイティブ産業におけるデザイン・ドリブン・イノベーションのプロセス（Kembaren *et al.*, 2014より筆者作成）

ターンを解釈し，意味を創造する。次に，特定の段階では，創造した意味を製品コンセプトに落とし込み，製品の外観と技術を決定する。設定の段階では，プロトタイプや最終製品の生産計画を作成するための技術的な指示書を作成し，一方で同時にストーリーテリングの段階として顧客に製品の意味を伝えるためのストーリーを作成する。本論文ではインドネシアのクリエイティブ産業におけるデザイン・ドリブン・イノベーションの実践分析から，以上のようなプロセスが提案されている。

しかしながら，本論文のインタビュー結果から，インドネシアのクリエイティブ産業では，アイデアの源泉としてデザイン・ディスコースだけではなく，ブレインストーミング等のアイデア発想テクニックも用いられていたことが明らかとなっている。同時に，事例では特定の解釈者が開発プロセスに参加することはなかったため，顧客の感情面に訴求するためには，ストーリーテリングが用いられていたことが発見されている。このような発見から，本論文のインプリケーションとして，小規模のクリエイティブ産業では，積極的なデザイン・ディスコースへの没頭や鍵となる解釈者をプロセスに参加させなくても，新しい革新的な意味を市場に提供することができているという点があげられた。これは，Verganti（2009）が提示したプロセス以外にも，効果的に意味を革新するプロセスが存在することを示唆している。

## (2) Goto（2017）"Technology epiphany and an integrated product and service."

Goto（2017）は，革新的な製品の意味をユーザーに伝える方法として，製品とサービスを統合することを提案した論文である。意味のイノベーションの研究は，その多くが製品開発プロセスやイノベーション戦略の観点で行われることが多い。しかしながら，Kazmierczack（2003）が指摘するように，ユーザーは彼らのコンテクストの中で自由に製品に対して意味づけを行うために，開発チームが意図した意味が適切に伝わるとは限らない。デザインを"Design is making sense（of things）"（Krippendorff, 1989）と定義したとき，開発チームが意図した意味が伝わらなければ，良いデザインとは言えないのである。そこで，本論文はサービスをユーザーのコンテクストに介入する手段として捉え，製品とサービスを統合することを強調している。

本論文では理論的背景として，デザイン研究で主流となっている消費者の外観に対する認知として表4-3の分類を用いている。消費者は製品の外観から，「審美性」「機能性」「象徴性」を認知する。この中で製品の意味は象徴性に含まれる。さらに，意味はユーザーが外観を見て，直感的にカテゴリー化する一次的な意味と，製品を自分自身の拡張（例えば，ブランド品を身につけているときには，自己をそのブランドイメージと一致させる）とみなすような時間をかけて与えられる二次的な意味に分けられる。一次的な意味は製品の外観から決まるため，製品の外観のみでコントロールできるが，二次的な意味はユーザーの生活の中で構築されるため，ユーザーが製品を使用するコンテクストに依存する。そこで，本論文は二次的な意味に影響をあたえる手段として，サービスの役割を強調し，以下のリサーチクエスチョン（RQ）と図4-6のフレームワークとを提示している。

RQ1: 企業はどのように製品とサービスの意味の一貫性を保つか
RQ2: ユーザーはどのように統合された製品とサービスから意味を解釈するか

　この2つのリサーチクエスチョンに取り組むために，下肢装具業界の事例研究が選択されている。対象は，伝統的な下肢装具に最新の技術を実装したにもかかわらず，売り上げが伸びず，その対策としてデザイナーが開発に参加し，この業界として画期的な製品の外観とサービスを開発した企業である。

　この事例から明らかとなったこととして，まず開発の初期段階でデザイナーは，下肢装具が目的とする患者の歩行機能の回復（リハビリテーション）は「スポーツ」だというメタファーを用いたことである。このメタファーが，製品の外観とサービス開発の方向性を一変させている。従来の下肢装具の外観は決

表4-3：製品の外観に対する認知の分類（Goto, 2017より筆者作成）

|  | 審美性 | 機能性 | 象徴性 |
|---|---|---|---|
| Crilly *et al.* (2004) | 審美的印象 | 記号的解釈 | 象徴的連想 |
| Candi (2006) | 直感デザイン | 機能デザイン | 経験デザイン |
| Rampino (2011) | 審美性 | 使いやすさ | 意味 |
| Eisenman (2013) | 審美的情報 | 機能的情報 | 象徴的情報 |

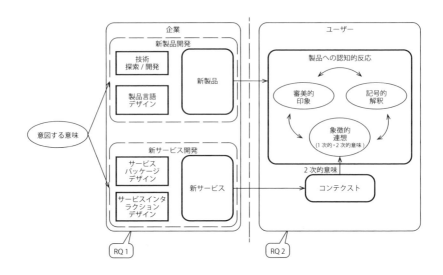

図4-6：Goto（2017）のRQに関するフレームワーク（Goto, 2017より筆者作成）

して「カッコよい」ものではなく，その結果ユーザーが周囲の人に装具を使っているところを見られたくないと考え，使っていることを隠したいという感情を生んでいた。しかし，新しい装具はスポーツ用品のように「カッコよい」ものにすることで，ユーザーは周囲に見せたくなるものとして認識するようになった。これがユーザーに対して外に出たいというポジティブな感情を生み，リハビリテーションに対しても前向きに考えるようになった。

さらに，サービスとして，ユーザーの歩行機能の状態を測定し，その場で提示するという新たなリハビリテーションの方法が提示された。これにより，ユーザーは自らの歩行機能が上達していることが認識でき，さらなるリハビリテーションへの意欲につながっている。以上のことから，「スポーツ」というメタファーが製品とサービスの開発において意味の一貫性を保つことに貢献し，さらにユーザーはそのメタファーの元で開発された製品とサービスによって一次的，二次的な意味が解釈されたのである。この結果から，図4-7に示すフレームワークが提示された。

加えて本論文では，下肢装具に新たな意味が与えられることで，技術の革新

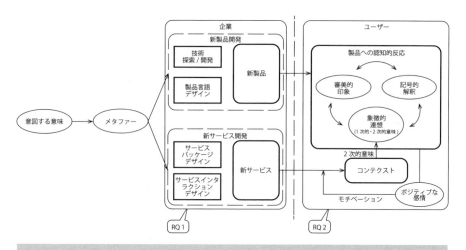

図 4-7：Goto（2017）で提示されたフレームワーク（Goto，2017 より筆者作成）

性が認識されたことを指摘している。事例では，デザイナーが参加する前の製品に実装された革新的な技術は，当時業界ではその効果が理解されず，反発を受けていた。しかし，デザイナーが参加した後の製品がユーザーに受け入れられるにつれて，下肢装具業界でその革新的な技術が受け入れられるようになった。これは Verganti（2009, 2011）が指摘するテクノロジー・エピファニーに該当する。以上より，本論文は革新的な技術に対しては，製品とサービスを統合することが新しい意味をユーザーに正確に伝えるために重要であると結論づけている。

## (3) Bellini *et al.*（2017）"Design-Driven Innovation in Retailing: An Empirical Examination of New Services in Car Dealership."

Bellini *et al.*（2017）は，自動車小売業界でのイノベーションを対象に，インタビューによる探索的実証分析（e.g. Gubrium and Holstein, 2002; Kvale, 1996; Savin-Baden and Major, 2013）を行った結果について報告する論文である。小売業界では，持続的な競争優位を実現するために，特にサービス・イノベーションへの期待が高まっている。この研究では，イギリス，ドイツ，イタリア，セルビア，スペインといったヨーロッパ圏の企業を対象に，104 事例から分析

が試みられた。探索の結果，相当数の自動車小売業に属する企業が，デザイン・ドリブン・イノベーションをイノベーション戦略として組み込んでいることが明らかにされた。

　この研究の背景には，主に2つの研究の流れがある。1つは，小売業のサービス・イノベーションに関する研究，そしてもう1つはイノベーション戦略としてのデザイン・ドリブン・イノベーションの研究である。小売業のサービス・イノベーションについての研究において，プロダクト・イノベーションとサービス・イノベーションとの大きな違いは，アイデア開発，生産，消費における顧客とサプライヤーの共創のプロセスを必要とするかしないかという点にあることが度々強調されてきた（Johnson *et al.*, 2000; Zeithaml and Bitner, 2002）。

　特に，新しいサービスの質に関する研究は，この共創のプロセスが伴う経験的で相互作用的な性質に焦点を当てることによって発展してきた。例えば，1980年代のHolbrook and Hirschman（1982）の消費の経験的側面の議論にその起源を持つカスタマー・エクスペリエンスなどの概念がこれに当たる。さらに，顧客のニーズの変化に伴い，2000年頃には「経験経済」（Pine and Gilmore, 1999）や「経験価値マーケティング」（Schmitt, 1999）といった概念が提案され，よりよい顧客経験をいかに創出するかに焦点を当てた多くの研究蓄積がなされた。

　このような流れの中で，小売業界を対象にした研究では，特に顧客の購買体験に関する研究が蓄積されてきた。そこでは，セールスパーソンや購買行動に伴う様々なタッチポイントでのインタラクションをいかに設計するかという観点から，特に店舗等の物理的なスペースと，ウェブサイト等でのデジタルなスペース両方をどのように連続的で一貫した提案として提供することができるかが，新たな小売サービスの価値を決定することが明らかになってきている。

　本論文では，「サービス―機会マトリクス」（Sawhney *et al.*, 2004）と呼ばれるモデルを用いて，自動車小売業のサービスを4つのタイプに分類している（図4-8）。この4つのタイプの特徴と具体的な事例は表4-4の通りである。

　このモデルの横軸は，カスタマー・エクスペリエンスの性質の違いに焦点を当てたものである。プライマリー・アクティビティチェイン（primary customer-activity chain）とは，顧客の関心に直接的に関連する主要な経験

を示している。一方で、アジャセント・アクティビティチェイン（adjacent customer-activity chain）は、主要な関心に隣接する補完的な経験を指している。これを自動車の販売代理店のサービスで例えれば、販売代理店に訪問することはプライマリー・アクティビティチェインであり、自動車保険に入ることはアジャセント・アクティビティチェインであるといえる（Bellini *et al.*, 2017, p.93）。これに対して縦軸は、どのようなタイプの変化であるのか、すなわち既存の購買行動に新しい行動を加えるのか、既存の購買行動を再構成するものであるのかを示している。

このモデルをもとに、本論文では自動車小売産業がどの種のサービス開発に取り組んでいるかを調査している。この調査は、自動車産業が競争優位を保つために、どのようにイノベーション戦略を用いているかに関する国際的な研究プロジェクトの一環として行われた。このプロジェクトには123人の起業家とトップマネジメントが参加し、さらに分析には各社から複数の回答者が参加した。インタビューは、著者が所属するビジネススクールが主催する教育プログラムにおいて行われた、2日間のワークショップの中で実施された。

調査で得られた104の事例のうち、24事例（23％）が「①直線的な再構成」の戦略をとり、38事例（36％）が「②直線的な拡大」、18事例（18％）が「③幅的な再構成」、24事例（23％）が「④幅的な拡大」に関する戦略を採用していることが明

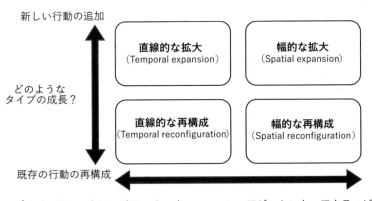

図4-8：サービス―機会マトリクスモデル（Bellini *et al.*, 2017; Sawhney *et al.*, 2004より筆者作成）

表 4-4：自動車小売産業におけるサービス・イノベーションの分類（Bellini et al., 2017; Sawhney et al., 2004 より筆者作成）

| ①直線的な再構成 | |
| --- | --- |
| 次元 | プライマリー・アクティビティチェイン / 既存の行動の再構成 |
| 性質 | プライマリー・アクティビティチェイン内での構造の変化と，活動のコントロールに関するイノベーションを指す |
| 自動車小売業でのサービス例 | 新車のセルフでの設定，テストドライブのセルフでの予約 |
| ②直線的な拡大 | |
| 次元 | プライマリー・アクティビティチェイン / 新しい行動の追加 |
| 性質 | プライマリー・アクティビティチェインに新しい活動を加えることによるイノベーションを指す |
| 自動車小売業でのサービス例 | 販売前データ収集，製品とサービスの比較，車のテスト，経済条件の交渉，契約の締結，契約の署名，車の配達，アフターサービスへのアクセスなど |
| ③幅的な再構成 | |
| 次元 | アジャセント・アクティビティチェイン / 既存の行動の再構成 |
| 性質 | アジャセント・アクティビティチェイン内での構造の変化と，活動のコントロールに関するイノベーションを指す |
| 自動車小売業でのサービス例 | 都市モビリティサービスにおける消費者の関与の新しい形態，家族での顧客の新しい生活提案 |
| ④幅的な拡大 | |
| 次元 | アジャセント・アクティビティチェイン / 新しい行動の追加 |
| 性質 | アジャセント・アクティビティチェインに新しい活動を加えることによるイノベーションを指す |
| 自動車小売業でのサービス例 | ソーシャルネットワーク活動，モビリティサービス，輸送サービス |

らかになった。さらに，これらの事例をデザイン・ドリブン・イノベーションのフレームワークで分類したところ，「③幅的な再構成」を採用している 18 事例のうちの 7 つの企業と，「④幅的な拡大の戦略」を採用している 24 事例のうち 10 企業が新たな意味を創出するサービスを提案している（デザイン・ドリブン・イノベーションを達成している）ことが明らかになった。特に，「④幅的な拡大」の戦略を採用する企業は，現在の小売業界にはない新たな行動を導入することで新たな意味を創造する方向性を持ち，「③幅的な再構成」を採用して

いる企業は，顧客の新しい行動や役割を取り入れて新たな意味を提案している傾向にあることが明らかになった。

　この調査から，デザイン・ドリブン・イノベーションはプロダクト・イノベーションだけでなく，小売業界におけるサービス・イノベーションにおいても適応可能であることが示された。一方で，本研究におけるプロジェクトの評価は主観的な尺度によるものが多く，デザイン・ドリブン・イノベーションがどのような戦略的意図とプロセスでなされるか，それが最終的にどのようなベネフィットをもたらすかについては明らかにされていない。

## (4) Trabucchi *et al.*（2017）"Interplay between technology and meaning: How music majors reacted?"

　Trabucchi *et al.*（2017）は，近年デジタルテクノロジーの普及が加速するビジネス環境を背景に，既存企業が外部のイノベーションの脅威にどのように対応していくのかを検討した論文である。

　現在の企業環境はデジタルテクノロジーの普及が加速化しており，既存企業が継続して競争優位を保つことが困難になってきている。また数多くのソリューションが提供されているために，顧客にとっても自身に最適なソリューションがなんであるかを判断することが難しい状況にある。このような複雑な環境下では，企業はこれまでとは異なる次元で存在感を高めていくために新たな方向性を示していくことが必要となる。

　例えば，新たなデジタルテクノロジーの普及は，ホテル産業において2つの戦略的な方向性を生み出している。1つは，既存の技術で補っていたサービスを新たな技術を用いて代替する「技術代替」という方向性である。例えば，Booking.comのように宿泊施設の最安値を随時収集し，予約サービスを提供するWebサイトがこれにあたる。もう1つは，これまでの機能的次元での競争環境から，感情的（快楽的）次元での競争環境への変化を促す方向性である（Beltagui *et al.*, 2016）。AirBnBのように，テクノロジーを用いて個人の持つ物件をつなぎ，既存の宿泊施設の情報を収集するだけでなく，新たな宿泊体験を提供・運営するサービスとして提案することなどがこれにあたる。

　これらの急速に変化する競争環境の中で，既存企業はどのような戦略を打ち出していくべきであろうか。既存企業と新規参入社のダイナミクスをテー

マに整理を行った Ansari and Krop（2012）によれば，既存企業はイノベーションの脅威に対処するために，表 4-5 に示す 3 種類 10 個の戦略施策が効果的であることが明らかになっている。しかし，これらの研究は，基本的にテクノロジー・プッシュ・イノベーションを対象にしたものであり，意味のイノベーションによって実現される感情的な次元に関しても同様に効果的であるかは未検討である。

そこで Trabucchi et al.（2017）では，iTunes や Spotify といった破壊的なサービスを外部イノベーションに設定し，これらのサービスが提案された後の音楽配信業界を対象に，感情的な次元の競争環境において各社がどのような施策を取ったのかに関して複数事例のケーススタディ（Yin, 1998）を通して調査した。この調査は，音楽産業での主要企業 3 社を対象に行われた。データ取集はマネージャーに対するインタビューによる一次資料と，企業 web サイトや専門誌からの二次資料が用いられた。

分析の結果，表 4-5 における「境界のマネジメント」と「組織の構造」については，テクノロジー・プッシュ・イノベーションでない競争環境においても依然として重要であることが明らかになったが，「補完的ケイパビリティ」に関しては，感情的な次元の競争環境においては状況によっては効果的ではないことが明らかになった。具体的には，⑥製品開発やサプライチェーンの効率化を

表 4-5：既存企業がイノベーションの脅威に対処するための戦略施策（Ansari and Krop, 2012; Trabucchi et al., 2017 より筆者作成）

| 1 | 境界のマネジメント | ①組織間コラボレーション，②合併と買収，③サプライヤーとの提携の方法を通して，既存企業は，より共生的な境界のマネジメントに取り組むことが有効である。 |
|---|---|---|
| 2 | 組織の構成 | ④組織と従業員の役割を適切な再設計を行うことは，既存企業が生き残るのに必要となる。また，⑤既存のビジネスや技術に関する探索の継続は，引き続き競争優位を高めていくことも必要となる。 |
| 3 | 補完的ケイパビリティ | 外部のイノベーションに直面した際に，⑥製品開発やサプライチェーンの効率化を促進する専門的技術，⑦流通経路への特権的なアクセス，⑧補完的技術，⑨バリュープロポジションの変化，⑩顧客志向といった，様々な補完的なケイパビリティを獲得・活用していくことが必要となる。 |

促進する専門的技術，⑦流通経路への特権的なアクセス，⑧補完的技術といった「補完的な資源」の重要性は低く，感情的な次元の競争環境においては⑨バリュープロポジションの変化や⑩顧客志向といった「ダイナミックな側面に関する資源」の重要性が高まることが示唆された。

つまり，デザイン・ドリブン・イノベーションのような意味の急進的なイノベーションによる変化に対しては，既存の製品に伴う補完的な資源は役割を失ってしまう可能性が高く，抜本的に変化した新たな競争環境に適応していくために，ダイナミック・ケイパビリティ（Teece et al., 1997）に関する資源の重要性が増すということである。

このように Trabucchi et al.（2017）では感情的な次元における外部イノベーションの脅威に関する戦略施策に関する仮説が提案されたが，一方でケーススタディが単一の産業に関するものであるため，応用可能性に関しては今後の検討が必要である。

## (5) Dell'Era *et al.*（2018）"Designing radical innovations of meanings for society: Envisioning new scenarios for smart mobility."

Dell'Era *et al.*（2017）は，スマートモビリティにおける新しい意味の開発プロセスの中で，個人ではなく，企業がどのようにして新しい意味を社会に提案するのか，そのアプローチを探索することを目的とした論文である。論文では事例として，コペンハーゲン・ホイール（Copenhagen Wheel）およびブラブラカー（BlaBlaCar）の 2 つが取り上げられている。これらは持続可能な社会の実現への要請が強い世界的現状に対し，モビリティの観点から持続可能性の新しい意味を問うことに取り組んだ事例である。

コペンハーゲン・ホイールは，MIT's SENSEable City Lab によって開発された自転車用のホイールである。このホイールを取り付けるだけで，既存の自転車は電動アシスト自転車に変身する。電気自転車技術の漸進的な改良ではなく，ホイールの意味の再発見を通じて，普通の自転車を再利用し，リアルタイム環境感知能力を備えた電気ハイブリッドに変えることができるのである。コペンハーゲン・ホイールは，James Dyson Award を含むいくつかのデザイン賞および，Red Dot 2014 を受賞しており，BBC, Wired, The Guardian, New

York Times など2,000を超えるメディア出版物でレビューされ，2017年には Time にて Tech of Best Pieces の1つに選定された。

　ブラブラカーは，長距離のライドシェアリングコミュニティとして，2006年より施行されており，350万人の会員数を有するヨーロッパ最大のソーシャル・シェアリング・ネットワークである。本論文によると，22か国で毎月約400万人の利用があり，さらに，推定100万トンの$CO_2$と50万トンの燃料が削減されたとされている。

　本論文では，この2つの事例について，新しい意味の開発プロセスの観点から議論するために，Dell'Era and Verganti（2007, 2011）; Verganti（2009, 2017）で取り扱われているデザイン・ドリブン・イノベーションの概念を参照し進められている。また，研究方法としては，Strauss and Corbin（1998）を参考とし，読解・コーディング・解釈の3段階からなるプロセスによる分析方法を採用している。さらに，誤解や相違点を解決するために対面での議論も行われた。

　分析によると，コペンハーゲン・ホイールでは，異分野専門家チームに建築家をはじめ，都市プランナー・機械および電気技術者・コンピュータサイエンティスト・インタラクションデザイナー・物理学者という幅広い構成員で活動を進めたことで，世界中の技術とデザイン・ディスコースを活かすための知識と技術知を提供することに貢献したことが明らかになった。その結果，技術的なパフォーマンスの向上に留まらず，ホイールや自転車自体が持つ意味を大きく変えた。本論文では，製品のもつ意味と言語の知識をうまく利用しデザイン・ドリブン・イノベーションを実現するためには，異なる背景の構成員間での豊富な対話が必要不可欠であったと結論付けている。

　一方のブラブラカーは，創業者でもともと物理学の研究者でもあった Frédéric Mazzella が MBA を取得し，アイデア実装のための技術サポート員2名とともに始め，まず，ライドシェアというプラットフォームを支えるためのコミュニティーを構築した。このユニークな空間を作り出したことで，これまでに出会ったことのない人々の交流を可能にしている。ブラブラカーが行ったアンケート調査によると，45％の会員が同サービスにより旅行の機会が増えたと回答している。加えて，同サービスではソーシャルサークルよりも多様な人々に出会えると回答した者の半数近く（47％）が，同サービスによって自分とは異なる文化や意見に対してより寛容になったと認識している，と回答して

いる。ブラブラカーのサービスは，単に長距離で乗り物を共有するだけではなく，社会体験を豊かにしていると Mazzella は指摘する。よって，この事例において，モビリティをシェアすることで環境への影響だけでなく，シェアする人々の価値観や交流までをも変化させているということが明らかにされた。

## (6) Jepsen *et al.* (2013) "The contributions of interpreters to the development of radical innovations of meanings: the role of 'Pioneering Projects' in the sustainable buildings industry."

Jepsen *et al.*(2013)は，持続可能な建築における意味の根本的なイノベーションの発展を促すために重要となる解釈者の価値について明らかにすることを目的とした論文である。解釈者の価値とは具体的に，パイオニアプロジェクトにおける解釈者の探求的態度と知識の多様性が企業の成果に及ぼす影響を示す。本論文では，事例としてデンマークにある製造業の2社，ドビスタ(DOVISTA)とサンゴバン・イゾベール(Saint-Gobain Isover)が取り上げられた。

ドビスタは，Danish VKR Holding が経営するドビスタグループの 10 ユニット(ヨーロッパ7か国に 4,000 名の従業員をもつ)のうちの1つである。ドビスタグループは，持続可能な建築のための高エネルギー効率窓を開発している。建築業界でのシステムイノベーションへの関心の高まりに対し，ドビスタはバリューチェーンのインテグレータとして積極的な活動を行うため，2009 年にパイオニアプロジェクト「リビング・ラボ(Living Lab)」を開始している。9名のメンバーが参加するリビング・ラボは，住民とその幸福を尊重し，未来のための持続可能な建築に関する学際的なプロジェクトとして位置づけられている。

一方のサンゴバン・イゾベールは，デンマークとスウェーデンで活動するグラスウール断熱材を製造する企業であり，1665 年にフランスで創業されたグローバル・サンゴバングループ(50 か国以上で 20 万人の従業員を雇用)の1つである。サンゴバン・イゾベールでは，持続可能な社会の実現に向け，暖房システムがなくとも快適な住環境を保つことのできる住宅を普及させるための建築知識を広めることを目的としたパイオニアプロジェクト「コンフォート・ハウス(Comfort Houses)」を進めている。コンフォート・ハウスでは，建築家・エンジニア・建設会社・建築材料メーカーがコラボレーションすることによ

り，将来の建設業界についてだけでなく，エネルギー政策に至るまで広く議論が行われる。両社共に，住宅関連企業の近年のトレンドである持続可能な建築の実現に取り組むにあたり，建築の意味の根本的な再定義によりイノベーションを進める企業である。

本論文では，ドビスタでの21件および，サンゴバン・イゾベールでの9件，合計30件のプロジェクトの参加者から得られた38のアンケートの回答を分析している。分析は，解釈者が関わっているパイオニアプロジェクトを対象とし，パイオニアプロジェクトの価値と結果について考察された。本研究では，解釈者をエンジニア・建築家・建設会社と設定している。また，パイオニアプロジェクトにおけるコラボレーションの価値について「解釈者の探索的態度」と「解釈者の知識の多様性」，パイオニアプロジェクトの成果については「新たな展開」「外部への知識展開」「外部への影響」の3つに分類し分析が行われた。

その結果によると，解釈者の探索的態度は，技術的および社会的な探求の観点から分析されたが，どちらの探索的態度もコラボレーションの価値に良い影響が与えられることが明らかにされた。一方で，解釈者の知識の多様性は，社内および社外の2点から分析された。社内における解釈者の知識の多様性については，コラボレーションの価値と相関性は見られなかったが，社外との交流によって得られる解釈者の知識の多様性については，コラボレーション価値と相関が見受けられた。

加えて，パイオニアプロジェクトでのコラボレーションの成果として3点をあげている。

① 新たな展開：特定の技術分野のイノベーションに留まらず，全体のシステムに関わることで，新規市場の開発に寄与する。さらに，解釈者はStuart (2000) が指摘するような，パイオニアプロジェクトが企業の社会的地位と認知度を高める役割を果たすという性質を活用し，評判とブランド認知度を向上させることを可能とする。

② 外部への知識展開：解釈者がゲートキーパーの役割を果たすことにより，多分野の橋渡し役を担い，それによって異なる文脈間のもつ意味や言語の知識を伝達することが可能となる。

③ 外部への影響：潜在的な新しいパートナーやコミュニティーとの接点を得ることにより，解釈者を通じてエリートサークルや重要なネットワー

クとの繋がりを持つことができる。

## 4. 意味のイノベーション／デザイン・ドリブン・イノベーション研究の今後の課題

　本章で取り上げた研究に関する議論から，「デザイン・ドリブン・イノベーション」に着目する場合には，戦略的視点や製品開発的視点に立脚し（Bellini et al., 2017; Kembaren et al., 2014; Trabucchi et al., 2017），「意味のイノベーション」に着目する場合には，組織的な意味の生成から人々の意味解釈にまで至るプロセスの視点に立脚している（Dell'Era et al., 2018; Goto, 2017; Jepsen et al., 2013）ものと考えられる。

　Battistella et al.（2012）は，組織的な意味の生成フェーズの分析において，①社会文化のレベル，②企業のビジネスモデルのレベル，③顧客とステークホルダーのレベル，の3つのレベルがありそれらの間で意味がどのように生成・解釈・受容・再構成されるのかを問う必要性を述べている。しかし，Battistella et al.（2012）においては，企業のビジネスモデルレベルの分析までにしか至っておらず，顧客とステークホルダーのレベルまでには至っていないことが課題として述べられている。本稿で取り上げた，組織的な意味の生成から人々の意味解釈にまで至るプロセスの視点に立脚している3研究（Bellini et al., 2017; Kembaren et al., 2014; Trabucchi et al., 2017）に関しては，デザイン・ディスコースにおける解釈者およびユーザーの意味解釈にまで分析評価が至っており，ここにこの領域の進展が伺える。

　Verganti（2017）は，図4-4に示したように，意味のイノベーションを導くプロセスとして，人々に新しい意味を届けるところまでを設定しているが，その先には人々が意味を解釈し社会文化モデルを再構成・再生産していくフェーズがあるものと考えられる。既存研究においてはまだこのフェーズはよく検討されていない。よって，このフェーズのモデル化やメカニズムの検討が，次なる意味のイノベーション研究の課題の1つに設定できる。また一方で，前章では，デザインシンキングに関する研究の検討において，Giddens（1984）の構造化理論を参照し，デザインシンキングとはデザイナーが（社会）構造から影響を受けて意味解釈を行い，さらにその構造を再生産する思考方法または態度と

して捉えるべきであることを明らかにしている。しかし，その精緻なモデル化とメカニズムの実証には至っておらず，次の筆者らのチャレンジと捉えている。

　この2つの課題：意味のイノベーションを導くプロセスにおける，人々が意味を解釈し社会文化モデルを再構成・再生産していくフェーズの分析および，デザインシンキングにおける，デザイナーが（社会）構造から意味解釈を行い，その構造を再生産する思考方法または態度の分析，は相互補完的なものであり，このモデル化と検証による方法化によって，デザイン・ドリブン・イノベーションから意味のイノベーション研究に至る研究領域の次の発展に寄与するものと考える。

### 参考文献

Ansari, S. S., and Krop, P. (2012) "Incumbent performance in the face of a radical innovation: Towards a framework for incumbent challenger dynamics." *Research Policy*, 41, pp.1357-1374.

Banfield, R., Lombardo, C. T. and Wax, T. (2015). *Design Sprint: A Practical Guidebook for Building Great Digital Products*, CA: O'Reilly Media.（安藤幸央・佐藤 伸哉（監修），牧野 聡（訳）(2016)『デザインスプリント —プロダクトを成功に導く短期集中実践ガイド』オライリージャパン）

Battistella, C., Biotto, G., De Toni, A. F. (2012) "From design driven innovation to meaningstrategy." *Management Decision*, Vol. 50 Issue: 4, pp.718-743.

Bellini, E., Dell'Era, C., Fattini, F. and Verganti, R.(2017) "Design-Driven Innovation in Retailing: An Empirical Examination of New Services in Car Dealership." *Creativity and Innovation Management*, 26(1), pp.91-107.

Beltagui, A., Candi, M., and Riedel, J. (2012) "Designing in the experience economy." In S. Zou, and S. Swan (eds.) *Interdisciplinary approaches to international marketing: Creative research on branding, product design/ innovation, and strategic thought/social entrepreneurship*. Bingley: Emerald Group, pp.111-135.

Brown, T. (2009). *Change by Design: How Design Thinking Transforms Organizations and Inspires Innovation*, NY: HarperBusiness.（千葉敏夫（訳）(2010)『デザイン思考が世界を変える —イノベーションを導く新しい考え方』早川書房）

Candi, M. (2006) "Design as an element of Innovation: Evaluating design emphasis in technology-based firms." *International Journal of Innovation Management*, 10(4), pp.351-374.

Crilly, N., Moultrie, J., and Clarkson, P. J. (2004) "Seeing things: Consumer response to the visual domain in product design." *Design Studies*, Vol.25, No.6, pp.547-577.

Dell'Era, C., and Verganti, R. (2007) "Strategies of innovation and imitation of product languages." *Journal of Product Innovation Management*, 24, pp.580-599.

Dell'Era, C., and Verganti, R. (2011) "Diffusion processes of product meanings in design‐intensive industries: Determinants and dynamics." *Journal of Product Innovation Management*, 28, pp.881–895.

Dell'Era, C., and Verganti, R. (2018) "The evolution through 4 kinds of design thinking." In Politechico di Milano, *Observatory DESIGN THINKING FOR BUSINESS Which kind of design thinking is right for you?*, pp.11–22.

Dell'Era, C., Altuna, N., and Verganti, R. (2018) "Designing radical innovations of meanings for society: Envisioning new scenarios for smart mobility." *Creativity and Innovation Management*, Volume27, Issue4, pp.387–400.

Eisenman, M. (2013) "Understanding aesthetic innovation in the context of technological evolution." *Academy of Management Review*, 38(3), pp.332–351.

Florida, R. (2002). *The Rise of the Creative Class: And How it's transforming work, leisure, community and everyday life*. NY: Perseus Book Group.（井口典夫（訳）（2008）『クリエイティブ資本論 ― 新たな経済界級の台頭』ダイヤモンド社）

Giddens, A. (1984). *The Constitution of Society*, Cambridge: Polity.（門田健一（訳）（2015）『社会の構成』勁草書房）

Goto, S. (2017) "Technology epiphany and an integrated product and service." *Journal of Technology Management & Innovation*, Volume 12, Issue 2, pp.34–43.

Gubrium, J.F. and Holstein, J.A. (2002). *Handbook of Interview Research: Context and Method*. CA: Sage.

Holbrook, M.B. and Hirschman, E.C. (1982) "The Experiential Aspects of Consumption: Consumer Fantasies, Feelings, and Fun." *Journal of Consumer Research*, 9, pp.132–140.

Jepsen, L. B., Dell'Era, C., and Verganti, R. (2013) "The contributions of interpreters to the development of radical innovations of meanings: the role of 'Pioneering Projects' in the sustainable buildings industry." *R&D Management*, Volume44, Issue1, pp.1–17.

Johnson, S.P., Menor, L.J., Roth, A.V., and Chase, R.B. (2000) "A Critical Evaluation of the New Service Development Process." In Fitzsimmons, M. (ed.). *New Service Development*, CA: Sage.

Kelley, D., and Kelley T. (2013). *Creative Confidence: Unleashing the Creative Potential Within Us All*, NY: Currency.（千葉敏夫（訳）（2014）『クリエイティブ・マインドセット』日経BP社）

Kembaren, P., Simatupang, T.M., Larso, D, and Wiyancoko, D. (2014) "Design Driven Innovation Practices in Design-preneur led Creative industry." *Journal of Technology Management & Innovation*, Volume 9, Issue 3, pp.91–105.

Krippendorff, K. (2006). *The semantic turn: A new foundation for design*, Boca Raton: CRC Press.（小林昭世・西澤弘行・川間哲夫・氏家良樹・國澤好衛・小口裕史・蓮池公威（訳）（2009）『意味論的転回 ― デザインの新しい基礎理論』エスアイビーアクセス）

Kvale, S. (1996). *Interviews: An Introduction to Qualitative Research Interviewing*. CA: Sage.

Norman, D. A., and Verganti, R. (2014) "Incremental and radical innovation: Design research vs. technology and meaning change." *Design Issues*, Vol.30, No. 1, pp.78–96.

Pine II, B. J. and Gilmore, J. H. (1999). *The Experience Economy : Work is Theatre & Every Business a Stage*. MA: Harvard Business School Press.（電通「経験経済」研究会（訳）（2000）『経験経済 エクスペリエンス・エコノミー』流通科学大学出版／岡本慶一・小高尚子（訳）

(2005)『[新訳] 経験経済―脱コモディティ化のマーケティング戦略』ダイヤモンド社）

Rampino, L. (2011) "The Innovation Pyramid: A Categorization of the Innovation Phenomenon in the Product-design Field." *International Journal of Design*, 5(1), pp.3-16.

Savin-Baden, M., and Major, C. (2013) . *Qualitative Research: The Essential Guide to Theory and Practice*. UK: Routledge.

Sawhney, M., Balasubramanian, S., and Krishnan, V. V. (2004) "Creating Growth with Services." *MIT Sloan Management Review*, 45, pp.33-43.

Schmitt, B.H. (1999) *Experiential Marketing*. NY:The Free Press.（嶋村和恵・広瀬盛一（訳）(2004)『経験価値マーケティング』ダイヤモンド社）

Strauss, A., and Corbin, J. (1998). *Basics of qualitative research: Techniques and procedures for developing grounded theory*. CA: Sage.

Stuart, T.E. (2000) "Interorganizational alliances and theperformance of firms: a study of growth and innovation." *Strategic Management Journal*, 21, pp.791-811.

Teece, D. J., Pisano, G., and Shuen, A. (1997) "Dynamic capabilities and strategic management." *Strategic Management Journal*, 18, pp.509-533.

Trabucchi, D., Pellizzoni,E., Buganza, T., and Verganti,R. (2017) "Interplay between technology and meaning: How music majors reacted?" *Creativity and Innovation Management*, 26(4), pp.327-338.

Verganti, R. (2003) "Design as brokering of languages: innovation strategies in Italian firms." *Design Management Journal*, 14, pp.34-42.

Verganti, R. (2006a) "Design-inspired innovation and the design discourse." In Utterback, J.M., Vedin Bengt-Arne, A.E., Ekman, S., Sanderson, S., Tether, B., and Verganti, R., *Design-Inspired Innovation*, Singapole: World Scientific Pub, pp.154-186.（サイコム・インターナショナル（監訳）(2008)『デザイン・インスパイアード・イノベーション』ファーストプレス）

Verganti, R. (2006b) "Innovating through design." *Harvard Business Review*, 84, 114-122.

Verganti, R. (2008) "Design, meanings, and radical innovation: a metamodel and a research agenda." *Journal of Product Innovation Management*, 25, pp.436-456.

Verganti, R. (2009). *Design driven innovation: Changing the rules of competition by radically innovating what things mean*, Boston: Harvard Business School Press.（佐藤典司（監訳），岩谷昌樹・八重樫文（監訳・訳），立命館大学 DML (Design Management Lab) (訳) (2016)『デザイン・ドリブン・イノベーション』クロスメディア・パブリッシング）

Verganti, R. (2011) "Radical design and technology epiphanies: A new focus for research on design management." *Journal of Product Innovation Management*, Vol.28, No.3, pp.384-388.

Verganti, R. (2017). *Overcrowded: Designing meaningful products in a world awash with ideas*, Cambridge, MA: MIT Press.（安西洋之・八重樫文（監訳），立命館大学経営学部 DML（訳）(2017)『突破するデザイン』日経 BP 社）

Verganti, R., and Öberg, Å. (2013) "Interpreting and envisioning—A hermeneutic framework to look at radical innovation of meanings." *Industrial Marketing Management*, 42, pp.86-95.

Verganti, R., and Shani, A.B. (2016) "Vision Transformation through Radical Circles: Enhancing Innovation Capability Development." *Organizational Dynamics*, 45, pp.104-113.

Yin, R. K. (1998) "The abridged version of case study research." In L. Bickman, and D. J. Rog (eds.).

*Handbook of applied social research methods*, CA: Sage, pp.229-259.
Zeithaml, V.A. and Bitner, M.J. (2002) *Services Marketing*. 3rd edition, NY:Irwin McGraw-Hill.
安西洋之・八重樫文(2017)『デザインの次に来るもの』クロスメディア・パブリッシング

# 第5章

# デザイン態度研究における課題

## 1. デザイン態度の概念

### (1) デザイン態度とは

　近年，デザインは不確実な環境下で企業が継続して利益を上げていくための新たな競争力の源泉のひとつとして認識され始めている。プロダクトデザイン領域では，アップルやダイソンといった国際企業がデザインの力を用いて成功を納め，経営コンサルティングの領域においても，デザイナーに特徴的な問題解決の思考を方法論・手法化したデザイン・シンキングを用いてコンサルティングを行う IDEO 社を筆頭に，多くのコンサルティング会社がその知の活用を広げている。実際に，近年ではいくつかの大手コンサルティング・ファームがデザイン会社を買収しており[1]，またスタートアップ企業でのデザイナーの活用といった事例も増加している[2]等，デザインの知の活用はビジネスの新たな領域へと広がりつつある。

　このようなデザインのビジネス領域への貢献について，デザインマネジメント研究においては，マネジャーの持つ「意思決定態度（decision attitude）」とデザイナーの持つ「デザイン態度（design attitude）」の比較検討が行われ（Boland and Collopy, 2004; New and Kimbell, 2013），デザインに特徴的な志向の検討が行われている。企業がデザインをより効果的に活用していくためには，マネジャーがデザイナーの持つデザイン態度をよく受け入れ理解し，マネジメント

に応用することが重要であるとされる（Boland and Collopy, 2004; Michlewski, 2015）。しかし，このようなデザインの持つ志向性はマネジメントとは異なる新たなアプローチとして提唱され，いくつかの研究で言及されているものの，その根本的な理解は進んでいない。そこで本章では，近年デザインマネジメント研究領域で注目を集めている，「デザイン態度（design attitude）」の概念を検討することで，近年のビジネスとデザインの議論の根底にある志向性についての概念の整理と考察を行う。

　デザイン態度は，Boland and Collopy（2004）の著書である"Managing as Designing"の中で初めて定義された概念である。この概念は，筆者であるRichard J. Boland Jr と Fred Collopyが所属するウェザーヘッド・スクール・オブ・マネジメント（Weatherhead School of Management）において実施された，建築・インテリアデザインの専門家であるフランク・ゲーリーとその事務所であるゲーリー・パートナーズとの共同プロジェクトの経験から着想を得て提唱された。

　彼らはプロジェクトの中で，これまで企業の中でマネジャーが行うと考えられており，また彼ら自身が大学で教えている意思決定の方法とは全く異なる問題解決の方法やプロセスを確認し，新たな意思決定の志向であるとしてこれを「デザイン態度」と呼んだ。その後，彼らは新たなマネジメント教育のひとつの方向性としてデザイン態度を中心とした"Managing as Designing"という概念を提唱し，その概念を発展させていった[3]。この概念は，デザイン活動とマネジメント活動の意思決定方法の違いに焦点を当てた新たなアプローチとして，デザインマネジメント研究領域を中心に展開され，それを拡張させるかたちで様々な観点から議論されている。

## (2) Boland and Collopy（2004）におけるデザイン態度

　デザイン態度のアイデアは，建築・デザインの専門家であるフランク・ゲーリー[4]とその事務所（ゲーリー・パートナーズ）との共同プロジェクト経験から着想された。この特徴的な志向性が観察されたのは，ウェザーヘッド・スクール・オブ・マネジメント（Weatherhead School of Management）の新しい大学棟であるルイス・ビルディング（Lewis Building）の建築プロジェクトにおいてであった。ここではまず，簡単にこのプロジェクトがどのように進行していった

のかについて触れる。

　デザイン態度のアイデアの着想を得るきっかけとなったのは，ゲーリー・パートナーズとの新しい大学棟の建築プロジェクトの中で，本来フロアスペースとして使用する予定であった4,500立方フィートの面積を減らさなくてはならないという問題に直面したことであった。その際に，ゲーリーのオフィスを訪問し，共同してその問題の解決に取り組むこととなったのがきっかけであった。彼らは，多様な目的のためのスペースをより小規模に圧縮することを余儀なくされ，そこにはオフィスや教室を取り巻く設備環境の条件や，様々な部門や研究センターの所有権，またそれぞれのエリアの循環パターンを含めた多くの制限が存在していた。そこで彼ら自身での問題解決と平行して，彼らのメンバーの一人がゲーリー・パートナーズを訪れ，ゲーリーのデザイナーに新たなアイデアの提案を依頼することとなった（Boland and Collopy, 2004）。

　彼らは二日間あらゆる策を講じて熱心にその問題の解決に取り組み，最終的に納得のいくアイデアを提案したが，ゲーリーのデザイナーによって見事に棄却されてしまった。しかし，結局はゲーリーのデザイナーによって完璧なソリューションが提案されることとなり，その際の共同の経験がデザイン態度のアイデアの着想のきっかけになったという。初めに，多くの建築家のアプローチと同様に，ゲーリーは大学の職員，スタッフ，学生へのインタビューからデザインのプロセスを始めていった。彼はその際に，「どのような学習環境が理想であるか」について，短い文言で尋ね，プロジェクトに関わるさまざまなアクターの理想や要望を聞き出していった。これらの活動を経て，求められる設備のニーズとスペースを把握しながら，木製のブロックを用いて必要な機能要求のモデル作成を進めていった。ブロックのモデルは数百もの数に上り，それぞれのモデルの組み合わせによって，多くの新たなアイデア・モデルを生み出していった。

　その一方で，彼はアクターの要望を踏まえながらも，驚きを与えるものを創りたいという強固なビジョンを持っており，人々がその場所を訪れた際の情緒的な反応やオーナーの持つ組織の文化，外部の環境との関係性を含めた総合的なクライアントの経験を念頭に，建物のイメージ・スケッチを並行して進めていった。ゲーリーは直接手を動かしながら，建物のエクステリアとインテリアのイメージを様々な素材を用いて表現していった。最終的なデザインが提案

されたのちに，ソフトウェアを用いての3Dモデルの作成が行われ，建築物として成り立たせるための詳細な検討が行われ，最終的な建築物が提案された[5]。

前述のように，著者であるRichard J. Boland JrとFred Collopyは，このようなデザインプロセスや問題解決のアプローチをプロジェクトの中で直接観察することで，デザイン態度のアイデアを構築していったのであった。

まず，観察されたゲーリーの問題解決アプローチは，プロセスの中で様々なツールや指標を用いて，より多面的に問題解決に取り組むといった点でマネジメント教育の中で教えられる意思決定の方法とは明らかに異なっていたという。彼らの目的は，観察された意思決定の方法や考え方をマネジメント教育の中に取り入れ，これまで最も効果的な手法であると考えられてきた意思決定方法に対する新たなアプローチとして提唱することであった（Boland, 2012）。

彼らは次のように述べている。「私たちは，マネジャーがデザイン態度を受け入れれば，ビジネスの世界はより良く変わるだろうと信じている。人々の想像をかき立て，活力を与える人間的な欲求を満たし，かつ企業の利益を生み出すプロダクトやサービス，プロセスを生み出すデザインを形づくるために，マネジャーは多くの制約の下にある問題に感性を持って堂々と立ち向かっていけるだろう。」[6]

彼らの問題意識は，MBA教育の中で当然のように扱われている意思決定手法の「厳密性」と「妥当性」との間の乖離にあった（Boland, 2012）。すなわち，伝統的な分析ツールを用いて実行可能な代替案（alternatives）の中から選択のみを行うとする問題解決の方法は，厳密に規定された方法論が存在する一方で，マネジメントの現実を反映しておらず，実践では「単に与えられた（simply given）」代替案の中から選択するだけの意思決定の状況はほとんど存在しないということであった。問題解決のための意思決定態度は，伝統的なMBA教育に広く浸透しており，そこでは経済分析，リスクアセスメント，多基準意思決定，シミュレーション，貨幣の時間価値といった基準やツールを用いて，現状の分析から得られる代替案の中から，合理的な選択を行うことを目的とする。

しかし，この意思決定方法の本質的な問題点は，マネジャーは与えられた代替案から選択を行う一方で，新たな選択肢をつくることには介在できないことにある。このようなマネジャーの持つ志向性である「意思決定態度（decision attitude）」は，彼らがよい選択を行うための様々なテクニックや手法に関連して

おり，すでに与えられた代替案がある状態で始まる受動的な意思決定者の姿勢として捉えることができる。その一方で，彼らが提唱したデザイン態度は，異なる考え方を反映している。

　それは，問題の理解の仕方を再形成し，新たな選択肢の創出に介在する，よりアントレプレナーシップに富んだ姿勢である。この場合，マネジャーは客観的，中立的な意思決定者としてではなく，状況を自ら変化させ，組織とステークホルダーにとって望ましい状況や選択肢をつくり出す存在として描かれる。このような考え方から，ビジネススクールに形式化された様式としての「意思決定としてマネジング（managing as decision making）」に対して，彼らは著書のタイトルでもある，「デザイン行為としてのマネジング（managing as designing）」というフレーズを生み出し，これを実行するために必要なデザイナーの持つデザイン態度をマネジメント教育に応用しようとしたのであった。

　彼らは同書の中で，ゲーリーの持つデザイン態度と自らが大学で教えている意思決定態度を対比させ，デザイン態度の説明を行っている[7]。まず彼らは，デザイン態度を，「デザインプロジェクトにもたらされる期待と志向性（expectations and orientations one brings to a design project）」と定義している。デザイン態度は，プロジェクトを基本的な前提を問い，認識を前進させる創造の機会として捉える姿勢である。意思決定態度と意思決定のためのツールは，現状の問題が明らかで安定的であるときは最も効果的であるが，デザイン態度は，現状の問題が不明瞭で不安定な場合に効果的であるとされる（Boland and Collopy, 2004）[8]。

　ゲーリーのデザイン態度の特徴として彼らがまず着目したのは，マネジメントの実践や教育の中での「モデル」の用い方とゲーリーのそれとの違いであった。ゲーリーのデザインのアプローチでは，モデルはアイデアの発想や思考，アクターの対話を刺激するためのものとして用いられていた。前述の通り，ゲーリーはまず初めに，様々なアクターへのシンプルな質問を繰り返し課題の把握を行い，それと並行して自らの持つ建築のビジョンをスケッチし，様々なアクターに意見を求めていった。スケッチの内容はコンセプトやイメージに近いものであり，実際の建物の外観は，その後の段階を通して徐々に形作られていくものであった。この活動は，社内外のアクターを巻き込み，ビジョンを伝え，本質的なダイアローグの形成に重要な意味を持っていたという。ゲー

リーのアプローチにおけるモデルは，このような対話を触発するための「具体化のためのテクノロジー（use of representational technology）」であったという（Yoo and Boland, 2006）。

　その一方で，意思決定態度のもとでは，モデルという言葉を用いる場合は現状やソリューションの理論を説明するために用いられる傾向があるとされる。このようなソフトウェアを用いて作られたモデルは，より安定的で現状を簡潔に表し，実行可能な選択肢の数を圧縮するために用いるものであるという。一方で，ゲーリーはプロジェクトの初期には，「教育とは何か？」「学ぶとはどういうことか？」「オフィスとは何か？」といった前提となる仮定を問うことを重視しており，ソフトウェアを用いるのは最終アイデアが決定された後のプロジェクトの最終段階であった。

　その次に彼らが注目したのが，ゲーリーが用いるボキャブラリーと，彼らの用いるボキャブラリーとの違いであった。よいデザイナーは自らのボキャブラリーにより深く注意を払っており，よりよいデザインを行うことの一部は，ボキャブラリーや言語を選ぶことであるという。それはデザインタスクを定義することや，選択肢を束ねること，バランスのよい判断をすること，評価のためのスケールを作ることに用いられる。ボキャブラリーに耳を傾け，それぞれのデザインワークへの影響を意識することは，各分野の専門家の対話を促す理想的な触媒を生み出す。それは専門家を彼らのボキャブラリーの質を問うディスカッションに巻き込み，より創造的なデザイン行為やデザインの決定の指針を作成することにつながる。ボキャブラリーとは，単に用いる単語ではなく，彼らが描く問題解決の戦略や彼らが刺激されたイメージ，素材，形，デザイン要素のテクスチャーから得られるものであり，プロジェクトそれぞれに固有のロジックであるという。ボキャブラリーへの気づきは，デザインプロジェクトの最初のステップであり，異なるボキャブラリーを探索することはより創造的な問題の再定義をもたらし，よりよい問題解決を可能にする[9]。

　このようなデザイン態度と意思決定態度の比較検討を通して，特にデザイナーの持つ問題解決領域を開く志向に焦点を当ててデザイン態度の概念が構成されていった。

## 2. 意思決定としてのデザイン態度

### (1) サイモンの意思決定論とデザイン科学

　Boland and Collopy（2004）は，マネジャーの持つ意思決定態度との比較として，デザイナーの持つデザイン態度に着目し，そのマネジメントへの応用の重要性を指摘した。このようなデザインと意思決定の問題についてのアイデアの背景にあるのは，ハーバート・サイモン（Herbert A. Simon）の提唱した意思決定論とデザイン科学の議論である。1940年代に提唱されたサイモンの意思決定論では，従来の経済モデルで検討されてきた「客観的合理性（objective rationality）」を前提にした古典的意思決定モデルに対して，人間の認知処理能力の制約の観点を取り入れた「限定合理性（bounded rationality）」を前提にした意思決定モデルが提案された。

　限定合理性の概念は，人間の認知能力には限界があり，意思決定者は自身を取り巻く状況を完全には把握することができず，数多くの代替的な選択肢の全てを列挙することは不可能であることを前提にしている。全ての代替案を検討し，最適化を図る経済人とは異なり，経営人は認識することのできる代替案の中で満足化水準を用いて「満足化（Satisficing）」を図る。満足化とは，経済人の用いる最適化に対して，意思決定者にとってある程度の満足度が得られる水準を満たす意思決定を行うことである。

　サイモンの主張では，意思決定とは，意思決定者が行動のコースを事前に想定することのできる「代替案（alternatives）」の中から「選択（choice）」することであり，現状とのギャップを解消するための問題解決活動として捉えている。そして，「問題解決は目標の設定，現状と目標（あるべき姿）との間の差（ギャップ）の発見，それら特定の差異を減少させるのに適当な，記憶の中にある，もしくは探索による，ある道具または過程の適応というかたちで進行する」と述べているように（Simon, 1979），行動のコースは既知ではなく，探索的な活動を含むものである。さらにサイモン（1969）はその著書である「システムの科学（The sciences of the artifact）」の中で，「現在の状態をより好ましいものに変えるべく行為の道筋を考案するものは，だれでもデザイン活動をしている。（p.133.5）」と述べ，意思決定者は行動のコースをデザインし，問題解決を行う存在であると捉えていた（Simon, 1969）。

その一方で疑問となるのが，Boland and Collopy（2004）とサイモンのいうデザインの捉え方の違いである。Boland and Collopy（2004）では，マネジャーの態度を，事前に用意された既知の代替案の中で選択のみを行う意思決定態度と，新たな選択肢をつくるためのデザイン態度に分けているが，サイモンの定義では，意思決定＝デザインは問題解決活動であり，問題の発生とその定式化から選択肢の探索，選択肢の評価と比較を経て，最終的な選択を行うといった問題解決の過程であるとしている。サイモンは，意思決定の過程を，①インテリジェンス活動，②デザイン活動，③選択活動，④過去の選択肢の再検討といったプロセスを踏むとし（Simon, 1977），情報の収集や現状とのギャップの認識，問題の定式化といったインテリジェンス活動ののちに，その問題を解決するためのこれまでの代替案の把握や新たな選択肢の探索を含めてデザイン活動であるとしている。

　このように見れば，Boland and Collopy（2004）で述べられたデザイン態度は，サイモンの示した意思決定＝デザインの内容に含まれるもののように見える。実際に，Boland and Collopy（2004）では度々サイモンの議論を引用しながら，デザイン態度の概念を説明しており，デザインを中心においたマネジメントのカリキュラムの必要性を説いた点にも共通点が見られる（Simon, 1969）。しかし，両者の主張の違いは本当にそれだけであろうか。以下では，意思決定論の観点からデザイン態度の概念を検討するため，デザインの普遍的な行為としての側面を扱ったデザイン理論の研究に触れる。

## （2）問題解決とデザイン理論

　サイモンの提唱した，多くのプロフェッショナルに通ずるとされる普遍的な問題解決プロセスとしてのデザインの定義は，その後のデザイン研究の基礎となり，経営学，組織論，デザイン理論といったそれぞれの文脈の中にその概念を発展させる機会を与えることとなった（eg. Boland and Collopy, 2004; Martin, 2009; Liedtka, 2000; Weick, 2003）。デザイン研究者たちは，サイモンのデザインの定義に触発され，批判や検討を繰り返しながら，より普遍的なデザイン理論を展開していったという（Kimbell, 2008）[10]。

　これらの研究の中で中心的に議論されてきた論点の1つが，デザインが取り扱う「問題」の性質についてであった。デザイン理論の研究者であるブキャ

ナン（Richard Buchanan）は，デザインには，サイモンのいう意思決定のような，普遍的な理論や思考としての側面と，建築やプロダクト，グラフィックデザイン等の領域に固有な製品の生産という側面の2つがあるとしている。前者の普遍的なデザイン理論では，デザインは人間の根源的な営為として捉えられ，多くのプロフェッションに通じる性質を持つ。特に，このような普遍的なデザイン理論が取り扱う問題として，「ウィキッド・プロブレム（wicked problem）」（Rittel, 1972; Rittel and Webber, 1973）という概念を主張している。ウィキッド・プロブレムとは，1960年代にデザイン研究者のリッテル（Horst W.J. Rittel）によって定義された概念であり，複合的な社会システム上の問題であり，形式化されておらず，情報が混乱しており，多くのクライアントや意思決定者がそれぞれの価値に関して競合する複雑な構造を持つ問題であるとされる（Buchanan, 1992）[11]。

先のサイモンの意思決定モデルのような直線的なデザインプロセスでは，扱う問題は確定性が高く，安定的で明確な状況下にある場合を想定しているが，デザイン実践の中では，実際には扱う問題は根本的に「不確定性（indeterminacy）」が高く，デザインの主題がないことがほとんどであるという[12]。例えば，クライアントのブリーフィングでは，直接的にはデザインの主題や定義は表されず，むしろそれは問題やそれを解決するために考慮するべきことの条件を与えるものである。もしデザインする製品の特徴やコンセプトが明確にされている場合であっても，クライアントやステークホルダーとのディスカッションを通してデザインの主題は変化する可能性が高い。このように，デザインの扱う問題は常に不確定性が高く厄介なものであり，最終的な決定が下されるまでは常に半構造（quasi-subject）的な性質を持っているとされる（Buchanan, 1992）[13]。

このような意思決定の問題とデザイン理論の扱う問題の違いについて検討したものに，Hatchuel (2001)の研究がある。Hatchuel (2001)では，サイモンの理論の説明のために用いられたチェス等のゲームではなく，シンプルな生活の中での例えを用いて説明している。まず，次の土曜日の夜の予定を考えるとする。グループ1は「グッド・ムービー（good movie）」について，グループ2は「ナイス・パーティー（nice party）」について話している。グループ1の扱う問題は，どのような映画を観に行くべきかを決める際に，現在上映されている全

ての映画を見て最もよい映画を選択することは不可能であるため，サイモンの限定合理性を前提とする問題解決モデルに適した問題である。その一方で，グループ2の扱う問題は，限定合理性の原理には適さないデザイン理論で扱う問題であるという。

　まず，グループ1において，映画には相反する様々な嗜好があるため，グループの中での「グッド」という尺度は不明確である。満足尺度の検討を行い，それを満たすための調査の戦略が必要である。また，メンバーはすべての映画のレビューを読むことはできず，すべての友人から最近見に行った映画の情報を集めることもできないため，ソリューションの情報処理コストも必要である。加えて，メンバーがどのような批評を信頼し，どのようにディスカッションするかといった点の検討も行われる。加えて若く無名のディレクターの初めての映画を選ぶことといった発見と探索のためのロジックが追加される。最後に，問題に対応するための専門的知識が必要である。メンバーはカンヌ，ベルリン，ベニスなどでどの映画が選ばれどのような賞を取ったのかを知るべき，または手がかりとして考える必要がある。このような意思決定のためのプロセスを経て，グループ1は彼らが満足する結果を導き出す。

　グループ2のケースにおいても，同様の問題解決の手順が必要となる点は共通している。一方で異なる点は，グループ2は「パーティー」という不確定性の高いテーマを扱う点である。このパーティーというテーマはこれまで存在したものだけでなく，これまで考えられたものの組み合わせや全く新しいものを含むという意味で，どこまでも拡張可能なコンセプトであり，かつそのコンセプトは問題解決のプロセスの中で確定していくものである。

　さらにこの場合，グループ2は，自らの欲求を満足させることに加えて，その評価者としてのステークホルダー，クライアントの介入といった，異なる制約条件が存在している。デザイン実践から導出されたデザイン理論では，このような制約はむしろリソースとして捉え，これらを含めた包括的なデザインが必要であり，デザインの主題はこうした社会相互作用（social interaction）を踏まえてつくられていくものである（Hatchuel, 2001）。グループ1の映画というコンセプトは，これまでのデザインや社会的な慣例を通して形式が決まっているのに対して，グループ2が提案するパーティーのコンセプトは限定されず，これまで行われてきた代替案から選択するための基準を見つけることができない。

このようなデザインの扱う問題の性質についての議論から，Hatchuel（2001）では，デザイン理論とサイモンの述べる意思決定としてのデザインとの違いとして，デザイン理論の問題解決以外の側面に着目している。サイモンは，デザインを問題解決という枠組みの中に限定してしまっているが，むしろ問題解決とはデザインプロセスの一部であるという（Hatchuel, 2001）。これらの議論をふまえて，Hatchuel（2001）はサイモンの意思決定論の限定合理性に対して，デザイン理論の持つ「拡張可能な合理性（expandable rationality）」の概念を主張している。実践におけるデザイン問題は不確定性が高く，社会相互作用の制約の中で，どこまでも拡張可能なコンセプトを探索する性質を持つものであるとし，その探索的な性質こそがデザインの本質であるとする。Hatchuel（2001）はこのようなデザインの拡張的な視点から，企業活動におけるマネジメントとイノベーションの関係性に例え，新たな選択肢をつくるデザインの性質が持つイノベーションへの貢献について検討を行い，デザインの志向性のビジネスへの応用を主張した。

### （3）デザイナーの思考の特徴

デザイン理論の研究では，デザインで扱う問題の定義について議論が行われ，問題解決に限定されないデザインの側面が検討されてきた。では，そのようなデザインに対して，デザイナーはどのような力を発揮しているのであろうか。これに関してDune and Martin（2006），Martin（2009）のデザイン思考に関する主張がある。彼らはBoland and Collopy（2004）の主張と同様に，デザイナーの持つマインドセットは，マネジメントの思考とともにマネジャーに必要な要素であると主張した。Dunne and Martin（2006）では，特にデザイン思考とは，製品のデザインとは異なり，デザイナーがモノやサービス，システムをデザインする際に用いるメンタルプロセスであるとし，マネジメントの問題にこのようなメンタルモデルを持って取り組むことが必要であるとしている。Dunne and Martin（2006）では，デザイン思考を認知的な側面，態度的な側面，相互関係性の側面の3つの側面から説明する。

まず，認知的な側面として，デザイン思考の特徴は，前述のウィキッド・プロブレムに対して，帰納法，演繹法，アブダクション[14]の組み合わせによって取り組むことにあると述べている。デザイナーは1つ，もしくは多数のアイ

デアを生成するためにアブダクションを用いた後に，アイデアを彼らの論理的な結論を導くために演繹することで成果を予測し，実践の中でアイデアを評価し，その結果から帰納を行う。Dunne and Martin（2006）は，マネジメント教育においてはこのような帰納法と演繹法が重視される一方で，アブダクションの思考については重視されていないと述べている。その一方で，デザイナーの持つデザイン思考は，分析から新たなアイデアを生み出し，それがどのように応用可能かを評価するための異なる思考法である。加えて，デザイナーはデザインやマネジメントの問題を構造やシステム，パターンとして可視化し，1つの要素の影響を全体のシステムの中で捉えようとするシステム思考も持ち合わせている（Dunne and Martin, 2006）。

　次に，態度的な側面として，デザイナーの「制約（constrains）」に対しての姿勢について述べている。デザイナーの思考とマネジャーに必要とされる思考では，特に制約に関しての姿勢が異なる（Dunne and Martin, 2006）。伝統的なマネジメントの思考では，制約はアイデアを創出・実行する際の障害であるとして捉えられるのに対して，デザイナーにとっては，それは創造的なソリューションを生み出すための推進力になるという。制約はデザインプロセスの中では，不要な束縛を受けるといった消極的な意味ではなく，むしろアイデアをつくるための積極的な役割を持っていると述べ，むしろ制約はインスピレーションを刺激するものとして捉えられていると主張する（Dunne and Martin, 2006）。

　3つ目に，相互関係性の側面として，デザイン思考の中で重要である①ユーザーのパースペクティブとニーズの理解と②他業種とのコラボレーションの2つのレベルを持っていることが特徴的であるとしている。前者の場合，ユーザーの観察と省察（reflection）を行うことで，ユーザーの経験に洞察（insight）を加える。ユーザーのパースペクティブの理解は，これまでも多くのデザイン研究で示されてきており（Brown, 2008; Kelley and Littman, 2001），デザイナーは，クライアントからプロジェクトに持ち込まれる合理性やビジョン，信念とは距離を置き，ユーザーをより深く理解しなければならないとされてきた。後者の同僚とのコラボレーションは，特にデザインプロセスの中で重要な要素である。プロジェクト・メンバーそれぞれの立場に依存する強固な主張やアプローチを排除し，「創造的な摩擦（Leonard and Strauss, 1997）」を生むことは，よ

り深いパースペクティブを得ることにつながる（Dunne and Martin, 2006）。このようにデザインプロセスでは，チーム内での相互理解がソリューションの創造を促すため，デザイン思考にはこの視点が不可欠である（Dunne and Martin, 2006）。

　このような3つの観点から，Dunne and Martin（2006）では，デザイナーの持つデザイン思考の特徴を述べ，そのマネジメントと教育への応用可能性について検討を行っている。また，Martin（2009）は，デザイン思考をイノベーションに見られる「探索（exploration）」と「活用（exploitation）」の間をつなぐ重要な思考であるとし，デザイン思考のマネジメントへの応用可能性を示している。同様に，Hatchuel（2009）もデザイン理論のイノベーションへの応用可能性を展開している。では，デザインのどのような専門性をマネジメントに応用しようとするのか。

　これらの研究で共通して述べられているのは，デザインは問題解決を行う，またはそれを含む取り組みである，という点である。前述したように，サイモンの目的は，より普遍的な個人の認知プロセスとして意思決定を捉えることであり，デザインを問題解決であると捉えている。その一方で，デザイン実践の場では，問題自体が不明瞭な構造を持っていることが多く，プロジェクトの形式で進行することが多い。デザイン実践の場合は，クライアントやステークホルダーとの関係性による社会相互作用やその制約は，デザインプロセスのためのリソースとなる。

　Boland and Collopy（2004）で紹介された事例では，建築家のフランク・ゲーリーは，クライアントや様々なステークホルダーに，「教育とは何か？」等の質問を繰り返しながら，プロジェクトの根本的な理解を問うことから始めている。これはBuchanann（1992）やHatchuel（2001）が示したような，ウィキッド・プロブレム，拡張可能な合理性の概念の問題の取り組みと合致している。実際のデザインプロジェクトの中では，問題はどのようなもので，どこに存在するのかという点は明確ではない。前述の「パーティー」の例のように，ルイス・ビルディングの例では，Buchanan（1992）の述べるようにクライアントは制約を定義するだけで，何をつくるのかといったデザインの主題はそこには存在しない。それはステークホルダーやクライアントとの関係性の中で，徐々に具体化されていくものである。ルイス・ビルディングの事例において，ゲーリーはマ

ネジメントで用いられるモデルとは異なる方法で、スケッチやモックアップといった具体化のためのテクノロジーを用いてビジョンの共有を進めていった (Boland and Collopy, 2004)。このようなモデルの作成とビジョンの共有から対話を形成し、問題の定義とデザイン主題の形式化を通して、デザインを行っていったのである。

デザイナーはこのようなプロジェクト自体を、ラーニング・デバイスとして捉えており (Hatchuel, 2001)、プロジェクトの中で設定されるコンセプトは組織にそれぞれ固有の学習をもたらす。この意味で、デザインは問題解決の側面のみではなく、社会相互作用の中でステークホルダーの基本的前提を問い、新たな問題や選択肢をつくる側面を持っていると考えられる。

しかしその一方で、デザイナーの持つデザイン態度とは、具体的にはどのようなものを指すのかについては、当初のアイデアでは明確にはされていない。そこで次節では、その後より詳細なデザイン態度の検討を行ったいくつかの研究を検討し、デザイン態度の概念のさらなる考察を行っていく。

## 3. デザイン態度研究の展開

### (1) Michlewski (2008, 2015) におけるデザイン態度

これまでに述べた Boland and Collopy (2004) で提唱されたアイデアであるデザイン態度の概念を発展させたのが、Michlewski (2008; 2015) の研究である。Boland and Collopy (2004) はデザイナーの持つデザイン態度を、マネジャーの持つ意思決定態度と比較し、そのマネジメント教育への応用可能性を主張しているが、そもそもデザイン態度とはどのようなものであり、どのような要素を持つものであるのかという観点に関しては暗黙的に扱われていたことが指摘されている (Michlewski, 2008)。一方で、デザインマネジメント研究やデザイン研究では、これまで多くの研究で、デザイン・プロフェッショナルの持つスキルや役割について研究が行われており、それらはプロフェッショナル文化として共有されるものである。

Michlewski (2008) は、デザインマネジメント研究において、デザインと組織の関係性に焦点が当てられデザインは戦略的リソースや変革のための原動力として捉えられていること、組織のパフォーマンスとイノベーション、デザイ

ンの間の強い関係性が明らかになってきていることを指摘している（e.g Chiva and Alegre, 2007; Cooper and Press, 1995; Press and Cooper, 2003; Verganti, 2009）。これらの多くの研究では，マネジャーとデザイナーにある組織環境の中のプロフェッショナル文化の重要性を指摘しているが，一方でそのデザインの文化がどのようなものであるかについては，明確にされてこなかった。そこでMichlewski（2008）は，Boland and Collopy（2004）で提唱されたデザイン態度の概念をデザイン・プロフェッションの持つ文化として捉え，デザインコンサルティング，ブランディング業を行うIDEO，日産デザイン，フィリップスデザイン，ウルフ・オリンズの4社を対象にしたインタビュー調査にて明らかにしようとした。その後，Michlewski（2015）では，様々なデザイン・プロフェッション[15]に所属するデザイナーを対象にした調査を続けることで，5つのデザイン態度の要素の抽出を行っている。

　Michlewski（2015）の目的は，デザイン態度をデザイナーの持つプロフェッショナルの文化として捉え，その組織との関係性を明確にすることであった。特に組織文化論の観点では組織の中における職種などの準拠集団は，組織文化の中の下位文化（subculture）の1つとして重要な役割を持っているとされる（Bloor and Dawson, 1994; Van Maanen and Barley, 1984）。また，Martin（2002）は，組織文化は一致した見解がなく，統合（integration），分化（differentiation），あいまい（fragmentation）の3つの異なるレベルで検討されてきているという。

　1つ目の統合パースペクティブでは，組織文化は組織の中で一貫されている概念として捉えられており，すべての文化は明確で，あいまいさはない。組織は1つの文化を持った単位であり，組織内の別の文化の存在を認めていないのが特徴である。2つ目の分化パースペクティブは，組織の下位文化を対象にしている点が特徴である。組織はさまざまな下位文化の単位に分かれており，下位文化内では，文化のあいまいさはなく一貫していると捉えられている。この視点では，組織文化は一枚岩ではなく，下位文化間で異なる考え方や行動の仕方が受容されているという。3つ目は，ばらばらのパースペクティブである。この観点では，組織は常に新しい環境に適応しており，組織に属する個人はそれぞれの経験から得た価値観や信念，態度を持っており，それらは組織内で合意することはあっても，組織全体の一貫したものとしては捉えられない。そういった意味で，組織の文化の存在そのものかはっきりしないものとして捉えら

れている。組織文化には，大きく分類してこのような3つのパースペクティブが存在する(Martin, 1992, 2002)(表5-1)。

　Michlewski(2015)では，プロフェッショナルの文化と組織との関係性を捉えるためには，プロフェッショナルの文化を上記の分化モデルの中で扱われる下位文化であると捉え，分化パースペクティブの視点から研究する必要があるとされている。このような下位文化がどのように形成されているのかについて，例えばGregory(1983)の研究で行われた調査では，シリコンバレーの組織に所属するプログラマーは，共通した文化を持っていることを明らかにした上で，組織文化というものは存在せず，むしろ組織を横断するさまざまな文化が集う場所であるとしている(Gregory, 1983)。このように，組織の下位文化は，それぞれの個人が所属する職種や専門性に横断的に組織に持ち込まれるものであると考えることができる。

　この点を踏まえて，Martin(2002)は，組織文化の捉え方として，「ネクサスモデル(nexus model)」を提唱している。ネクサスとは，組織内外からのさまざまな影響のインタラクションのポイントであり，組織文化は「組織の中にある文化」として定義され，本当に組織に独自の文化と，職業やプロフェッションにリソースのある文化が組み合わさったものであるという。Michlewski(2015)ではこのようなネクサスモデルを採用し，デザイナーの持つ文化や信念は，プ

表5-1：組織文化の3つのパースペクティブ[16] (Martin (1992) より筆者作成)

|  | 統合<br>(integration) | 分化<br>(differentiation) | ばらばら<br>(fragmentation) |
|---|---|---|---|
| 文化的表象の一貫性の程度 | 一貫している | 部分的には一貫しているが，全体としては一貫していない | はっきりしない |
| メンバー間の合意 | 組織全体での合意 | 下位文化内では合意されているが，下位文化間では合意されていない | 話題によっては合意 |
| あいまいさ | 否定する | 整理して受容する | 受容する |
| 文化のメタファー | ジャングルのレーザー写真 | あいまいさの海の中の明白さの島 | クモの巣，ジャングル |

ロフェッションの中で共有され，組織の下位文化として流入するものとして捉えている。このように Michlewski（2008; 2015）では，Boland and Collopy（2004）で検討されたデザイン態度を，デザイン・プロフェッションに共有される文化，信念として捉えたのであった。

### (2) Michlewski（2015）のデザイン態度の特徴的要素

　Michlewski（2015）は，デザイナーの持つ文化や信念に着目し，デザイン態度の特徴的要素として以下の5つを抽出した（表5-2）。

　1つ目は，「不確実性・曖昧性を受け入れる（Embracing uncertainly and ambiguity）」という態度である。デザイナーは，全く新しく，独創的なものをつくったとしても，それが必ずしも成功する保証はないということよく知っている。本当に創造的なプロセスは連続的なものではなく，むしろ複雑性が高く扱いにくいものであり，このような不確実性・曖昧性をデザイナーは受け入れ，許容している。企業での形式化された活動とは異なり，彼らは一見万全のように見えるプロジェクトのプロセスやマネジメントのフレームワークに頼ることなく，多面的で複雑な現実を上手くに切り抜けることに心地の良さを感じている。これは彼らが恐れずに，確信を持って新しい知識を獲得することを可能にする。このような態度が，組織にブレークスルーをもたらすアイデアやイノベーションをつくりだす土台となっている。

　2つ目は，「深い共感に従事する（Engaging deep empathy）」という態度である。ユーザーの本物の共感を得るには，そこに飛び込む勇気と正直さが必要であり，自らの持つ固定観念やメンタルモデルを捨てなければならない。これは，彼らの顧客／ユーザーが直面している問題についてよく知りたいと考えている人や，また専門家的な謙虚さを持つことに慣れていない人たちのためのものでもない。なぜならデザイン・プロフェッショナルは，ユーザーに関してのすべての答えを知っている振りをしない。彼らは固定化されたツールに制限されず，代わりに直感を用いることで，彼らのターゲットとなる顧客について可能な限り深く共感する。これらのすべてをもって，単にマネジメント上の抽象化としてではなく，デザイナーは消費者を現実に存在する人間として扱うことを重視している。

　3つ目は，「五感の力を用いる（Embracing the power of the five senses）」とい

う態度である。デザイナーは視覚と聴覚といった2つの感覚だけでは，十分に深く，心の底から人々を魅了するものをつくることはできないと理解している。最もよいブランドや経験は，神経伝達を通して多くの感覚に訴えかけている。デザイナーはデザインをする際，よりよいソリューションを創出するために，意識的にも無意識的にも多くの感覚を駆使している。人間の中に深く根付き，客観的に存在する羅針盤でもある美の感覚を用いるという態度は純粋で，多くの人に開かれている。マネジメントに関連するプロフェッションと異なり，デザイナーはこのような複雑で厄介な状態を避けることなく，驚きや喜び，本当の感情をつくるために自らこの複雑性に飛び込む。

　4つ目は，「遊び心をもってものごとに命を吹きこむ（Playfully bringing things to life）」という態度である。イノベーティブなプロセス／対話の中に牽引力を持たせるために，デザイナーは遊び心やユーモアの持つ根本的な理解を覆す力を信じている。彼らはしばしば他のプロフェッショナルからは，ばかばかしいとさえ思える根本的な質問を重ね，物事の凝り固まった考え方に挑戦する。これは，彼らを政治的に繊細な問題に脅かされることなく立ち向かうことを可能にする。このような態度は，深い共感と共にデザイン主導的な手法とその介入（interventions）が，NGOや行政組織への牽引力を持ち始めている理由の1つでもある。また，彼らは早い段階にプロトタイピングでつくられたアイデアを議論することがプロジェクトを前に進めるためのただ1つの方法だと信じている。プロダクトやサービス，未来のシナリオを可能な限り早くつくり，創造的なマニュフェストを打ち立てることは組織の在り方を決定するのにも効果的であるとしている。

　5つ目は，「複雑性から新たな意味を創造する（Creating new meaning from complexity）」という態度である。デザイナーは，物事を考えるための全く新しい思考方法を生み出すために，矛盾する多様な視点や情報をつなぎ合わせ，調和させることを重視する。ビジネスにおける戦略も同様に重要ではあるが，製品やサービス，経験，システムといった全く異なる要素を首尾一貫したかたちとしてまとめることとは全く別のものである。デザイナーはさまざまな異なるレベルで，価値のあるものを創造するために努力する存在である。

表 5-2：デザイン態度の要素とその内容（Michlewski（2015）より筆者作成）

| デザイン態度の要素 | 内容 |
|---|---|
| 不確実性・曖昧性を受け入れる | デザイナーは，全く新しく，独創的なものをつくったとしても，それが必ずしも成功するという保証はないということよく知っている。本当に創造的なプロセスは連続的なものではなく，むしろ複雑性が高く扱いにくいものであり，そういった側面をデザイナーは受け入れ，実現している。 |
| 深い共感に従事する | デザイン・プロフェッショナルは本質的に，ユーザーに関してのすべての答えを知っている振りをしない。彼らは固定化されたツールに制限されず，代わりに直感を用いることで，彼らのターゲットとなる顧客について可能な限り深く共感する。デザイナーは顧客を，単にマネジメント上の抽象化としてではなく，現実に存在する人間として扱うことを重視する。 |
| 五感の力を用いる | デザイナーは視覚と聴覚といった2つの感覚だけでは，十分に深く，心の底から人々を魅了するものをつくることはできないことを理解している。デザイナーはデザインする際に，よりよいソリューションを創出するために，意識的にも無意識的にも多くの感覚を駆使している。デザイナーは複雑で厄介な状態を避けることなく，驚きや喜び，本当の感情をつくるために，彼らは自らこの複雑性に飛び込んでいく。 |
| 遊び心をもってものごとに息を吹き込む | デザイナーは遊び心やユーモアの持つ根本的な理解を覆す力を信じている。彼らはしばしば他のプロフェッショナルからはばかばかしいとさえ思える，根本的な質問を重ね，物事の凝り固まった考え方に挑戦する。また，彼らは早い段階でのプロトタイピングでつくられたアイデアを議論することが，前に進むためのただ1つの方法だと信じている。 |
| 複雑性から新たな意味を創造する | デザイナーは，物事を考えるための全く新しい思考方法を生み出すために，矛盾する多様な視点や情報をつなぎ合わせ，調和させることを重視する。ビジネスにおける戦略も同様に重要ではあるが，製品やサービス，経験，システムといった全く異なる要素を首尾一貫したかたちとしてまとめることとは全く別のものである。デザイナーはさまざまな異なるレベルで，価値あるものを創造するために努力する。 |

## (3) プロフェッショナルの文化としてのデザイン態度

　Michlewski (2008; 2015) では，デザイン態度をデザイン・プロフェッショナルに共有される文化であり，かつ組織の下位文化の観点から捉えている。このようなデザイン態度の定義は，デザイナーの持つプロフェッショナリズムとして捉えることができる。プロフェッショナリズムとは，「仕事の編成（work organization）あるいは仕事への志向（orientation to work）の一形態」であり，「プロフェッション（professions）の従事者たるプロフェッショナルに特徴的に見出される，固有の職業的活動への取り組み方ないしその遂行に関する共有の志向を意味するもの」であるとされる（長尾，1980）。Boland and Collopy (2004) が，デザイン態度を「デザインプロジェクトに持ち込まれる予見と方向性」という定義をしているように，デザイン態度はデザイン実践の中でプロジェクトに持ち込まれる，デザイナーの持つプロフェッショナリズムであると考えられる。そしてそのようなデザインの文化や態度は，組織の中に所属するデザイン・プロフェッショナルを通して組織に浸透される。

　Michlewski (2015) は，デザイン研究には大別すると2つの方向性があり，ひとつは，プロフェッショナルのデザイナーの実践に関係した研究の視点であり，もうひとつはデザインの専門家以外の知識創造のパラダイムであるという。Bland and Collopy (2004) の議論の前提とされたサイモンのデザインの定義を挙げながらも，Michlewski (2015) ではSchön (1983) の「省察的実践家（reflective practitioner）」の議論への考察を加えている。Schön (1983) は，デザインの領域の二面性について説明する。デザインは多くのプロフェッショナルに共通する考え方であり，普遍的な思考としてのデザインが存在するとした一方で，各プロフェッションに特有の文脈やゴール，知識といったものが存在していることを指摘している。

　Michlewski (2015) で発展的に検討されたデザイン態度の概念は，特に後者のデザイナーのプロフェッショナリズムを扱っているが，その組織文化への伝搬を通して，「デザイナーのプロフェッショナル以外にも活用される」組織における知識創造の観点を示している。Boland and Collopy (2004) では，デザイナーのプロジェクトの取り組みの観察から，デザインの定義をより普遍的なものとして扱ったのに対して，Michlewski (2015) では，マネジャーや他のプロフェッションにも共有される部分があると考えたが，基本的にはデザインの定義をデ

ザイン・プロフェッションに特有のものとして扱っている。しかし，このようなデザインの文化や態度が，どのようなメカニズムで組織の中に形成されるか，もしくは流入するのかといった点についての詳細は明確にはされなかった。このような点からも，デザイン態度の概念は発展性を持っており，今後の新たな研究の蓄積が望まれている。

## 4. デザイン態度研究における今後の課題

　本章では，デザイン態度の概念に関する中心的な論文の整理を行ってきた。まず，第1節では，デザイン態度の概念を最初に提示した Bland and Collopy (2004) の研究を検討した。Bland and Collopy (2004) の研究では，デザイン態度はデザイナーの持つ問題の理解の仕方を再形成し，新たな選択肢の創出に介在する志向であるとし，マネジャーの持つ意思決定態度と比較しながら議論が進められてきた。そして，当初のデザイン態度の概念では，サイモンのデザインの定義を前提とした意思決定論としての性格を持っていた。その一方で，第2節で検討された Michlewski (2008; 2015) 論文では，デザイン態度はデザイン・プロフェッションの中で共有される文化や態度であるというように定義され，その組織文化としての観点から議論が展開されてきた。

　まず，意思決定論としてのデザイン態度概念について，Buchann (1992) や Hatchuel (2001) の論文で示されてきたように，認知的な側面ではなくデザイン実践を対象にした場合，問題解決で扱う問題はウィキッド・プロブレムと呼ばれる構造が不明瞭で不確定性の高い問題を扱うものとされる。クライアントやステークホルダーはデザインの主題を持っておらず，それはプロジェクトの中で徐々につくられていくものである。この観点から見れば，Bland and Collopy (2004) で述べられたデザイン態度は，サイモンの述べたような認知的な意思決定の性質よりも，デザイン態度という言葉の通り，新たな選択肢をつくる志向として捉えるべきであろう。

　特に，彼らはデザイナーのプロジェクトへの取り組みを観察しながら，認知的な性格よりもプロジェクトを通した実践としてのデザインの側面に目を向けている。デザイナーはプロジェクトの中で彼らの考えるマネジャーとは異なる独特の方法で問題に取り組んでいた。Avital and Boland (2007) は，表5-3

のように,デザイナーの持つデザインの特徴をプロジェクトの要素別に整理している。

　このように,実践としてのデザインは,問題解決としての側面のみを持つのではなく,問題領域を開く志向性を持った取り組みであり,それはプロジェクトの性質そのものを決定することにもつながる。ウィキッド・プロブレムの中では,プロジェクトの成果は正解,不正解といった明確な基準は存在せず,よいか悪いかといった曖昧な観点でしか判断できない(Bichanann, 1992)。Hatchuel(2001)がデザインプロジェクトは学習を伴うラーニング・デバイスであると述べたように,拡張可能な合理性の中で選択された主題によって,プロジェクトの成果や組織の学習内容そのものが変化する。

　また,デザインを思考方法として見る場合は,デザイナーはプロジェクトの制約の中でシステム思考やアイデアを生成するためのアブダクションを駆使

表5-3:ポジティブ・レンズを通したデザインの特徴(Avital and Boland, 2007 より筆者作成)

|  | ポジティブ・レンズを通したデザイン | ポジティブ・レンズを通さないデザイン |
|---|---|---|
| 問いかけ方 | 何が息を吹き込むか？<br>どのようにあるべきか？<br>どのようにすべきか？ | 何であるのか？<br>どうなるべきか？<br>挑戦的な質問を避ける |
| アプローチ | 合成的(synthetic)<br>発生的(emergent)<br>システム,包括的<br>(system, inclusive)<br>継続的(continuous)<br>真価を問う(appreciative) | 分析的(analytic)<br>脱構築的,還元論者的(deconstructive, reductionist)<br>単独的,閉鎖的(isolated, exclusive)<br>アドホック(ad hoc)<br>判断を重視,不足を探索する<br>(judgmental, desiciency-seeking) |
| プロセス | 反復的な改善<br>無限,オープンエンド,創造的<br>代替案をつくる<br>拡張的で核心的 | 直線的なプロセス<br>有限,クローズ・エンド,決定志向<br>意思決定を分析する<br>表面的 |
| 目的 | 好循環を生み出すこと<br>トリプル・ボトム・ライン | 循環を妨げること<br>ボトムラインを避ける |

し，他業種とのコラボレーションの中で，直線的よりも反復的で改善的な活動を通して新たな選択肢をつくっていく（Dune and Martin, 2006）。このような意味で，デザイン態度とは，不確定性の中から新たな選択肢をつくる志向として捉えることができる。このように，デザイン研究の領域では，デザインは単純な問題解決としては捉えられていない。

同様に，デザインマネジメント研究の領域でも，デザインは問題解決以外のさまざまな側面から捉えられている（Boria de mozota, 2003）。表5-4は，デザインとマネジメントにおいて対応するコンセプトを比較したものである。

表5-4に示すように，創造的活動としてのデザインは，マネジメントのコンセプトと照らし合わせれば，アイデアの生成や，イノベーションといったコンセプトに対応している。デザイン態度で検討された新たな選択肢をつくる志向は，デザインマネジメント領域のいくつかの研究が指摘するように（Dell'Era and Verganti, 2011; Utterback et al., 2006; Verganti, 2009），アイデアやイノベーションの創造に関連した志向であると考えられるだろう。

その一方で，具体的にはどのような態度が組織のイノベーションの成果につながるのかは今後詳細に検討されていく必要性がある。例えば，Acklin and Fust（2014）は，デザイナーの持つ態度と起業家の持つ態度を比較し，新たな機会の探索といった点で共通の思考を持つことを指摘している。起業家の認知プロセスを検討したSarasvathy（2008）は，起業家は市場を所与のものとは考えず，むしろ創造できるものと考え，自らのネットワークやリソースを紡ぎ合わせて市場機会を探索するエフェクチュエーション（effectuation）の論理を用いることを明らかにしている。このような起業家の志向は，デザインの持つ志向と

表5-4：デザインとマネジメントにおいて対応するコンセプトの比較（Borja de Mozota（2003）より筆者作成）

| デザイン・コンセプト | マネジメント・コンセプト |
| --- | --- |
| 問題解決としてのデザイン | プロセス，問題解決 |
| 創造的活動としてのデザイン | アイデアのマネジメント，イノベーション |
| システマティックな活動としてのデザイン | ビジネス・システム，情報 |
| コーディネーションとしてのデザイン | コミュニケーション，組織構造 |
| 文化・アート活動としてのデザイン | 消費者嗜好，組織文化，アイデンティティ |

も共通する部分が多く見られる(Acklin and Fust 2014)。

　Dorst and Cross (2001) は，デザイナーはデザインの課題を客観的な所与のものとしてではなく，それぞれ異なる問題の解釈を通してデザイン課題（問題・目標・リソース・状況）を構築する存在であると指摘している。デザイナーは，問題領域とソリューション領域の間を往復し，分析・統合・プロセス評価を繰り返しながら少しずつ問題の定式化と解決のアイデアを洗練させていく（Dorst and Cross 2001）。こうした問題領域の把握や機会の特定といった部分で，デザインのプロフェッショナリズムとアントレプレナーシップには共通点が見られ，デザインのアントレプレナーシップへの貢献という新たな領域も広がりつつある[17]。

　次に，プロフェッショナルの文化としてのデザイン態度の概念について，Michlewski (2015) は，デザイナーの持つデザイン態度の要素に関する実証的研究を経て，デザイン態度の要素として，「不確実性・曖昧性を受け入れる」，「深い共感に従事する」，「五感の力を用いる」，「遊び心をもってものごとに息を吹き込む」，「複雑性から新たな意味を創造する」の5つを明らかにした。

　そのうち「不確実性・曖昧性を受け入れる」，「複雑性から新たな意味を創造する」という2つの態度は，前述のデザインプロジェクトの持つ根本的な不確定性の議論とも一致している。一方で，「五感の力を用いる」という態度は，これまでの扱ってきたデザイン理論の研究では検討されてこなかった視点である。Michlewski (2015) は，デザイナーの元々のプロフェッションは，美術に起源を持つものと，自然科学や社会科学といった科学に起源を持つものがあるとしており，「五感の力を用いる」という態度はどちらかといえば美術に起源を持つ態度であるように思える。このようなプロフェッションは，各国のデザインの成り立ちやデザインの扱う領域によっても異なるため（Michlewski, 2015），国による違いやプロダクトデザイン，グラフィックデザイン，インダストリアルデザイン等の専門領域で重視される態度は異なる可能性もある。

　「遊び心をもってものごとに息を吹き込む」という態度は，Bland and Collopy (2004) の中でも観察されているように，根本的な質問を問うことで，問題の本質の理解を促すことにつながる。近年では，デザイナーの思考法を手法化し，チームでの問題解決を行うデザイン・シンキングやサービス・デザインといった概念が広く認知され，公共セクターにおいてのプロジェクトや非営利組織の

活動にまで広がっており，デザインのこのような性質が効果的に活用されている領域であると言える。

　また，Michlewski（2015）は，デザイン態度はプロフェッションの中に共有される信念や態度であり，それは組織文化として形成されていると指摘している。横断的にプロフェッショナルに共有されるデザインの文化や態度は，新たな選択肢・知識を創造するプロフェッションに保有されるリソースである（Martin, 2002）。その一方で，そのようなリソースがどのように組織に伝播し，組織能力として形成されるのかについては明らかになっていない。

　さらに，前述のように，Bland and Collopy（2004）や Hatchuel（2001），Martin（2006）の主張で共通しているのは，デザイン態度やデザイン思考は，意思決定態度とともにマネジャーが持つべきものであるという観点であった。この点を鑑みれば，それはデザインのプロフェッショナルに共有されるだけではなく，マネジャーやその他のプロフェッションにも伝播されるべきものである。Schön（1983）の主張にもあるように，デザインは多くのプロフェッションに共通する思考であると同時に，領域に固有の専門性も保持している。Michlewski（2015）で明らかになった要素も含めて，マネジャーがデザイナーのどのような態度を理解し，応用することが可能であるのかについても，今後の研究蓄積と理論的な発展が望まれる。


注釈
1) 日経コンピューター（2016）「特集：デザイン思考　革新を量産するシリコンバレー」，日経コンピューター 3 月 31 日号，pp.28-31.
2) 日経ビジネス（2016）「米，起業家はデザイナーの時代」，日経ビジネス 2016 年 6 月 13 日号，p.152.
3) Managing as Designing というフレーズは，2002 年に Fred Collopy 教授と Boland Jr 教授が，ビジネススクールのカリキュラムの変化の必要性を広く知らしめるために造った造語であるとされる（Boland, 2012）。
4) フランク・ゲーリー（Frank. Owen, Gehry）は，アメリカのロサンゼルスを中心に活動する建築家である。
5) 完成した建築物は，以下を参照のこと。Weatherhead School of Management Lewis Building, http://clevelandphotos.net/tag/peter-b-lewis-building/（2019 年 5 月 19 日確認）
6) 原文は以下の通りである。"We believe that if managers adopted a design attitude, the world of business would be different and better. Managers would approach problems with a sensibility

that swept in the broadest array of influences to shape inspiring and energizing designs for product, services, and processes that are both profitable and humanly satisfying. (p.3, 11)"

7) 彼らは意思決定態度とデザイン態度の違いを，伝統的な在庫管理モデル（inventory control model）を例に説明している。製品を顧客に届ける伝統的なモデルである生産，配給，消費の連鎖は，これまで50年の多くの研究を経て改善され，その中で棚卸のタイミングや生産量の管理，倉庫のロケーションといった様々な観点から，最適な意思決定を行うための評価基準が開発され，在庫コストを最小化するための再発注のポイントや経済的なロットサイズ，在庫切れのリスクを計算ができる技術等が生み出されてきた。しかしその一方で，生産プロセス，従業員の総数，情報システムといった点を見直すことには盲目的になっていた。Boland and Collopy (2004) は，このような「在庫管理」という考えのもとからなる意思決定態度から脱却し，新たな選択肢をつくるデザイン態度を持つことによってのみ，在庫を「管理する」のではなく在庫を「なくす」といったリーン生産方式のアプローチが生まれると述べている。

8) 誤解してはならないのは，彼らは意思決定態度がマネジャーに必要でないということを述べているのではなく，デザイン態度に特徴的である問題解決領域を開く志向（openness）と，意思決定態度に特徴的な閉じる志向（closure）のバランスをとることが重要であると主張していることである。

9) Boland and Collopy (2004) によれば，デザイン態度と創造性は明確に異なる概念である。創造性はそれ自体，求めている組織の問題や製品，イノベーションの成果といったものに紐付いていない。創造性はデザイン態度によってイノベーティブな成果や長期的な組織の成果に方向付けられる。こういった意味で，デザインは創造性よりも大きい概念でありデザインは人々を満足させるために創造性に意味を与え，創造性を増加させるのではなく，創造性を強化させるものである (Boland and Collopy, 2004)。

10) Kimbell（2008）によれば，サイモンの研究を契機として，「デザイン方法論（design method）」に関する研究の動きが活発になった。そこでは，プロフェッショナル・デザイナーの実践の分析を通して，デザインのプロセスやメソッドを明らかにする研究が多く見られる。

11) 原文の「ウィキッド・プロブレム（wicked problem）」の定義は以下の通り。"class of social system problems which are ill-formulated, where the information is confusing, where there are many clients and decision makers with conflicting values, and where the ramifications in the whole system are thoroughly confusing."

12) Buchanan（1972）は，デザイン問題を理解する上で重要なのは，「不確定性（Indeterminacy）」を「未確定（undetermined）」と認識しないことであると述べる。不確定性とは，未だ確定されていないのではなく，そもそもデザイン問題には確定することができる状況や限界は存在しない，ということを意味している。

13) Simon (1973) において，サイモンは「あいまいな問題 (ill-structured problem)」という概念を提唱している。リッテルが提案した厄介な問題と同様に，問題の不確定性について述べているが，その問題に対してのアプローチは異なっている。デザイン理論の研究（Buchanan, 1992）が新たなソリューションを見つける（invention）ことに主眼をおいているのに対して，サイモンはこれまで考えられてきた選択肢の探索（discovery）に主眼をおいている（Buchanan, 1992）。

14) アブダクションは，論理的ではないがなんらかのかすかな関係性を直感的に捉える思考法である。デザイナーやクリエイターはこのような思考を用いて，アウトプットを視覚化して提示する，アブダクションの典型例であるとされる（鷲田，2016）。
15) デザイン・プロフェッションとは，グラフィックデザイン，ファッションデザイン，テキスタイルデザイン，プロダクトデザイン，建築デザイン等といったデザインの様々な固有の専門領域を含んだデザインの専門性を指す。
16) 組織文化論では，機能主義的な見方（組織は環境に適応して変化していく有機体，もしくは目的達成のための手段や機会である）と，解釈主義的な見方（組織はメンバーによって主観的に構成された実在である）との2つに分けられるという（出口，2004）。組織文化の3つのパースペクティブは，それぞれ研究目的に合わせた形で複合的に用いることが望ましいとされる。
17) 実際にBoland（2012）では，デザイン態度を確認することのできる顕著な例は起業家であるとされている。本来の意思決定者の姿は，意思決定態度とデザイン態度を合わせ持ち，そのほとんどの時間を選択肢を探索する「デザイン」に費やすべきだと述べられている（Boland, 2012）。


## 参考文献

Acklin, C. and Fust, A. (2014) "Towards a dynamic mode of design management and beyond." *Proceedings of 19th DMI: Academic Design Management Conference*, London 2-4 September.

Avital, M. and Boland, R.J. (2007) "Managing as Designing with a Positive Lens." In Avital, M., Boland, R.J., and Cooperrider, D.L. (eds.) *Designing Information and Organization with Positive Lens: Advances in Appreciative Inquiry*, (2), pp.3-14.

Bloor, G. and Dawson, P. (1994) "Understanding professional culture in organizational context." *Organization Studies*, 15(2), pp.275-295.

Boland, R. J. (2008) "Managing as Designing: Lessons for Organization Leaders from the Design Practice of Frank O. Gehry." *Design Issues*, 24(1), pp.10-25.

Boland, R. J. (2011) "On Managing as Designig." In Cooper. R., Junginger. S., and Lockwood, T.(eds.), *The Handbook of Design Management*, Berg Publishers, pp.532-537.

Boland, R. J. and Collopy, F. (2004). *Managing as designing*, Stanford CA: Stanford University Press.

Borja de Mozota, B. (2003). *Design Management: Using Design to Build Brand Value and Corporate Innovation*, NY: Allworth.

Brown, T. (2008) "Design thinking." *Harvard Business Review*, 86(6), pp.84-92.（「人間中心のイノベーションへ：IDEO デザイン・シンキング」『Diamond ハーバード・ビジネス・レビュー』2008年12月号，ダイヤモンド社，pp.56-68.）

Buchanan, R. (1992) "Wicked problems in design thinking." *Design Issues*, 8(2), pp.5-21.

Chiva, R. and Alegre, J. (2007) "Linking design management skills and design function organization: An empirical study of Spanish and Italian ceramic tile producers." *Technovation*, 27, pp.616-627.

Cooper, R. and Press, M. (1995). *The Design Agenda*, England: John Wiley and Sons.

Dell'Era, C. and Verganti, R. (2011) "Diffusion Process of Product Meanings in Design-Intensive Industries: Determinants and Dynamics." *Journal of Product Innovation Management*, 27, pp.640-657.

Dorst, K, Cross, N. (2001) "Creativity in the design process: co-evolution of problem-solution." *Design Studies*, Volume22, 5, pp.425-437.

Dunne, D. and Martin, R. (2006) "Design Thinking and how it will change management education: An interview and discussion." *Academy of Management Learning and Education*, 5(4), pp.521-523.

Gregory, K. (1983) "Native-view paradigms: Multiple cultures and culture conflicts in organizations." *Administrative Science Quaterly*, 28, pp.359-376.

Hatchuel, A. (2001) "Towards design theory and expandable rationality: The unfinished programme of Herbert Simon." *Journal of Management and Governance*, 5(3-4), pp.260-273.

Hatchuel, A. and Benoit, W. (2009) "C-K design theory: An advanced formulation." *Research in Engineering Design*, 19, pp.181-192.

Hatchuel, A., Pascal, L. and Benoit, W. (2006) "Building innovation capabilities: The development of design-oriented organization's." In Jerald, H. and Marius, M. (eds). *Innovation, science and institutional change*, Oxford: Oxford University Press, pp.294-312.

Kelley, T. and Littman, J. (2001). *The art of innovation—Lessons in creativity from IDEO, America's leading design firm*, NY: Random House.(鈴木主税・秀岡尚子(訳)(2002)『発想する会社！—世界最高のイノベーション・ファームIDEOに学ぶイノベーションの技法』早川書房)

Kimbell, L. (2009) "Design practice in design thinking." *Proceedings of European Academy of Management*, pp.1-24.

Leonard, D. and Strauss, S. (1997) "Putting your company's whole brain to work." *Harvard business review*, 75(4), pp.110-121.

Liedtka, J. (2000) "In defense of strategy as design." *California Management Review*, Spring 42(3), pp.8-30.

Martin, J. (1992). *Cultures in Organizations: Three Perspective*, Oxford: Oxford University Press.

Martin, J. (2002). *Organizatinal Culture: Mapping the Terrain*, London: Sage.

Martin, R. (2009). *The Design of Business: Why Design Thinking is the Next Competitive Advantage*, Boston: Harvard Business School Press.

Michlewski, K. (2008) "Uncovering Design Attitude: Inside the Culture of Designers." *Organization Studies*, 29, pp.373-392.

Michlewski, K. (2015). *Design Attitude*, UK: Gower Publishing.

New, S. and Kimbell, L. (2013) "Chimps, Designers, Consultants and Empathy: A "Theory of Mind" for Service Design." *Proceedings of the 2nd Cambridge Academic Design Management Conference*, 4-5 September 2013, University of Cambridge.

Plattner, H., Meinel, C., and Weinberg, U. (2009). *Design Thinking: Innovation Lernen—Ideenwelten Öffnen*, Munich: mi-Wirtschaftsbuch.

Press, M. and Cooper, R. (2003). *The Design Experience: The Role of Design and Designers in the Twenty-First Century*, UK: Gower Publishing.

Rittle, H. (1972). *Son of Rittelthink*, Design Method Group 5th anniversary report.
Rittle, H. and Webber, M. (1973) "Dilemmas in a general theory of planning." *Policy Science,* (4), pp.155-169.
Sarasvathy, S.D. (2006). *Effectuation: Elements of Entrepreneurial Expertise*, MA: Edward Elgar Publishing.(加護野忠男(監訳)，高瀬進・吉田満梨(訳)『エフェクチュエーション：市場創造の実効理論』碩学社)
Schön, D.A. (1983). *The Reflective practitioner: How Professionals think in action*, NY: Basic Books.(柳沢晶一・三輪健二(訳)(2007)『省察的実践家とは何か ― プロフェッショナルの行為と思考 ―』鳳書房)
Simon, A.H. (1945). *Administrative behavior. 1st ed.*, US: Free Press.(松田武彦・高柳暁・二村敏子(訳)(1976)『経営行動』ダイヤモンド社)
Simon, A.H. (1969). *The Science of Artifact*, MA: MIT Press.(稲葉元吉・吉原英樹(訳)(1999)『システムの科学 第3版』パーソナルメディア)
Simon, A.H. (1973) "The structure of ill-structured problems." *Artificial Intelligence*, 4, pp.181-201.
Simon, A.H. (1977). *The New Science of Management Decision*, NJ: Prentice-Hall. (稲葉元吉・倉井武夫(訳)(1979)『意思決定の科学』産業能率大学出版部)
Utterback, J.M., Vedin Bengt-Arne, A.E., Ekman, S., Sanderson, S., Tether, B., and Verganti, R. (2006). *Design-Inspired Innovation*, Singapole: World Scientific Pub.(サイコム・インターナショナル(監訳)(2008)『デザイン・インスパイアード・イノベーション』ファーストプレス)
Van Maanen, J. and Barley, S.R. (1984) "Occupational Communities: Culture and Control in Organizations." In Staw, B.M. and Cummings, L.L. (eds.). *Research in Organizational Behavior*, Greenwich: JAI Press, pp.287-366.
Verganti, R. (2009). *Design driven innovation: Changing the rules of competition by radically innovating what things mean*, Boston: Harvard Business School Press.(佐藤典司(監訳)，岩谷昌樹・八重樫文(監訳・訳)，立命館大学DML (Design Management Lab) (訳) (2016)『デザイン・ドリブン・イノベーション』クロスメディア・パブリッシング)
Weick, K. (2003) "Organizational design and the Gehry experience." *Journal of Management Inquiry*, 12(1), pp.93-97.
Yoo, Y. and Boland, R. J. (2006) "From organization design to organization designing." *Organization Science*, 17 (2), pp.215-229.
出口将人(2004)「組織文化にかんする根本的問題」『オイコノミカ』第40巻(3-4)，pp.43-60.
長尾周也(1980)「プロフェッショナリズムの研究：(1) プロフェッションおよびプロフェッショナル」『大阪府立大学経済研究』25(1)，pp.18-49.
鷲田祐一(2016)『未来洞察のための思考法：シナリオによる問題解決』勁草書房

# 第6章

# アーティスティック・インターベンション研究における課題

## 1. アーティスティック・インターベンション研究の現状

### (1) アーティスティック・インターベンションとは

　本章では，近年デザインマネジメント研究分野で注目され始めてきている[1]，「アーティスティック・インターベンション (artistic interventions)」に関する研究の現状と課題を明らかにする。アーティスティック・インターベンションとは，アートの考え方を企業組織に取り入れることで，組織に学習や変化を引き起こすこと(Berthoin Antal, 2009)と定義されている。

　従来からアートと企業組織が関連することはあったが，その多くがメセナ活動であった。メセナとは，「芸術文化支援」を意味するフランス語であり，「即効的な販売促進・広告宣伝効果を求めるのではなく，社会貢献の一環として行う芸術文化支援 (公益社団法人 企業メセナ協議会)」[2]のことで，主に企業が芸術・文化活動に資金的な支援を行うことである。

　一方で，1990年代から企業はメセナ活動だけでなく，アートを組織に取り入れることで組織に学習や変化を起こすことができることに気付き始めた(Berthoin Antal, 2012)。既存研究によって，このような活動は表6-1に示すように様々な名称で説明されてきたが，これまで共通の名称は得られていなかった。これらに対して，Berthoin Antal (2009) によって，職場環境にアートを取り込むと，企業組織の文化的に根付いた見方やルーティーンに干渉・介入する

表6-1：既存研究における「アートを組織に取り入れる活動」を定義した名称（Berthoin Antal（2012）より筆者作成）

| 名称 | 出典 |
| --- | --- |
| artful learning alliances | Darso（2004） |
| art-based learning programs | Boyle and Ottensmeyer（2005） |
| art-based initiatives | Schiuma（2009） |
| workarts | Barry and Meisiek（2010） |
| art-based interventions | Biehl-Missal（2011） |

という事実から"intervention（干渉・介入）"を用いた"artistic interventions"が提案され，現在はこの名称に基づく研究が増えてきている。しかし，Haselwanter（2014）では，アーティスティック・インターベンションの種類のひとつとして，アーティストによる誘発（プロボケーション：provocation）によって，短期間で従業員や企業を異なるレベルに変化させる「アーティスティック・プロボケーション（artistic provocation）」という新たな名称の提案も行われており，今後の研究動向によって，まだ新たな名称や概念定義が行われる可能性がある。

　アーティスティック・インターベンションに関する研究はこれまでに，アーティストと企業をつなぐ媒介組織に関する研究（Berthoin Antal, 2012），プロジェクトのファシリテーターがいかにアートの論理と経済の論理の橋渡しを行うかに関する研究（Sköldberg and Woodilla, 2014），理論と実践の間に存在するギャップに関する研究（Haselwanter, 2014）などが行われている。本章では，これらの研究内容を検討することでアーティスティック・インターベンションに関する研究の現状と課題を明らかにする。

## (2)「デザイン思考」の批判的検討

　アーティスティック・インターベンション研究への注目の背景として，「デザイン思考」に関する議論の高まりに対する批判的検討がある。

　デザイン思考とは，アメリカのデザイン・コンサルティング会社であるIDEOが，デザインによって生み出される価値とその思考方法に着目し，それを方法化することで，多くのイノベーション・プロジェクトを実践してきた手法のことである[3]。その実践方法として，①観察，②プロトタイピング，③検

証・改善のプロセスを何度も繰り返すことが挙げられる (Brown, 2008)。また，Kelley and Littman (2001) は，その中で「作りながら考える (build to think)」ことを重要視し，コンセプトをつくるためにプロトタイプやスケッチや概念図などの可視化を積極的に行うことが，製品やサービスの革新性を実現するための重要な点であることを主張している。

「デザイン思考」の実践事例のひとつとして，IDEOとアメリカの医療サービス機関が協同で手がけた医療サービス改善の例がある。そこでは，多様な専門性を持ったメンバーで組織されたプロジェクト・チーム[4]が，以下のプロセスを実践することによって，看護師のシフト交代時の時間のロスや情報伝達の漏れを改善することを実現した (Brown, 2008)。

① 観察
　まず医療現場をつぶさに観察し，解決すべき問題を明らかにする。
② プロトタイピング
　問題に対する解決案の試行をプロトタイプによって行う。このプロトタイプは機能を試すことに加えて，ユーザーや関係者との会話を促すことで，十分に意見が伝わっていない状況を減らし，一緒に解決策を改善することに役立つ。
③ 検証・改善
　プロトタイプの検証・改善を繰り返し，次の方向性を具現化する。

しかし，このデザイン思考に関する議論の高まりに連れ，現在その概念は解釈者個々の認識の下で拡大し，「デザイナーが創造行為を実施するにあたって暗黙的にやってきたさまざまな手法や文化的行動のエッセンスを論理的な枠組みでとらえ直し，デザイナーではない人にも模倣できるように汎用化し整理した体系 (鷲田, 2014, p.89)」であり，「そしてさらに，それを経営に応用することで，硬直した企業論理の中に，文化性と創造性を回復させようという一連の試み (鷲田, 2014, p.89)」であると広く解釈されるようになっている。

一方で，鷲田 (2014) は，日本人デザイナーを対象にした調査において，デザイン実務家がデザイン思考について，どちらかというと消極的な傾向にあり，外部的なものとして受け止められていることを明らかにしている。さらに「デザイン実務家にとっては，あまり興味をそそらないものであり，汎用化のやり方に違和感すら覚える (鷲田 2014, 89)」と述べ，同様の先行研究の知見も挙げ

ながら，このデザイン思考に関する議論の高まりにある拡大解釈が，実際のデザイン実務とは異質のものであることを強調している。

現在では，このようなデザイン思考に対する批判的意見も多い。その代表として例えば，「プロセスがリニア（直線的）で，クリエイティブではない」[5]，「デザイン思考は，創造的なプロセスをサポートしてくれるが，場合によってはクリエイティビティの可能性を殺してしまうこともある」[6]，「ルールやプロセスばかり重んじてしまうと，かえって個人が潜在的に持っている創造性を押し殺す結果になってしまう」[7]というものが挙げられる。これらに共通するのが，デザイン思考における創造性・創造力（クリエイティブ／クリエイティビティ）に関する異議である[8]。「汎用化し整理した体系」であるということは，明確なプロセスが示されるということであり，そもそも明確化されたプロセスということ自体が，「硬直した（企業論理）」ということに対して有効に機能するかどうかの疑問と解釈することもでき，この批判は前述のデザイン実務家に対する調査結果の見解にも一致するものと考えられる。

他方で，デザイン思考に対するこれらの批判的意見の背景には，デザインおよびデザイナーの職能において，「硬直した企業論理の中に，文化性と創造性を回復」させうる創造性・創造力がよく備わっているという過剰な期待が伺える。しかし，例えば前述の鷲田（2014）の日本人デザイナーを対象にした調査結果によると，「自分がどんなタイプのデザイナーだと思うか」という質問に対して，「仕事をこなすプロフェッショナルタイプ」という回答が最も多く（52.1％，複数回答，N＝534）で，「芸術性を主張するアーティストタイプ」は9.4％，「革新的アイデアのイノベータタイプ」は7.3％と，硬直した企業論理を溶解させるような創造性・創造力に強く関わると思われるタイプへの回答率は低い結果となっている（鷲田 2014, 69）。そもそもデザインおよびデザイナーの職能に，「硬直した企業論理の中に，文化性と創造性を回復」させうるような種類の創造性・創造力がよく備わっているのだろうか，ここで改めてこの根源的な疑問が浮かび上がる。

この疑問が明らかにならなければ，前述のデザイン思考に対する意見も正当な批判根拠を得ない。さらに追究すれば，「経営に応用することで，硬直した企業論理の中に，文化性と創造性を回復させよう」という目的に対しデザイン思考がそもそも適しているのかどうかという疑問も浮かび上がる。

この疑問に関して，デザイン論では古くからデザインとアートおよび，デザイナーとアーティストの違いにおいてその詳細検討がなされてきた。同様に，本章で注目しているデザインマネジメント研究分野における，アートの考え方を企業組織に取り入れようとするアーティスティック・インターベンション研究に関する議論の高まりも，ここまでに述べたようなデザイン思考の批判的検討に関する背景が横たわっているものと考えられる。アーティスティック・インターベンションとデザイン思考との比較に着目した研究の1つにSoila-Wadman and Haselwanter (2013) が挙げられる。次節におけるアーティスティック・インターベンション研究の動向把握において，この研究も取り上げ詳細を検討したい。

## 2. アーティスティック・インターベンション研究の動向

### (1) Berthoin Antal (2012) "Artistic Intervention Residencies and Their Intermediaries: A Comparative Analysis."

① 研究の概要

　この研究は，ヨーロッパの5つの国で行われたアーティスティック・インターベンションの7つの事例を比較し，それらの構造・目的・ファンド・調整・プロセスの共通点と相違点について分析したものである。

　1990年代から企業では，アーティストを組織に取り入れることで，組織に学習や変化を刺激することができることに気付き始めている。しかし，既存研究で取り上げられてきた事例は，数時間や長くて数日のプロジェクトであった。そこでこの研究では，アーティストと企業組織の関係が長期的で，かつ両者が学習し合う関係にある事例に着目している。

　アーティストが長期的に特定の問題に取り組む活動は，これまで"residencies"や"placements"といった言葉で表されてきた。しかし，この研究が対象とするアーティストと企業組織の関係は，アーティストが純粋なアート活動を行うのではなく，企業組織で従業員と相互作用を起こすことを目的としている活動にある。よってBerthoin Antal (2012) は，アーティストと企業組織の関係が長期的で，かつ両者が学習し合う関係にあるこの活動を"artistic intervention residencies"と定義し，従来の直期的で純粋なアート活動と区別し

ている。

さらに Berthoin Antal (2012) は,"artistic intervention residencies" はビジネスの世界と隔離されてきたアートによって,アーティストと企業組織のお互いを刺激することができると述べる。このような活動は増加しているにも関わらず,既存研究はまだわずかであり,次のような課題が未だ残されたままであることを指摘している。

1) アーティストが,どのように一緒に活動する企業組織を見つけるか
2) 企業組織が,どのように課題を解決するために適切なアーティストを見つけるか
3) 両者にとって,公平な契約とはどのようなものか
4) プロセスの中で,誤解やコンフリクトが発生しなかったのか

そこでこの研究では 7 つの事例を比較することで,これらの課題について検討している。

② 事例分析

事例 1)　New Patrons program(フランス)

この事例は,1993 年から開始された 7 つの中で最も古いものである。現代アートを利用して,市民の社会的興味を刺激しようとするプログラムである。これはアーティストと市民,Foundation de France によって指名された媒介者が参加している。プログラム開始以来,275 以上のプロジェクトが行われている。

事例 2)　Airis(スウェーデン)

この事例は,7 つの中で最大の規模である。2002 年から 2010 年の間に 80 以上のプロジェクトが行われている。企業で問題に取り組む従業員を,アーティストがサポートすることを目的としている。非営利組織である TILLT によって開発された手法を利用していることにその特徴がある。

事例 3)　Disonancias Another(スペイン)

この事例も,企業組織のサポートとしてアーティストを利用するものであり,2005 年から開始された。しかし,Airis(事例 2))とは違って,組織能力の改善よりも,イノベーションに焦点を当てていることに特徴がある。アーティストが参加し,企業文化を変化させることにより,新しい製品やサービスを創出

することに焦点が当てられている。そのために，アーティストは彼らが持つスキルや手法を使って，チームメンバー間の創造力を高める触媒として機能している。

事例4）　Conexiones improbables（スペイン）

この事例は，2010年に開始された7つの事例の中で最も新しいものである。これはDisonancias Another（事例3））を経験したメンバーによって行われている。そのため，アーティスティック・インターベンションの経験が，次のプログラムにどのように活かされるかという点を確認できる事例である。この事例自体の目的は，社会的責任とイノベーションを実現するためのコラボレーションを研究することである。

事例5）　Artists-in-Labs（スイス）

この事例は，生物学・物理学・コンピューターサイエンスの科学者と，アーティスト・デザイナーのコラボレーションに焦点を当てたものである。2003年から開始された。この事例の目的は，アーティストに科学的研究の文化に没頭する体験を与えること，科学者に現代アートと審美性，一般社会とのコミュニケーションに関する洞察を与えること，両者のコラボレーションをより一層深くすることである。このプログラムは，チューリッヒ芸術大学のThe Institute of Cultural Studiesによって行われ，スイスだけでなく近年は中国でも行われている。

事例6）　Interact（主にイギリス（他にインド，タイ））

この事例では，アーティストが革新的かつ挑戦的な仕事に対して配置された。2005年から2007年までの2年間に，29人のアーティストが主にイギリス（インド，タイも含まれる）の16の企業組織に参加している。1つのプロジェクトの期間は3ヶ月から18ヶ月である。このプログラムは，イギリスの国立の機関であるArts Council Englandによって行われた。その役割は，ファンドの確保と研究の実施，結果を広めることである。TILLT（事例2）で言及）やDisonancias（事例3））とは異なり，媒介者としてプロジェクトマネージャーが，アーティストとは別に配置されたことに特徴がある。

事例7）　Eurogroup Consulting résidence d'artistes（フランス）

この事例は，企業が主導したプログラムである。2008年から2年半の間，4つのプログラム（それぞれ5ヶ月間）にアーティストを参加させている。この

目的は，アーティストが従業員の仕事を改善するための材料を見つけ，従業員はアーティストが行う新鮮なやり方を学ぶことである。アーティストは，期間中は常に企業で従業員と共に仕事を行っている。このプログラムの特徴は，外部の媒介者を利用する代わりに，自社のコンサルタントとアート批評家の二者間連携で，企業とアーティストの橋渡しを実行していることである。

③ 考察と結論

　この研究の結論では，7つの事例において，一般的に理解されている典型的なアーティスト，組織，媒介者の傾向は見つけられず，それぞれが特徴的なものとなっている。アーティストは，従来語られていたような自由奔放な存在ではなく，チームや組織の中で安定的に機能していた。彼らの中には，新しい作品へのインスピレーションを得ることができることや，金銭的利益などの理由により，これらのプログラムに大きな魅力を感じているものもいる。

　また，小さい組織に比べて，大きな組織にアーティストが影響を与えることは難しいということが明らかにされている。アーティストを受け入れる組織は，その規模に気をつけなければならない。大きな組織でアーティスティック・インターベンションを実行する場合は，アーティストに対して強力なサポートが必要である。さらに，アーティストとの相互学習を経験し，文化的にそれを取り込んだ組織は，次回のプログラム開始時のマネジメントに良い影響があることが明らかにされた。

　アーティスティック・インターベンションを効果的に実践するためには，媒介者がアートと組織の両方の世界の知識を持つことが重要である。媒介者の存在が，お互いの文化やアイデンティティの領域の品位を保つことにつながる。媒介者に求められる能力としては，信頼を得る能力と予算を獲得する能力が挙げられている。

　事例の全体的な特徴として，次の3点が挙げられている。

1) 既存の媒介組織（例えば，Interact（事例6））が継続を諦める一方で，新興の媒介組織（例えば，スペインのConexiones improbables（事例4）））が現れている。
2) 媒介者は一般化されたフレームワークを持つが，アーティストにそれを強要しようとはしなかった。次のフェーズに入る前には，内部と外部か

ら公式と非公式に評価を行い，改善を行った。
3) 様々な方面から，アーティスティック・インターベンションの情報提供を求められるようになっている。

　これらの変化がある中で，アーティスティック・インターベンションの更なる包括的なマッピングの必要性が指摘されている。さらに，事例の記述のみにとどまらず，プログラムの全体プロセスや媒介者に影響を与える要因の分析，将来的には媒介者が存在しない事例の研究の必要性が述べられ，アーティスティック・インターベンション研究において媒介者の役割の明確化が求められていることが示されている。

## (2) Sköldberg and Woodilla（2014）"Mind the Gap! Strategies for Bridging Artists and Organizations innArtistic Interventions."

① 研究の概要

　この研究は，アーティスティック・インターベンションにおいて，ファシリテーターがいかにアートの論理と経済の論理の橋渡しを行うかを，スウェーデンの SVID，TILLT，SKISS という3つの組織の事例に着目することで明らかにしている。これらのプロセスの中では，アーティストとデザイナー，ターゲットとする企業組織の間で多くの欲求不満や摩擦が起こっている。そのため，プロセスを効率的・効果的に行うために，彼らの間を媒介組織が必要となる。そこで，この研究では，そのような媒介組織のファシリテーションのプロセスに焦点を当てている。

② 事例分析

　この研究では，スウェーデンの組織である SVID，TILLT，SKISS の3つの事例について分析が行われている。分析は，それぞれの組織の代表者に対して，2時間から3時間行われたフォーカスインタビューに基づいている。

　事例1）　SVID（Swedish Industrial Design Foundation）
　SVID は，デザインに関する知識を広めるために1989年に設立された組織であり，アーティストとしての教育も受けてきたデザイナーが主に所属している。
　SVID は，それまでデザイナー（本プロジェクトのデザイナーはアート教育を

受けていることを前提としている)と密接には仕事をしたことがない6つの企業と共同でプロジェクトを行った。プロジェクトの目的は，いかにデザイナーがイノベーションプロセス(特に，開発の初期段階)に影響を与えるかを発見することである。プロジェクトには，デザイナーの他に，専門の研究者も参加している。プロジェクトに参加するデザイナーは，SVIDと研究者によって，各企業に適合するように選ばれた。これらのプロジェクトの資金は，スウェーデンのイノベーションに関する公的なエージェントであるVINNOVAによって用意された。

　6つの企業は地理的に離れており，異なった市場環境に置かれている。最終的には，2つの企業が脱落し，4つの企業(シャワー，作業着，フローリング，遠心分離機)がプロジェクトを遂行した。プロジェクトのうち，いくつかは成功した。例えば，作業着のメーカーは，このプロジェクトによって，新しい製品セグメントを開発した。さらに，壁に彼らのすべての製品を展示したショールームやミーティングルームを新しく作っている。成功しなかったプロジェクトは，媒介者であるSVIDと研究者が，デザイナーと企業の関係構築をうまく行えず，企業がプロジェクトから撤退した。

　事例2)　TILLT

　TILLTは，組織の発展とアーティストの活躍する場を広げるために，アーティスティック・インターベンションを実践するヨーテボリにある非営利組織である。2013年時点で，16人のフルタイムの従業員が所属し，1年以上続いているプロジェクトが80以上も存在している。

　TILLTのプロジェクトでは，ストラテジストとマーケター他のスタッフがアーティスティック・インターベンションに前向きな企業を勧誘し，プロセスリーダーが任命される。アーティスティック・インターベンションに参画するアーティストを決める前に，プロセスリーダーが企業とミーティングを行い，企業のニーズを理解するようにしている。そして，企業はアーティストに対して報酬を支払い，地方自治体からの補助でマーケティングや管理に必要なコストをまかなっている。アーティストは週に1度企業に勤務する。プロセスリーダーは月に1度コーチングのためにミーティングを行う。

　事例3)　SKISS

SKISS は，CINERGY（Creative Collaborations and Tools for Growth）というプロジェクトの名称である。伝統的な産業と創造的な産業が協同し，共に発展することを目的としている組織である。

　SKISS は，スウェーデン政府の文化部門によって公的に支援され，2005 年から 2008 年に行われた。この期間に従事したアーティストが正式に雇用されることが狙いの 1 つであった。合計で 56 個のプロジェクトが異なった場所で行われ（ストックホルム：30，他地域：26），ほとんどのプロジェクトでアーティストが 1 年間，ハーフタイムの契約で参加した。プロジェクトを実施した企業の規模は，4 人の企業から 2000 人の企業と様々である。

　SKISS の組織運営は，政府の雇用サービス庁とウメオ大学の研究グループによって行われた。フルタイムで雇用されたプロジェクトリーダーがプロジェクトの概念開発，予算，公的機関からのファンド獲得，アーティストの雇用およびトレーニング，管理を行っている。それぞれのプロジェクトには，SKISS のメンバーであるコンタクトパーソンを配置している。アーティストには企業に配属になる前に，2 ヶ月間のトレーニングを行っている。そして，アーティスト自身が企業を選択し，企業に対してどのような利益を与えられるかを訴えることで，企業を説得する。特に，アーティスト自身が職場を選択できるような配慮やプロセスのオープン化に注意が払われている。

③ 考察と結論

　この研究で対象とされている 3 つの組織は，アーティスティック・インターベンションに関するプロジェクト実践において，それぞれ異なったルーツ・目的・構造を持っていた。また，各組織のプロジェクト実践におけるファシリテーションプロセスは，プロジェクトの構造や過去の経験によって違いが現れていた。それぞれの組織において，表 6-2 に示すようなポジティブな成果とネガティブな成果が発見されている。

　これらのポジティブ・ネガティブ両面の特徴が存在するが，プロジェクトの成功にはアーティストと企業の両者の視点を持つファシリテーターもしくは企業のマネージャーが必要である。実際に，SVID と TILLT にはアーティストのトレーニングを受けたファシリテーターが存在し，SKISS では，あらかじめ大学でマネジメント教育を行っている。しかし，まだプロセスのどの場面でど

表 6-2：Sköldberg and Woodilla（2014）が対象としている各組織の成果（Sköldberg and Woodilla（2014）より筆者作成）

|  | SVID | TILLT | SKISS |
|---|---|---|---|
| ポジティブな成果 | 企業の出費を抑えることで，プロジェクトの長期化を成功させている | すでに80ものプロジェクトを完了させ，プロジェクトの管理面での方法論がすでに確立されている | ハーフタイムの契約が，アーティストのお互いの支援する時間を十分に与え，自分たちでお互いをサポートするグループが形成されている |
| ネガティブな成果 | 1度限りのプロジェクトにとどまっている | 管理のための間接費が上昇している | 管理面・予算面でサポートが十分ではない |

のようなファシリテーションが必要かは明らかではない。本事例から言えることは，それぞれのファシリテーターが独自の方法を開発しているということである。将来の研究としては，ファシリテーターが必要な瞬間や方法を明らかにする必要があることが指摘されている。

この研究は，学術研究の観点（SVID），企業の観点（TILLT），アーティストの観点（SKISS）と各ステークホルダーの観点から分析しているところに独自性がある。今後の課題として，アーティストの観点を取り入れる範囲を考慮すること，媒介組織を選択するときに誰の価値を重視するかを考えなければならないことが示されている。

### (3) Haselwanter（2014）"Innovation Through Dumpster Diving?"
① 研究の概要

この研究は，アーティスティック・インターベンションに関する理論と実践の間に存在するギャップを埋めることを目的としている。特に，アーティストによる誘発を意味する「アーティスティック・プロボケーション（artistic provocation）」について議論している。これはアーティストによって行われたワークショップで，具体的には「Dumpster diving（ゴミ箱あさり：都市のゴミ箱の中から再利用可能な廃棄物を見つける活動）」の行為に組織が直面したときに，組織に何が起こるかについて注目したものである。この研究では，ス

ウェーデンの技術が優れたグローバル企業とアーティストとのコラボレーションの事例を取り上げ，創造性とイノベーションの観点からアーティスティック・インターベンションを分析している。

② 事例分析

　この研究の分析対象とする企業は，世界中に 110,000 人の従業員を抱える 1876 年に設立されたスウェーデンの企業である。参与観察によって得たデータに対し，分析は Hatch (2006) が提案したような，描写的で象徴的・解釈的な評価法を利用している。具体的には，24 時間のワークショップに参加し，ワークショップの期間中に起こったことを観察し，意味づけを行う。データ分析では，定性的，再帰的，解釈的アプローチを利用している。また，得られたデータに対して文脈的，審美的な理解をするために，ナラティブやエスノナラティブな手法(Czarniawska and Sköldberg, 2003)を用いている。

　対象となる企業は過去に創造性を高めるためのプログラムを経験している。例えば，IDEO とともにデザイン思考のアプローチを使って，2 年間のプログラムを行っている。更なる創造的アプローチとして，アーティストとコラボレーションし，24 時間のワークショップを開催した。このワークショップを主導したのは 24-hour-lab というアーティスティック・インターベンションを専門とした組織である。このワークショップには，異なる部門から 1 グループあたり 12 人程度の従業員が参加した。このワークショップの期間中は，従業員は普段の業務から完全に切り離されている。

　24 時間のチャレンジが始まると，グループでの自己紹介のセッションの後，Dumpster diving（ゴミ箱あさり：都市のゴミ箱の中から再利用可能な廃棄物を見つける活動）を実際に行っている Dumpster diver が紹介され，参加メンバーからの質疑が行われた。Dumpster diver との議論の後，メンバーは街に出て，実際に Dumpster diving を体験した。そして，1 日目のワークショップは夜に解散した。次の日の朝食の間に，前日の体験についてのリフレクションが行われ，参加メンバーは日常生活の中でいかに食料が捨てられているかについて議論した。

　次のセッションでは，テーブルの上に並べられた廃棄食料を見ることで，メンバーの議論が活発化された。さらに，参加メンバーには廃棄食料を使って，

メニューを考案することが求められた。そして，メニューを作成し，そのコンセプトと料理が人々の前でプレゼンされ，最も優れたメニューに対して投票が行われた。

③ 考察と結論

まず，最初の発見として，このワークショップを通して，技術志向やビジネス志向の参加者は，彼らが持つ規範や現実に対して疑問を持つようになった。その結果，今まで無視していた社会的な問題に対してオープンなマインドを持ち，硬直した考えを和らげることができている。また，チームのダイナミクスに対しても変化が現れた。ワークショップが終わるときには，参加者間の距離の縮小や高いレベルの仲間意識の創出，チーム一丸の問題解決が見られた。

イノベーションと創造性という観点では，24時間の間にいくつもの問題解決法が提案された。最も創造的なアイデアは，使用できる装置や材料が限られているにも関わらず，それを工夫することでアイデアを実現した。また，最後のプレゼンテーションにおいても，イノベーションの能力が高まっていることが確認された。

概念レベルで考えると，創造力を高める方法はアーティスティック・インターベンションでなくてもかまわない。しかし，このワークショップでは，アーティスティック・インターベンションがアイデアの誘発として機能していることが確認された。このワークショップでも，Darsø (2004) が指摘しているような，アートが参加者に日常生活に対する見方を変化させることが発見された。日常生活に疑問を持つ方法は，アートでなくてもよいが，このワークショップを見ても，結果としてアーティストがそのような思考に容易に変化させられることがわかる。

そこで Haselwanter は，アーティスティック・インターベンションの種類のひとつとして，「アーティスティック・プロボケーション」を提案している。誘発（プロボケーション）とは短期間で従業員や企業を異なるレベルに変化させることを意味している。全く違う環境，つまり異質性 (otherness) を組織に取り入れることで，恐怖や抵抗とともに，それに対する興味を生み出すことが出来る。それが従業員に対して内省や疑問を生み出し，それが創造的な考え方に影響を与える。「アーティスティック・プロボケーション」におけるアートの側

面は，そのような活動の審美的な価値を取り扱うと述べられている。

　この分析結果から，Haselwanter は「アーティスティック・プロボケーション」のラフなモデルを導いている。そのモデルは，①敏感になる，②体験する，③内省する，④変化させる，の4つの段階から構成される。これらは非日常的で普通でない世界に直面することで，参加者に短期間で変化を与えることが出来る。異なる世界を審美的な視点（見る，触る，匂う，味わう，聞く，感じる）で見ることによって新しい考え方が生まれる。このような変化によって，イノベーションをより容易に生み出すことができるであろう，と指摘されている。

## (4) Soila-Wadman and Haselwanter (2013) "Designing and Managing the Space for Creativity. Artistic Interventions for Strategic Development of an Organization in Resisting Environment."

① 研究の概要

　この研究は，アーティスティック・インターベンションを，創造性を高めるためのツールとして捉え，スウェーデンの貿易組合である GREEN と，アーティスティック・インターベンションのエージェントである LITTL が行った事例を分析している。創造性のツールとして様々なものがあるが，この研究では主にデザイン思考と比較することで，アーティスティック・インターベンションの特徴を分析している。

　創造性は，イノベーションのコンテクストで議論されることが多い。創造性が新しいアイデアを生み出すことを意図している一方で，イノベーションは創造的なアイデアの実行を意図している。そして，イノベーションは経済的な成功が重視される。創造性とイノベーションとのギャップは，この経済的な成功という部分に現れる。そこで，企業は創造性をツールとして捉え，戦略の中に取り込んでいったと Soila-Wadman and Haselwanter (2013) は述べ，そのツールの代表的なものとして「デザイン思考」を挙げている。

　企業が戦略の中に「デザイン思考」を取り入れた結果，デザインの役割がイノベーションのための触媒として発展した。そのため，彼らは「デザイン思考」の概念は方法論であり，製品やサービスを作るための伝統的なデザインの実践ではないと指摘する。それ故に，Tonkinswise (2011) は，デザイン思考を「デザイ

ンマイナス審美性」と批判している。

そこで，この研究ではデザイン思考とアーティスティック・インターベンションとの違いについて探索されている。特に，アーティスティック・インターベンションから何が学べるか，どのような支援を必要とするかを明らかにすることが目的とされている。

② 事例分析

この研究では，スウェーデンの貿易組合である GREEN と，アーティスティック・インターベンションのエージェントである LITTL が行った事例を分析している。事例分析では，「デザイン思考」に欠けている知識創造における審美性の役割を強調している。それは，知識創造が時系列で，合理的なプロセスであるだけでなく，人間の感覚や感情，想像にも依存することを意味している（Linstead and Höpfl 2000; Strati 1999; Welsch 1997）。審美性を反映した知識創造とは，人間の体験の感覚的・感情的特徴の適用と変換を通したプロセスである（Sutherland 2012）。

この事例は，ArtRes プロジェクトと呼ばれる LITTL のアーティスティック・インターベンションのプロジェクトの初期段階に着目したものであり，多くの関係者やプロジェクトの参加者にインタビューを行っている。ArtRes プロジェクトとは，GREEN のボードメンバーによって設定されたプロジェクトであり，目的は 2 年間のうちに新しく参加した 8,000 人のメンバーを引きつけるために，GREEN を形成する Group8 の新しい機能や場の開発することである。分析方法として具体的には，ミーティングへ参加し，参加者を観察することや，GREEN を形成する Group8 のメンバーやアーティストへの半構造化インタビュー，アクションプラン作成会議の後に行われたグループの会話の観察が含まれる。

次に，この事例のアクションプランを作成するプロセスの中で発見された，特徴的な事実についてまとめる。このプロセスでは，アーティストによるワークショップとデザイナーによるワークショップの両者が行われている。

1) アーティストによるワークショップ

まず，2013 年の 2 月にアーティストがワークショップを行った。そこでは，Group8 のメンバーが彼ら自身の性格を表すようなイメージを新聞や雑誌から

切り抜くことが求められた。そこで実際に彼らは，自身の性格を表すものより，趣味や興味を表すイメージを選択することが多かった。次に，フォトスタジオに移動し，2つのチームを形成した。ここで，お互いのチームの写真を撮る行為を介して，チームの「強さ」と「一体感」を表現するためのアイデアを考えることが求められた。このような体験は，参加者の「感情」を引き出すことに役立っており，この「感情」がアーティスティック・インターベンションにまず重要なものとなる。

　まず，Group8のメンバーはチーム結成時にはお互いを良く知らない状態であった。そのため，アーティストにとっては，まず信頼を形成することが重要であった。メンバーたちの普段の業務では，良く組織化・構造化が行われていた。参加者の中には，規則やゴールの設定，タスクリストの作成を求めるものもいたが，それらはアーティスティック・インターベンションでは提供することが難しい。4ヶ月のアーティストとの共同作業の中で，参加者はアーティスティック・インターベンションには，「マニュアルはない」というマニュアルがあることを理解した。

　Group8のメンバーは，元々それぞれアーティスティック・インターベンションに対してアーティストと異なった期待を持っていた。重要なことは，まずアーティストのスキルが役に立つという認識を受け入れることである。Taylor and Ladkin (2009) は，このような初期のプロセスを"skills transfer"と定義している。メンバーのアクションを変えるためには，Group8のメンバーが自己肯定感を持つことが重要となり，アーティストはメンバーに対して，一日の終わりに何かを成し遂げたという感覚を与えることが，モチベーションを維持させるために必要であった。

　2) デザイナーによるワークショップ
　アーティストとのワークショップを行う一方で，デザイナーによるワークショップも行われた。そこでは，継続的に分類や検証，書類化が求められ，現状の整理が行われた。ここでは，アイスブレイク，各自の人生についての発表，学習プロセスの可視化するためのブレインストーミングが行われ，各自に宿題も与えられた。このようなワークショップを通して，Group8のメンバーは，結果は創造性プロセス自体ほど大事ではないということに気付き始めていた。

③ 考察と結論

　この研究は，デザイン思考とアーティスティック・インターベンションの違いを理論的に検討し，事例の調査を行っている。デザイン思考は認知的な側面を重視し，審美性に関して欠けていることが指摘されている。事例では，ArtResプロジェクトで用いられたワークショップの手法は，アーティストもデザイナーもかなり類似していた。しかし，理論的には，アートとデザインでは異なった世界の見方を持っていると指摘されており，実際に事例でもプロセスや成果には違いが見られた。

　アーティストによるワークショップでは，長期的な人的で文化的，組織的に影響を与えるような方法がとられた。一方で，デザイナーによるワークショップは，デザインの実践としての抽象的な方法であった。それ故に，この事例では「デザイン思考」というよりも，むしろ伝統的なデザインの実践に近いものであった。「デザイン思考」とは戦略的に考えるための手法であるため，一度きりのワークショップでそのような思考を生み出すことには懐疑的であることが述べられている。

　しかしながら，Soila-Wadman and Haselwanter(2013)は，この事例で見られた伝統的なビジネスの考え方と，創造的なアプローチの間のコンフリクトは非常に印象的であることを指摘している。Group8のメンバーは，彼らの業務のやり方を変化させることを受け入れた。しかし，彼らは上司から従来的な手法による期待を背負っている。そのためここで，デザインマネジメントの視点での創造性と，伝統的な組織の創造性の関係を精巧に理論化させる必要があることが指摘されている。

## 3. アーティスティック・インターベンション研究における今後の課題

　本章では，近年デザインマネジメント研究分野で注目され始めてきている，「アーティスティック・インターベンション（artistic interventions）」に関する研究の現状と課題を明らかにするために，先行研究の内容検討を行った（表6-3）。

　アーティストと企業をつなぐ媒介組織に関する研究（Berthoin Antal, 2012）では，ヨーロッパの5つの国で行われたアーティスティック・インターベンショ

ンの7つの事例が比較され，それらの構造・目的・ファンド・調整・プロセスの共通点と相違点についての分析が行われている。事例分析によって，アーティスト・インターベンションを効果的に実践するためには，媒介者の存在がお互いの文化やアイデンティティの領域の品位を保つことにつながり，その媒介者がアートと組織の両方の世界の知識を持つことが重要であることが指摘されている。媒介者に求められる能力としては，信頼を得る能力と予算を獲得する能力が挙げられている。

表 6-3：本章で検討した研究のまとめ（筆者作成）

|  | 内容 | 分析 | 考察・指摘 |
| --- | --- | --- | --- |
| **Berthoin Antal (2012)** | アーティストと企業をつなぐ媒介組織に関する研究 | ヨーロッパの5つの国で行われたアーティスティック・インターベンションの7つの事例の比較による，それらの構造・目的・ファンド・調整・プロセスの共通点と相違点についての分析 | アーティスト・インターベンションを効果的に実践するためには，アートと組織の両方の世界の知識を持つ媒介者の存在が重要である |
| **Sköldberg and Woodilla (2014)** | プロジェクトのファシリテーターがいかにアートの論理と経済の論理の橋渡しを行うかに関する研究 | スウェーデンの組織であるSVID（学術研究の観点），TILLT（企業の観点），SKISS（アーティストの観点）の3つの事例分析 | プロジェクトの成功には，アーティストと企業の両者の視点を持つファシリテーターもしくは企業のマネージャーが必要である |
| **Haselwanter (2014)** | アーティスティック・インターベンションに関する理論と実践の間に存在するギャップに関する研究 | スウェーデンの技術が優れたグローバル企業とアーティストとのコラボレーションの事例を取り上げ，創造性とイノベーションの観点からアーティスティック・インターベンションを分析 | アーティスティック・インターベンションの種類のひとつとして，アーティストの誘発によって，短期間で従業員や企業を異なるレベルに変化させる「アーティスティック・プロボケーション」を提案 |
| **Soila-Wadman and Haselwanter (2013)** | アーティスティック・インターベンションとデザイン思考との比較に着目した研究 | スウェーデンの貿易組合であるGREENと，アーティスティック・インターベンションのエージェントであるLITTLが行った事例の分析 | デザイン思考は戦略的に考えるための手法であるため，一度きりのワークショップでそのような思考を生み出すことには懐疑的である |

プロジェクトのファシリテーターがいかにアートの論理と経済の論理の橋渡しを行うかに関する研究（Sköldberg and Woodilla, 2014）では、アーティスティック・インターベンションにおいて、ファシリテーターがいかにアートの論理と経済の論理の橋渡しを行うかを、スウェーデンのSVID, TILLT, SKISSという3つの組織の事例に着目することで明らかにしている。そこで、プロジェクトの成功には、アーティストと企業の両者の視点を持つファシリテーターもしくは企業のマネージャーが必要であることが指摘されている。

　アーティスティック・インターベンションに関する理論と実践の間に存在するギャップに関する研究（Haselwanter, 2014）では、スウェーデンの技術が優れたグローバル企業とアーティストとのコラボレーションの事例を取り上げ、創造性とイノベーションの観点からアーティスティック・インターベンションを分析している。その結果、アーティスティック・インターベンションの種類のひとつとして、アーティストの誘発によって、短期間で従業員や企業を異なるレベルに変化させる「アーティスティック・プロボケーション」が提案されている。

　アーティスティック・インターベンションと「デザイン思考」との比較に着目した研究（Soila-Wadman and Haselwanter, 2013）では、スウェーデンの貿易組合であるGREENと、アーティスティック・インターベンションのエージェントであるLITTLが行った事例を分析している。事例では、アーティストによるワークショップとデザイナーによるワークショップの両者が行われた。アーティストによるワークショップでは、長期的な人的で文化的、組織的に影響を与えるような方法がとられ、デザイナーによるワークショップでは、デザインの実践としての抽象的な方法がとられた。それ故に、この事例ではデザイン思考というよりも、むしろ伝統的なデザインの実践に近いものであった。デザイン思考とは戦略的に考えるための手法であるため、一度きりのワークショップでそのような思考を生み出すことには懐疑的であることが述べられている。

　アーティスティック・インターベンション研究の今後の課題として、Berthoin Antal（2012）では、アーティスティック・インターベンションの更なる包括的なマッピングの必要性が指摘されている。さらに、事例の記述のみにとどまらず、プログラムの全体プロセスや媒介者に影響を与える要因の分析、将来的には媒介者が存在しない事例の研究の必要性が述べられ、アーティス

ティック・インターベンション研究において，媒介者の役割の明確化が求められていることが示されている。また，Sköldberg and Woodilla（2014）では，アーティストの観点を取り入れる範囲を考慮すること，媒介組織を選択するときに誰の価値を重視するかを考えなければならないことが示されている。

　Haselwanter（2014）では，アーティスティック・インターベンションに関する研究は増加しているものの，創造性の評価に関しては問題が残されていることが指摘されている。Soila-Wadman and Haselwanter（2013）では，デザインマネジメントの視点での創造性と，伝統的な組織の創造性の関係を精巧に理論化させる必要があることが指摘されている。

　以上から，現在のアーティスティック・インターベンション研究においては，「媒介者の役割」と「創造性の評価」について課題があることが明らかになったといえる。また，アーティスティック・インターベンション研究という枠組みで，日本国内の事例を対象とした研究はまだほとんどない。よって，本章で明らかになった研究課題を踏まえ，同時にアーティスティック・インターベンションに関する日本国内事例を対象とした研究を進めることも，今後の課題である。


注釈
1) 2014年9月2日～4日に開催された，世界で最も大きいデザインマネジメントに関する国際会議である The 19th DMI（ Design Management Institute）: Academic Design Management Conference において，セッションのひとつとして "Section 1c: Design Management and Artistic Interventions" が置かれ，そこで7編の論文・研究報告が行われた（Bohemia, E., Rieple, A., Liedtka, J. and Cooper, R. (eds.), *Proceedings of the 19th DMI: Academic Design Management Conference*, London 2-4 September 2014, The Design Management Institute.）。
2) 公益社団法人 企業メセナ協議会（Webサイト），「メセナとは」http://www.mecenat.or.jp/ja/introduction/post/about/（2019年5月15日確認）。
3) デザイン思考に関する詳細の検討は，第3章を参照のこと。
4) 元看護師の戦略家，組織開発のコンサルタント，ITの専門家，プロセス・デザイナー，労働組合の代表者，IDEOのデザイナーが関わった。
5) 「創造的自信がなければデザイン思考には臨めない　IDEO CEO ティム・ブラウン氏インタビュー」『AXIS vol.168　特集 デザイン思考の誤解』株式会社アクシス，2014年4月1日，p.23。
6) 「カオスパイロットに学ぶ，混沌な状況を突破するクリエイティブリーダーシップ」

『AXIS vol.168 特集デザイン思考の誤解』株式会社アクシス，2014年4月1日，p.32。
7) 同上書，同頁。
8) これに対してブラウンは同注5で，複雑なプロセスを単純化して理解する問題自体を挙げ，デザイン思考は複雑でネットワーク的なプロセスであり，決してリニアなプロセスではない，と述べ，拡大解釈により一般的に汎用化され過ぎた現在のデザイン思考に対して意見を述べている。さらに，「デザイン思考は実は2つの部分から成り立っています。これまでツールのことしか語ってこなかったのですが，もう1つは創造における自信（クリエイティブ・コンフィデンス）です（注5）。」と述べ，デザイン思考におけるクリエイティブに関する補足をしている。

**参考文献**

Berthoin Antal, A. (2012) "Artistic Intervention Residencies and Their Intermediaries: A Comparative Analysis." *Organizational Aesthetics*, Vol.1: Iss. 1, pp.44-67.

Bohemia, E., Rieple, A., Liedtka, J. and Cooper, R. (eds.) (2014). *Proceedings of the 19th DMI: Academic Design Management Conference*, London 2-4 September 2014, The Design Management Institute.

Brown, T. (2008) "Design thinking." *Harvard Business Review*, 86 (6), pp.84-92.（「人間中心のイノベーションへ― IDEOデザイン・シンキング」『Diamondハーバード・ビジネス・レビュー』2008年12月号，ダイヤモンド社，pp.56-68.）

Czarniawska, B. and Sköldberg, K. (2003) "Tales of organizing: Symbolism and narration in management studies." In Czarniawska, B. and Sevón, G. (eds.), *The Northern Lights: Organization theory in Scandinavia*, Stockholm: Liber Abstrakt, 2003, pp.337-356.

Darsø, L.(2004). *Artful Creation: Learning-Tales of Arts-in-Business*, Fredriksberg: Samfundslitteratur.

Haselwanter, O. (2014) "Innovation Through Dumpster Diving?" *Proceedings of the 19th DMI: Academic Design Management Conference*, London 2-4 September 2014, The Design Management Institute, pp.561-581.

Hatch, M. J. (2006). *Organization Theory: Modern, Symbolic, and Postmodern Perspectives*, Oxford University Press.

Kelley, T. and Littman, J. (2001). *The art of innovation - Lessons in creativity from IDEO, America's leading design firm*, NY: Random House.（鈴木主税・秀岡尚子（訳）(2002)『発想する会社！―世界最高のイノベーション・ファームIDEOに学ぶイノベーションの技法』早川書房）

Linstead, S. and Höpfl, H. (eds.)(2000). *The Aesthetics of Organization*, London: Sage.

Sköldberg, U. J. and Woodilla, J. (2014) "Mind the Gap! Strategies for Bridging Artists and Organizations in Artistic Interventions." *Proceedings of the 19th DMI: Academic Design Management Conference*, London 2-4 September 2014, The Design Management Institute, pp.537-560.

Soila-Wadman, M. and Haselwanter, O. (2013) "Designing and Managing the Space for Creativity. Artistic Interventions for Strategic Development of an Organization in Resisting Environment."

Proceedings of the 2nd Cambridge Academic Design Management Conference, 4-5 September 2013, University of Cambridge.
Strati, A.(1999). *Organization and Aesthetics*, London: Sage.
Sutherland, I. (2014) "Art-based methods in leadership development: Affording aesthetic workspaces, reflexivity and memories with momentum." *Management Learning*, 44(1), pp.25-43.
Taylor, S. and Ladkin, D. (2009) "Understanding Arts-Based Methods in Managerial Development." *Academy of Management Learning & Education*, 8, pp.55-69.
Tonkinswise, C. (2011) "A Taste for Practices: Unrepressing Style in Design Thinking." *Design Studies*, 32(6), pp.533-545.
Welsch, W. (1997). *Undoing Aesthetics*, London: Sage.
阿部公正『デザイン思考　阿部公正評論集』美術出版社，1978 年
アクシス編集部『AXIS vol.168　特集 デザイン思考の誤解』株式会社アクシス，2014 年 4 月 1 日
鷲田祐一『デザインがイノベーションを伝える』有斐閣，2014 年

# 第3部
# デザインマネジメント研究の国際動向

# 第7章

# イタリアにおけるデザインマネジメント研究の動向

## 1. イタリアのデザインマネジメント研究に着目する意義

### (1) イタリアにおけるデザイン

　小山（2010）によると，イタリアにおけるデザインとは主に，「複数の人々がチームを組んで問題の解決に向けて実践するプロセス」のことを示す。そこでデザイナーは，「チーム統括者・リーダーとしてプロセスを管理し，予算・納期などに気を配りながら，より深く探求し取り組むべき課題について指示を出す役割」となる。よって，デザインを表す言葉には，「Progetto（プロジェット）＝プロジェクト」が用いられ，デザイナーは「Progettista（プロジェッティスタ）＝プロジェクトを統括する人」と呼ばれることが多い。

　また，小山（2010, 2012）は，イタリアのデザインプロジェクトでは，「プロジェクトのクオリティが製品の品質を決定する」と考えられており，そのチームを組むにあたっては，それぞれの分野で最高の専門家（例えば，精神科医・詩人・建築家・木工／石材／鉄器職人・社会学者等）を集め，膨大な時間をかけて実用的でユーモアを備えた美しいフォルムの製品を実現すれば，高い品質の製品を創ることができると考えられていることを指摘している。精神家医や詩人，社会学者までもがメンバーとして動員されるのは，人々の幸福につながるような新たなライフスタイルの提案を行うためには多角的に問題を検討し，コンセプトを練り上げてゆく必要があるからであり，もし社内で抱えてい

るデザイナーたちだけでチームを編成すれば，最終的な製品のクオリティが高くならず凡庸なものになると考えられているためである（小山，2012）。このように，イタリアでは，あえて「デザインマネジメント」という言葉を使わずとも，「デザイン」というもの自体が，複数の人員が関わるプロジェクトチームをマネジメントするプロセスとして捉えられている。

### (2) イタリアにおけるデザインマネジメント研究

　一方で，現在日本ではビジネスにおけるデザインの重要性に注目が集まり，「デザイン思考」の活用への興味・関心が高まっている。しかし，その注目のほとんどは IDEO とスタンフォード大学 d.school がデザイナーの行うデザインプロセスを汎用化しツール化した狭義の「デザイン思考」（Brown, 2009; Kelley and Littman, 2001 など）であり，これまでデザイン論やデザイン研究が追究してきた世界の多様なデザインの考え方や捉え方，思想・信念・文化を踏まえた「(本来の；広義の)デザイン思考」を参照するものではない[1]。

　それ故に，現在の日本のビジネスにおける「デザイン思考」活用の盛り上がりについては，デザイン実践者たちからはあまり積極的な興味が持たれず，実際のデザイン実務とは異質のものと捉えられているとの指摘もある（鷲田，2014）。よって現在の日本では，本来のデザインが持つ広範な知見をまだ十分にビジネスに活かすことができていない。我が国のデザインマネジメント研究者としては，この事態を単に批判的・悲観的に看過するのではなく，世界の多様なデザインの思考方法やその知見を，現在の日本のビジネス社会に十分に還元・流通させることができていない不備を自らの力不足として反省し，喫緊に取り組むべき課題として認識すべきであろう。そこで本章ではその取り組みの端緒として，まだ日本で十分に知見が共有されていない世界の多様なデザインの思考方法のひとつとして，イタリアのデザインを取り上げる。

　「ミラノ工科大学では，デザインマネジメント研究の方向性として4つのタイプが考えられている」と，クラウディオ・デレッラ（Claudio Dell'Era; ミラノ工科大学経営工学研究所・助教授（Assistant Professor, Department of Management, Economics and Industrial Engineering, Politecnico di Milano））は指摘している[2]。その4つのタイプとは，①モノかたちを決定するプロセスとしてのデザイン（Design as a shape），②工学的な設計・開発・生産プロセスとし

てのデザイン (Design-engineering)，③デザインをビジネスに応用する思考方法 (Design-thinking)，④製品の情緒・象徴的側面におけるイノベーションとしてのデザイン (Design as innovation of emotional and symbolic side of products)，である。このうち④の「製品の情緒・象徴的側面におけるイノベーションとしてのデザイン」が特にイタリアに特徴的なものである。

　イタリアでは，あるモノのかたち（フォルム）がどうしてそのようなかたちになっているのかを説明できる専門家がデザイナーと呼ばれる。深く要件を検討すれば，必然的に特定のかたちが実現される，とも言われるが，実現したかたち（フォルム）が，ユーザーにおいて様々な情緒を喚起して充足させ，同時に象徴的な意味合いをユーザーに認識させることを予め考慮して新製品の開発を行うことにイタリアにおけるデザインの特徴がある。ロベルト・ベルガンティ（Roberto Verganti；ミラノ工科大学経営工学研究所・教授）が強く主張しているように，イタリアのデザイン主導の製品開発は，消費者行動を精緻に分析したり，消費者の意見を聞いて消費者の満足度を上昇させることが成功に繋がるという考え方とは対極にある（Verganti, 2006, 2008, 2009, 2011）。

　人間の周りに存在するものは，かたち（フォルム）であり，かたちの集合が人為的な環境を形成している。イタリアのデザインにおいては，設計した人為的な環境に対して人間が共感的な態度を取ることが強く意識される。それは，周囲に存するフォルムの集合に対して人間が感情移入し，共生的な関係を取り結ぶようにデザインすることで，生活環境のクオリティ（質）を上昇させていくからである（Manzini and François, 1990, pp.97-98）。つまり，製品単体を設計することで，問題の解決が図られてデザインプロジェクトが終了するのではなく，設計されるのが個別の単体であっても，それが周囲の環境（空間）全体に与える影響が検討される。

　かつてデザイナーのエットレ・ソットサス（Ettore Sottsass）は，オリベッティ社でタイプライター Lettera 34 の開発に携わった際，「あなた方はパソコン単体の売り上げを伸ばそうとしてはいけない。従業員が快適に働けるようなオフィスのインテリア空間全体をユーザーに提案するようにしなければならない（佐藤, 2001, p.347）」と，何度もオリベッティ社に対して釘を刺したという。つまり，パソコンや FAX・プリンターは，オフィスのインテリア空間の一部に過ぎないのであって，インテリアの美観を損ねないような設計が求められるの

である。いわば，家具のようなオフィス機器でなければならない。これは，エアコンなどの空調機器も同様で，インテリアの美観という観点では，エアコンは天井に埋め込まれてしかるべきであり，天井に埋め込まれないタイプのエアコン単体の売上を伸ばそうとすれば，地中海式の生活様式に基づくオフィス環境（オリベッティ社のオフィスシステム ICARUS や Delphos などに代表されるオフィスのインテリア（Kicherer, 1990, pp.137-149））で暮らすことを望むヨーロッパ人からは拒絶されてしまう。ここでも個別製品を設計する際でもインテリア空間全体を考えるというこの点が，イタリアのデザインの特徴といえる。

　この環境（空間）づくりの専門家である側面が強く意識されるイタリアのデザイナーにとって，「人為的に設計された環境」と「自然」とが入り混じったものが現代の生活環境であり，この人為的に設計した環境に対しても人間は感情移入するという点が，イタリアでは強く意識されている。エツィオ・マンズィーニ（Ezio Manzini）によれば，人為的な環境によって汚染されていない「手つかずの自然」に囲まれて過ごすのは，現代では不可能であるという（Manzini and François, 1990, p.98）。換言すれば，現代の都市において，インテリア空間（内部）と建物の外観（外部）との区別は存在しない。都市環境全体が，その中で人々が暮らすという意味でインテリア空間として考えられるのであって，外部が考えられるとするならば，それは手つかずの自然であるという（Argan, 1956）。

　このようなデザインの解釈のもと，そのマネジメントはどのようにされているのであろうか。第1章では，近年のデザインマネジメント研究の中で注目される研究領域と概念を明らかにするため，当該研究の国際会議である CADMC（Cambridge Academic Design Management Conference）2013 に投稿された論文のキーワードを分析し，中心となる研究領域とその概念を提示した。そのなかで，特に近年注目される研究領域として，① Design Thinking を中心とした新製品開発についての研究領域，② Experience Design, Customer Experience を中心としたサービスデザインの研究領域，③ Strategy, Strategic Design を中心とした戦略的デザインの研究領域，の3つが抽出された。これらの分類は，近年のデザインマネジメント研究において，①デザインそのものがイノベーションの源泉として捉えられる様になったこと（Lockwood, 2010），②プロダクトとサービスを結びつけた製品開発の必要性について認知され始めたこと，そして，③デザイン思考の手法が普及し，新たな研究領域が生まれたこと，の影響

が強く感じられる(Johansson-Sköldberg and Woodilla, 2013)。

そこで本章でも，この3つの研究領域(「新製品開発」「サービスデザイン」「戦略的デザイン」)の分類を枠組みとして採用し，次節以降でイタリアのデザインマネジメント研究の特徴と動向の詳細を明らかにしていく。

## 2. イタリアのデザインマネジメント研究の特徴と動向

### (1) 新製品開発を対象とした研究領域

① イタリアの製品開発における組織形態

Zurlo et al. (2002)は，イタリアの照明機器製造企業6社のケーススタディを行い，それらの組織形態の特徴を明らかにしている(図7-1)。

デザインプロジェクトの自由度という点で最も革新的であるデザイン主導型の企業はネモ(Nemo)社である(図7-1下段右下)。図7-1の横軸は，照明機器製造業の企業規模が大きくなるにつれて，製造が国際化していく程度を示している。他方，図7-1上段は，企業の内部でデザインの理解度が高い・深い人が，サプライヤーなどから成る重層的な取引先ネットワークを調整・マネジメントする様子を示している。そこでは，デザイナーはネットワークの構成要素の1つとして，企業の管理下に置かれる。アルテミデ(Artemide)やフロス(Flos)社がこのタイプに該当する。

図7-1下段左下は，デザインプロジェクトを任されたデザイナーが，取引先のネットワークを調整・マネジメントする様子を示しており，ここではデザイナーが企業の管理下に置かれないため，そのデザインの自由度が高い（独自のアイデアをプロジェクトに盛り込み易い)。図7-1下段右下が表わしているのは，製品開発プロセス全体（製品のプロトタイプの作成・技術的な解決策の決定・チーム編成など）をデザイナーやデザイン工房が請け負うことであり，ネモ社がこれに該当する。このタイプのデザインプロジェクトを請け負うデザイン工房としては，自動車のデザインで有名なピニンファリーナ(Pininfarina)なども挙げられる。図7-1の上段から下段に移行することで，デザインの自由度が高まるため，より一層，デザイン主導の製品開発が可能となる。

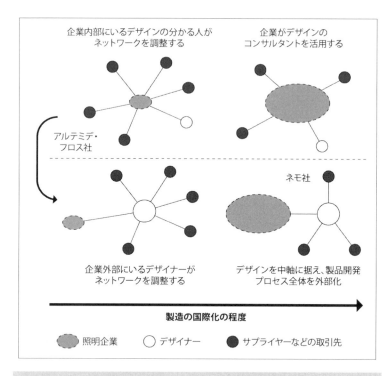

図7-1：イタリアにおけるデザイン主導企業（照明機器製造企業）の組織形態（Zurlo et al., 2002 より筆者作成）

② デザイン・ドリブン・イノベーション[3]

イタリアのデザイン・製品開発の特徴として前節および前項にて，①デザインにおいて製品の情緒・象徴的側面を深く考慮すること，②デザインの自由度を高めるための組織形態，の2点について述べた。しかし，この2点だけでは，卓越したデザイナーやデザイン組織にすべてを一任してしまえば，よい製品開発ができるとの解釈（誤解）を生む可能性があり，イタリアの製品開発の特徴をよく説明しきれていない。そこにはデザインを活用する企業の経営層が考えるべきマネジメントと戦略の視点が欠けている。Verganti（2009）は，この点を体系化し「デザイン・ドリブン・イノベーション」としてまとめている。デザイン・ドリブン・イノベーションは，①意味の急進的なイノベーション（radical innovation of meaning）とテクノロジーエピファニー（technology epiphany），②

デザインディスコース(design discourse)という要素から構成される。

　Verganti（2009）は，製品の情緒・象徴的側面を「製品の意味」と定義し，Krippendorf（1989）が述べた「ヒトは，モノの物理的な質ではなく，ヒトに対するそのモノの意味に基づいて，理解や行動をする」「デザインとはモノに意味を与えるものである」という指摘を参照することで，デザインにおける意味の重要性を示している。製品の意味がいかに消費者の購買行動に影響を与えるかについては，これまでマーケティングや心理学などの研究においても多くの知見が示されてきた（Solomon, 1983 など）。この製品の意味を革新するためには，感情（Demirbilek and Senar, 2003），象徴的価値（Dittmer, 1992），生活のコンテクスト（Kleine and Kernan, 1988）などの社会文化的モデルの分析が重要となる。Verganti（2009）は，イタリア企業においてこの社会文化的モデルを分析し，そこに市場ニーズに応えていくという漸進的な進歩ではなく，人々への提案を行うためにモノの意味の急進的な変化を促す「意味の急進的なイノベーション」を中心に製品開発を行っている事例を明らかにした。そこでは意味と技術が相互に作用することで，モノの新しい意味が姿を見せる。この相互作用の領域を Verganti（2009）は，「テクノロジーエピファニー（技術が悟る瞬間）」と呼んでいる（図 7-2）。

　また Verganti（2009）は，デザイン・ドリブン・イノベーションを実現するには「デザインディスコース」に参加し，対話し，相互作用することが重要であると述べる。デザインディスコースとは，デザインという共通価値を共有する者同士の間でなされるさまざまな意思伝達，叙述実践活動など包括的に意味するものとされ，メーカー，ユーザー，供給業者，支援サービス，大学・研究センター，展示会，出版社などのデザインに関わる参加者で構成されるネットワークとして現れる（図 7-3）。

　企業が単独でデザイン・ドリブン・イノベーションを達成するのは難しく，デザインディスコースを構成する様々な解釈者（interpreters）との相互作用を形成することでそれは達成される。前述したような，卓越したデザイナーやデザイン組織にすべてを一任してしまえば，よい製品開発ができるとの解釈はここで却下される。卓越したデザイナーやデザイン組織は，デザインディスコースを形成するひとつのアクターであり，人々へ提案を行うために社会文化モデルを検討し，意味の急進的なイノベーションを導くには様々な分野の多くの解釈

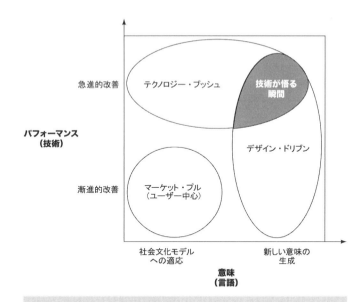

図 7-2：意味と技術の相互作用（Verganti, 2009 より筆者作成）

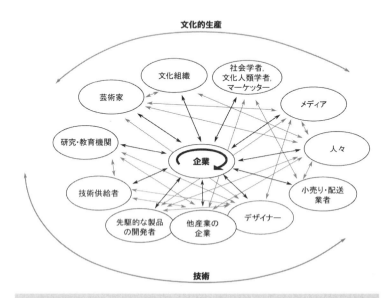

図 7-3：デザイン・ディスコース（Verganti, 2009 より筆者作成）

者との相互作用が重要となる。

　しかし，このデザイン・ドリブン・イノベーションについて，Verganti（2009）が任天堂やアップルおよび，イタリアの企業数社の事例を示しているものの，まだ事例分析数が少なく，業種による特徴の抽出やその比較などは行われていない。日本での事例研究（金光，2013; 北嶋，2013; 久保，2018; 森永，2012; 佐伯・岩谷，2014; 杉野，2013）も行われているが，その分析・検討は，デザイン・ドリブン・イノベーションを構成する①意味の急進的なイノベーション（radical innovation of meaning）とテクノロジーエピファニー（technology epiphany），②デザインディスコース（design discourse）という2要素のうち①に比重が置かれたものが多く，これらを包括的に分析・検討した研究はまだ少ない。よって，日本におけるデザインディスコースの動態分析が今後重要になるが，このデザインディスコースはイタリアに特有なものであるとも考えられる。今後この特性の地域・文化性を考慮した整理と有用性の解析が行われた上で，日本にこの知見を適用していくための実践を伴うアクションリサーチが必要となるだろう。

## （2）サービスデザインを対象とした研究領域

### ① デザインマネジメントにおけるサービスデザイン研究

　近年，デザインマネジメントの領域においても，サービスに対する研究が増加している。これはサービスにおける，顧客との接点をデザインするという観点である。このようなサービスに対するデザインという考え方は，サービスデザインという新たな用語を生んでいる。サービスデザインの定義は，Gummesson（1991）によると，「サービスのコンセプトを図面やフローチャートに具現化させる」ことである。これは，Shostack（1977）のサービスブループリント（Service blueprint）[4]にその源流が見られる。サービスはインタンジブルな特性を持つが，サービスを構成するいくつかの各要素は，タンジブルな特性を持つ。

　例えば，Shostack（1977）は，例として航空機産業のサービスを挙げ，飛行機や広告，チケット，飲食品などはタンジブルであることを指摘している。つまり，サービスが提供される場（Service encounter）[5]では，顧客にインタンジブルな体験が提供されるが，その周辺にタンジブルな要素が存在するということで

ある。そのために，タンジブルな要素がインタンジブルな体験の顧客満足に大きな影響を与える。それゆえに近年は，デザイナーの役割がサービスにおいても注目されるようになり，その研究が進むに連れて，デザイナーの顧客観察の方法や顧客の製品開発への巻き込みに関するデザイナーの貢献にも焦点が当てられるようになってきた。

　その一方で，本章が焦点を当てるミラノ工科大学が行っているサービスデザインの考え方は，単にサービスを具現化する方法ではなく，ソーシャルイノベーションにまで言及している。これは，コミュニティに対して新たな課題設定を行うことで，コミュニティが持つ規範自体を見直し，製品やサービスが持つ意味を革新することを目的としている。つまり，デザイン・ドリブン・イノベーションの概念と密接に結びつくものとして，サービスを捉えている。

　ミラノ工科大学でサービスデザイン研究を先導したエツィオ・マンズィーニ（Ezio Manzini）は，デザイナーでありながら，社会のサスティナビリティを実現することを1つの研究対象としていた。彼をはじめとする研究グループは，環境負荷を軽減する手段として製品とサービスを統合することを推進し，新たな社会を構築するプロセスにおいて，デザイナーの役割がどう変わるかという視点で研究を展開している（Pacenti and Sangiorgi, 2010）。単に1つの製品を考えるだけでなく，生活に関わるあらゆる製品やサービスを包括的に検討し，新たな共同生活のパターンを生み出そうとしたのである（Jégou and Manzini, 2008）。彼らは，このようなサービスの捉え方を，コラボラティブ・サービス（Collaborative service）と定義し，デザイナーの役割について「設定された課題に対して実現可能なソリューションを開発すること」であると述べている（Pacenti and Sangiorgi, 2010）。

　② 経験価値と価値共創
　サービスデザインのベースとなる概念の1つとして経験価値が挙げられる。モノやサービスに対してだけでなく，それらを購買・使用・廃棄する過程でどういった経験が得られるかを顧客が求める価値として捉えたものが「経験価値」である[6]。Schmitt（1999）が，経験価値を特性に応じて5つのタイプ（SENSE, FEEL, THINK, ACT, RELATE）に分類し，戦略的枠組みを提示したことを契機に，学術・実務の両面でその重要性が注目され始めた。

この経験価値の概念が提唱された背景として，マーケティング研究や消費者行動研究の分野における「消費経験論」と呼ばれる研究群が存在する。1970年代の消費に関する研究では，消費者が，製品のタンジブルな属性で測られる要素である「機能」の総体としての「効用」が最大化されることを望んでいる，という見方が主流であった。それに対して，Hirschman and Holbrook（1982）は，消費の経験的な視点に注目し，快楽的な消費の考え方を示した。商品の選択や使用における感情的な要求を満たすことの重要性を指摘したのである。

　これ以降，消費における感情的な側面に関する研究が進められ，その中で消費者行動論の領域に留まらず，経験の概念が注目される契機を提示したのが先述のSchmitt（1999）であった。Pine and Gilmore（1999, pp.28-29）は，コモディティ，製品，サービスの次に来る第四の経済価値として経験をサービスから区別した。彼らは，個々人のその時々の気持ちや状況が，ステージングされたイベントと相互作用する過程で経験が生まれてくると経験の特徴を説明する。

　このPine and Gilmoreの説明に価値の創造における相互作用の要素が見られるが，2000年代に入ってからは，インターネットが発展し，企業と顧客の接触が活発になったことにより，企業単独ではない価値創造について活発に検討がなされるようになった。特に企業と顧客の関係をどう捉えるか，企業と顧客の関係の中のどこで価値が創造されるのかが頻繁に議論されるようになった。Prahalad and Ramaswamy（2004）は，製品を通じた価値創造から，企業が消費者との共創経験[7]を通じて価値創造を実現すると主張している。顧客との関わり方も多種多様となり，経験もパーソナル化が進む。そうした状況では顧客を観客とした価値創造ではなく，顧客の関与を前提としたプロセスが重要であると考えられたのである。

　このような議論の中で，後の議論に強い影響を与えたのがVargo and Lusch（2004a）が提唱した「サービス・ドミナント・ロジック（S-Dロジック）」である。S-Dロジックでは，企業と顧客の相互作用によって価値が共創されると考えられている。この価値の共創とは，企業が提供するナレッジやスキルとしてのサービス[8]を顧客が使用して初めて価値を生み出すということを意味している。このS-Dロジックでは顧客の経験はどのように捉えられているのだろうか。このロジックで中心となる価値とされているのが文脈価値であるが，文脈価値とは顧客がグッズやサービシィーズ[9]の使用・経験を通して共創され

る価値であり，そのために主観的で状況依存的なものである（Vargo and Lusch, 2008）。Teixeira *et al.*（2012）によるとS-Dロジックの考え方では，経験価値はデザインされるというよりも，むしろ様々なサービスの要素と顧客の相互作用を通して共創されるとしている。その代わり企業は，経験価値のためのサービスをデザインするのである（Patrício, 2011）。これらのS-Dロジックと先述のSchmittやPine and Gilmoreの議論では，顧客と企業の相互作用の中でどのような経験が生じるかが重要視されていること，さらに価値を創りだすのは顧客自身であり，企業の役割は相互作用的に顧客が価値を作り出せるようにすることが共通していると考えられる。

ところで，この価値共創の考え方はどのような背景から生じたのか。藤岡（2015）によると，サービス・マーケティングに関する研究は，大きく北米型の研究と，北欧における北欧学派（ノルディック・スクール）の研究の2大潮流に分けられる。北米型のサービス研究はマーケティング・マネジメントが扱った有形財（グッズ）と同様に無形財を捉え，サービス産業での交換価値を対象に考察している。その後，顧客が価値を生み出すプロセスとしてサービスを捉えるようになった。それに対して，北欧学派は，産業財の取引を中心に企業と顧客企業との相互作用やサービスの視点を重視して発展してきた。産業財取引は，特定の企業間で継続的に相互作用を実施することで実行される。したがって，必然的に企業は顧客と長期的な信頼関係を構築して利用・消費する段階での価値を重視する。その理由から北欧学派は，サービスをプロセスとして動態的に捉えることからスタートしている。このように北欧のサービス・マーケティングの文脈では，S-Dロジックが提唱される以前から企業と顧客との相互作用について論じられていた。

③ プロダクト・サービス・システム（PSS）

経験価値の研究がマーケティング分野で進むに連れて，次の段階として開発段階でどのように経験価値をサービスによってデザインするかという視点，つまりサービスデザインの研究分野が生まれてきた。初期のサービスデザイン研究を先導したのが，ミラノ工科大学の研究チームであった。彼らの研究は前述した北欧のサービス・マーケティングの流れの中で行われたと考えられる。Pacenti and Sangiorgi（2010）によると，ミラノ工科大学のサービスデザインの研

究は，デザインスクールのエツィオ・マンズィーニと2人の修士の学生によって行われた研究がその第一歩であった．彼らのサービスデザイン研究が，前述した経験価値の研究と視点を異にしているところは，環境負荷の軽減の手段としてサービスを捉えていること，また製品とサービスがどのように統合されて提供されるかというデザインの新たな領域としてサービスを取り扱うことの意義が述べられた点である[10]。環境的かつ社会的な持続可能性に対する答えとして，サービスデザインを潜在性のある戦略として捉えているのである．

このようなサービスデザイン研究の中で，プロダクト・サービス・システム（PSS）という概念が，1つの大きな研究領域として発展している．PSS は，製品とメンテナンスや保証などのサービスをシステムとして捉え，効率的に提供し，プロダクトライフサイクル全体で収益性を高めることを目的としている．つまり，これは大量生産・大量消費という環境負荷が高いビジネスモデルに対する1つの新たな提案と考えることができる．これはデザインという視点だけでなく，工学的な視点からも多くの研究が行われている．これらの研究では，開発段階にサービスを効率的に行える設計思想を取り入れるツールや方法論の開発が中心である（e.g. Sundin, 2009）．この PSS においても，その源流はミラノ工科大学の研究に見られる[11]。近年多くの PSS 研究者から引用される Morelli（Morelli, 2003 など）は，2005 年にミラノ工科大学で博士論文を執筆するなど，ミラノ工科大学の研究がその後の PSS 研究に多大な貢献をしていることが明らかである．

近年の PSS 研究は，イノベーションやサプライチェーンのマネジメントの領域にも広がっている．Baines *et al.*（2007）はその多様な PSS 研究の広がりを分析し，特徴を明らかにしている．その中の1つの発見は，PSS 研究がオランダや北欧でも行われ，2000 年から 2004 年に Journal of Cleaner Production にて最も盛んに論文が投稿されていたことである（e.g. Mont, 2001）．彼らは，その中でもミラノ工科大学の貢献の大きさに言及している．また別の発見として，マーケティング分野で発展してきた製造業のサービス化のプロセスを研究したサービタイゼーション研究[12]の一種として，PSS を捉えることができることを明らかにしたことが挙げられる．つまり，マーケティング分野とデザインや工学分野の研究の焦点が同じ方向性に向いていることを表している．

その一方で，ICT 技術の発展に伴って，Web やスマートフォンを介したサー

ビスの提供が増加している。Valencia et al. (2015) は，このようなサービスと製品を統合した提供を Smart PSS と定義し，そのデザインの特性を明らかにした。このような PSS は，従来から提供されてきた Web を介したサービスが，スマートフォンのような製品の出現により，いつでもどこでも提供できるようになってきたことによって発展している。Valencia et al. (2015) は，従来研究から Web を介したサービスの特徴として，①双方向のコミュニケーション（Rust and Kannan, 2003），②セルフサービス（Meuter et al., 2000）を挙げており，技術的な発展がサービス提供者とユーザーの間に新たなダイナミクスを形成したと指摘している。これはユーザーとコンピューターのインタラクションに関する研究であり（Kaptelinin and Narde, 2006; Sangiorgi and Clark, 2004），ミラノ工科大学においても Sangiorgi (2004) が博士論文にまとめている。これらの研究は，インタフェースのデザインとして現在進展している。

　以上のように，元々顧客との共創という概念が根付いていたヨーロッパにおいて，ミラノ工科大学がサービスデザイン研究を主導してきたことが明らかになった。次項では，そのような背景として存在するイタリアの産業の事例を確認する。

　④ イタリアの高級クルーザー産業における PSS
　ミラノ工科大学がサービスデザイン研究を先導した要因として，イタリアの製造業には顧客満足を得る手法としてサービスを提供する文化が根付いていることが挙げられる。ここでは，その事例としてイタリアのクルーザー産業を取り上げる[13]。その理由として，クルーザーは年間 500 台程度しか販売されない市場であり，かつすでに故障したクルーザーでも職人の手により修理され，再び現代に使用されるサスティナブルな産業である。つまり，大量生産・大量消費ではなく，本当に顧客が満足するものだけを時間とコストをかけて開発し，さらにそれが長期間使用されるのである。また，それを実現するために，製品の開発段階から，顧客へ提供した後の運用段階まで継続してサービスが提供されていることが挙げられる。本分析では，企業と顧客の関係性に注目し，顧客がどのように顧客満足を得て，企業との関係性の質を高めているのかを，リレーションシップ品質（relationship quality: 大平, 2011）[14]の概念を使用して，説明する。リレーションシップ品質とはサービスにおける顧客から企業に与

える信頼やコミットメントを意味しており，Rha（2012）は，顧客満足は，企業と顧客の信頼の結果として生まれることを明らかにしている。

　イタリアのクルーザー開発の特徴の1つとして，多くの職人の技術によって実現されることが挙げられる。その技術は決してマニュアル化されず，その製品毎に適用される特別な技術である。例えば，フェレェッティグループ（Ferretti Group）のヤードであるCRNは，職人の技術を使用し，徹底的に顧客のカスタマイズの要望に応えている。さらに特徴的なことは，その開発段階に顧客を参加させ，開発のストーリーを共有することである。この体験は顧客にとって2つの役割を持っている。

　1つ目は，顧客のカスタマイズの要望を実際に開発段階のモノを見ながら要求できることである。近年，デザインマネジメントでは，プロトタイプの役割が注目されているが（Kelley and Littman, 2001; Veryzer, 2005），人は実際にモノを目の前にしたときに，そうでない場合に比べて，意見が出しやすい特徴がある。特に，クルーザーの顧客は専門家ではないため，顧客が想像するものと近づけるために，よりプロトタイプの重要性が増してくる。2つ目は，職人による見えない技術を理解できることである。このようなサービスを伴わない製品では，最終形態の外観が顧客との最初の接点となる。そのため，顧客は製品の外観のみから製品の機能や審美性，象徴性を解釈し，そこから感情を生み出す（Crilly et al., 2004）。そのため，製品の外観に現れない製品内部の職人の技術は，製品の外観からは理解することができない。それに対して，CRNヤードでは実際の製造工程を顧客に見せ，さらに丁寧にその工程を説明することで，職人の技術の価値を見出せるようにしている。

　このように開発・製造工程を開示し，それ自体を共有することで，顧客は完成したときのイメージを具体的に持ち始める。さらに，その場で顧客が新たなニーズを生み出すことは，まさに価値共創の実現である。この価値共創は，顧客とのリレーションシップ品質を高めることができ，結果的に顧客満足度を高めることにつながるのである（Rha, 2012）。

　PSSは製品の所有権の持ち方によって3つに分けられる。1つは，企業が製品の所有権を維持しながら，顧客はその製品を使用した結果だけに対価を支払う方法である。2つ目は，前者と同様に企業が所有権を維持し続けるが，リースとのように顧客が手元に製品を置いて使用し続ける方法である。最後は，顧

客が所有権を持ち，メンテナンスなどのサービスが継続的に提供される方法である。クルーザーの開発・製造が完了した後でも継続的に続くクルーザーのチャーターサービスは，このうち1つ目のPSSに該当する。イタリアのクルーザーのチャーターサービスを提供する代表的企業としてモンカーダ(Moncada)が挙げられる。モンカーダを経営するモンカーダ・ファミリーのアロイーザ(Aloisa)は，顧客がクルーザーによって素晴らしい製品体験を得るために，クルーザーに関わるあらゆるサービスを提供している。それは，顧客が選んだクルーザーのチャーターのみならず，ルートの選定や目的地の選択，寄港地や食料，燃料の補給のアレンジ，それ以外の顧客のすべての要求に答えている。顧客の単なる希望を聞くだけでなく，顧客のライフスタイルに合致したクルーザーを選択し，一連のクルーズを提案するのである。

　これらのサービスを実現するために，地中海周辺に位置する様々なパートナーと協働している。イタリアのクルーザー産業の特徴として，一社だけでは実現できないサービスを様々な企業や職人とのネットワークを形成することで実現していることが挙げられる。彼らが行っていることはライフスタイルの提案であり，そのためにはシームレスなサービス提供が求められる。顧客がサービスの機能を正確に理解するためには，このシームレスなサービス提供が重要となる(Goldstein *et al.*, 2002)。

　以上をまとめると，イタリアのクルーザー産業では，顧客との共創経験により満足度を高めるために，製品販売前から販売後までシームレスにサービスが提供され続けており，これが顧客とのリレーションシップ品質を高める役割をしている。イタリアでは元々製造業においても単に製品を提供するのではなく，顧客へライフスタイルを提案することが重視されている。このようにライフスタイルの実現は，前述したようにエツィオ・マンズィーニが提唱する新たな生活スタイルの提案と密接に関連する。製品とその製品による経験価値を提供することで，顧客は経験価値によって得られる感情を製品に昇華させることが可能になると予測される。これはデザイン・ドリブン・イノベーションが意味のイノベーションの重要性を提案していることに対し，それを実現する1つの方法として製品とサービスによる経験価値を統合することが考えられる。今後の研究として，サービスが意味のイノベーションにどのように関係するか，そのメカニズムを明らかにすることが重要になってくるものと考える。

## (3) 戦略的デザインを対象とした研究領域

① 戦略的デザイン（Strategic Design）とデザイン戦略（Design Strategy）

デザインマネジメント研究は，Farr（1965）のデザイン代理店を対象とした研究から始まったと言われ，これまで多くのマネジメントモデルの検討が行われてきた（Boland and Collopy, 2010; Borja, 2003; Cooper and Press, 1995; Dumas, 1987; Gorb and Lorenz, 1990）。これまでのそれらのモデルを検討した Acklin and Fust（2014）は，①基本的なデザインマネジメントのモデルである「シンプル・ベイシックモデル」，②経営管理層から実務レベルまでのそれぞれにデザインへのデザインの貢献を示した「インテグレーションモデル」，③デザインを競争優位の源泉であるコンピテンシーとして捉えた「ダイナミックモデル」，④起業家との協働によるビジネス機会の探索（exploration）や活用（exploitation）といった側面がデザインの新たな役割であるとされる「アントレプレナーモデル」の4つに分類している（表7-1）。

このようにデザインと経営戦略の関係は，これまで多くのモデルにおいて検討されており，そのデザイン能力や戦略への貢献は多岐に渡っている。ここで重要なのは，戦略的デザイン（Strategic Design）は，デザイン戦略（Design Strategy）とは異なる意味で用いられていることである（Stevens and Moultrie, 2011）。一般にデザイン戦略という言葉を用いる場合は，全社的な経営戦略のレベルとして用いるよりは，むしろデザインを実行するための長期的な製品戦略のプランとして用いられる。デザイン戦略が，経験を積んだデザイナーやデザインマネジャーの明確な実践である一方で，戦略的デザインは，ステークホルダー間の相互作用を含み，組織の中で明示的に認識されていないデザインの導入による効果を含んでいる。このように，戦略的デザインの概念の範疇では，デザインの活用から得られる利益はよくデザインされた製品やサービスからだけでなく，組織内外でのデザインのよりよい活用から得られる包括的な効用を含んでいる（Stevens and Moultrie, 2011）。

加えて，近年では，ビジネスとデザインが結びついた新しい領域が生まれつつある。デザイナーの思考法を手法化し，チームでの問題解決を行うデザイン思考や，サービスデザインといった概念は広く認知され，公共セクターにおいてのプロジェクトや非営利組織の活動にまで広がっている。実際に，近年では経営コンサルティング会社がデザイン会社を多く買収していることや（日経コ

表7-1:デザインマネジメントの4つのモデル（Acklin and Fust（2014）より筆者作成）

|  | シンプル・ベイシックモデル | インテグレーションモデル | ダイナミックモデル | アントレプレナーモデル |
|---|---|---|---|---|
| ゴール | 効果的で効率的なデザイン（プロジェクト）マネジメント | 各部門に渡るタッチポイントの組織化 | デザインによる転換 | 新たなビジネス機会の探索 |
| モード／態度 | 選択的なデザインの活用 | 統合されたデザイン | デザインによる転換 | デザインによる探索と活用 |
| 組織プロセス | 新製品開発，ブランドデザインに関するデザインプロジェクト等 | 顧客体験に寄与するすべてのプロセス | 戦略マネジメント，イノベーションマネジメント，プロセスのデザイン，マネジメントの転換 | 戦略マネジメント，戦略的レベルでのデザインマネジメント |
| デザイン能力 | デザイナーの獲得とブリーフィング　デザインプロジェクトのマネジメント，評価 | 計画，コーディネーション，方向付け，浸透としてのデザイン | 企業の組織能力のデザイン　組織編成，リソースの設定，形成 | 創造，再認識，評価，機会の探索 |
| 実践者 | マーケッター，プロダクトマネジャー，デザインマネジャー | デザインマネジャー | デザインリーダー，マネジャー，シニアマネジャー | デザインリーダー，マネジャー |
| 経営戦略への貢献 | 製品の改善，製品の外観等 | 一貫したポジショニング | 戦略的柔軟性と競争優位 | 新規ビジネスセグメント，ベンチャー，スピンオフ |
| 関連する代表的な文献 | Farr（1965），Topalian（1979） | Cooper and Press（1995） | Borja（2011） | Acklin and Fust（2014） |

ンピューター，2016），スタートアップ企業でのデザイナーの活用といった事例が多く存在している（日経ビジネス，2016）こともあり，表7-1のデザインマネジメントモデルの4つ目に挙げられた，アントレプレナーモデルという新たなモデルが実践的に検討されてきている。

特に，これまでデザインマネジメント研究では，マネジャーの持つ意思

決定の態度（Decision attitude）とデザイナーの持つデザインの態度（design attitude）の比較検討を行った研究が行われ（Boland and Collopy, 2004; New and Kimbell, 2013），デザインとマネジメントの態度の違いについて検討されてきた。デザイナーの持つデザインの態度について，Michlewski（2015）は，①不確実性・曖昧性を包含する（Embracing Uncertainty and Ambiguity），②深い洞察に従事する（Engaging Deep Empathy），③五感の力を包含する（Embracing the Power of the Five Senses），④いたずらっぽく生活に物事をもたらす（Playfully Bringing Things to Life），⑤複雑性から新たな意味を創造する（Creating New Meaning from Complexity）の5つの要素を明らかにしている。Acklin and Fust（2014）は，このようなデザイナーの持つ態度と，起業家の持つ態度を比較し，新たな機会の探索といった点で共通の思考を持つことを指摘している。

また，起業家の認知プロセスを検討したSarasvathy（2008）は，起業家は市場を所与のものとは考えず，むしろ創造できるものと考え，自らのネットワークやリソースを紡ぎ合わせて市場機会を探索するエフェクチュエーション（effectuation）の論理を用いることを明らかにした。このような起業家の態度は，デザインの態度とも共通する部分が多く見られるという（Acklin and Fust 2014）。デザイナーは，デザインの課題を客観的な所与のものとしてではなく，それぞれ異なる問題の解釈を通してデザイン課題（問題・目標・リソース・状況）を構築し，問題領域とソリューション領域の間を往復することで，分析・統合・プロセス評価を繰り返しながら少しずつ問題の定式化と解決のアイデアを洗練させていく（Dorst and Cross, 2001）。こうした問題領域の把握や機会の特定といった部分で，デザインのプロフェッショナリズムとアントレプレナーシップには共通点が見られ，デザインのアントレプレナーシップへの貢献という新たな領域が広がりつつある。

② ミラノ工科大学における戦略的デザイン

これまで述べたように，近年ではプロダクト・サービス・システム（PSS）をはじめとして，製品単体のデザインから製品を中心としたシステムやサービスを含む総合的なデザイン領域へとデザインの貢献が広がっている。ミラノ工科大学のデザインスクールに所属するManzini and Vezzoli（2002）の研究では，このようなデザインによる持続的なイノベーションへの貢献を，戦略的デザイ

ンとして捉えている。戦略的デザインとは，新しいステークホルダーのネットワークを構成することや，製品・サービス，コミュニケーションの接続されたシステムをデザインすることを通した，中長期のプランを含む包括的なデザイン行為である。このような視点から，ミラノ工科大学ではサービスデザイン，戦略的デザインを専門にしたマスターコース(修士課程)を組織している[15]。

　ミラノ工科大学における戦略的デザインは，特に前述の組織の中での包括的な貢献よりも，PSS をデザインするための実践的な視点を持って進められてきた。Meroni（2008）は，戦略的デザインの特徴のひとつは，ユーザー中心デザイン（UCD: User-CenteredDesign）からコミュニティ中心デザイン（CCD: Community-Centered Design）への転換であると指摘している。近年のヨーロッパにおける社会問題への持続的なソリューションとして PSS の構築の必要性が高まっており，より社会的・倫理的で公共的な側面から新たな価値を創造することが目的とされている。一方で Meroni（2008）は，戦略的デザインと PSS の明確な違いについて，その取り組むべきイノベーションの性質にあることを指摘している。戦略的デザインという言葉を用いる場合，それは急進的なイノベーション（radical innovation）を創出するプロジェクトに取り組む場合であると述べている。

　このように，ミラノ工科大学では，戦略的デザインのより実践的な側面に着目し，サービスデザインに関しての新たなプロフェッショナルを育成している（表 7-2）。

## 3. イタリアにおけるデザインマネジメント研究の動向から見える課題

　現在日本ではビジネスにおけるデザインの重要性に注目が集まり，「デザイン思考」の活用への興味・関心が高まっているが，そのほとんどは IDEO とスタンフォード大学 d.school が提唱する狭義の「デザイン思考」であり，これまでデザイン論やデザイン研究が追究してきた世界の多様なデザインの考え方や捉え方，思想・信念・文化を踏まえた「(本来の；広義の) デザイン思考」を参照するものではない。筆者らは，我が国のデザインマネジメント研究者としてこの事態を看過せず，世界の多様なデザインの思考方法やその知見を，現在の日

表7-2:ミラノ工科大学における戦略的デザインの特徴(Meroni(2008)より筆者作成)

| 戦略的デザインの要素 | 特徴 |
|---|---|
| 進化 | 急進的なイノベーションを創造することを目的とした活動を通して,システムの進化というかたちでブレークスルーをもたらす。 |
| 課題設定と問題解決 | 課題設定(what)と問題解決(how)の2つの側面を持つ。課題設定では,新たな社会問題をどのように定義するか(knowing what)を重視する。 |
| ソーシャルイノベーション | 技術や生産のイノベーションだけでなく,人々の生活や行動のイノベーションを目的に,新しいアイデアの仮説を構築し,在るべき未来のためのビジョンとして提案する。 |
| シナリオの作成 | 問題解決の方法として,シナリオを作成することによって,ビジョンを真実味のある仮説に変換する。ツールや体験を通してビジョンを共有し,情報を翻訳し,討論を行うことを可能にする。 |
| コ・デザイン | ユーザー中心デザインからコミュニティ中心デザインへの転換によって,社会・文化的側面のニーズへの理解を促進し,社会コミュニティと協働することでソリューションを創造する。 |
| 戦略的な対話 | 課題設定の段階から課題解決の活動を通して,戦略的な対話(Strategic dialogue)を行う。人々の生活や行動を想像し,影響を与え,ビジョンを創造し,プロフェッショナルの視点からより良い体験を与えるという意味で,ストラテジックデザイナーはファシリテーターではなく,セラピストである。 |
| 組織能力開発 | 課題の本質を理解し,新たな見方やビジョンを創出し,ツールや知識のプラットフォームを生成する実践プロセスを通して,混沌の中から意味を想像する組織能力を構築する。 |

本のビジネス社会に十分に還元・流通させることができていない不備を猛省し,喫緊に取り組むべき課題として認識している。

　そこで本章では,その取り組みの端緒として,まだ日本で十分に知見が共有されていないイタリアのデザインマネジメント研究の特徴と動向を明らかにすることを目的とし,関連研究の検討を元に考察を行った。検討と考察にあたっては,第1章・第2章の分析による近年のデザインマネジメント研究で注目される3つの研究領域:「新製品開発」「サービスデザイン」「戦略的デザイン」の分類を枠組みとして採用した。

本章における検討と考察の結果,「新製品開発」においては,イタリアの製品開発の特徴として①デザインにおいて製品の情緒・象徴的側面を深く考慮すること,②デザインの自由度を高めるための組織形態(図7-1),が抽出された。これらを統合・体系化したマネジメント論・戦略論として,ミラノ工科大学のロベルト・ベルガンティによるデザイン・ドリブン・イノベーション(Verganti, 2009)が提唱されている。この理論は①意味の急進的なイノベーション(radical innovation of meaning)とテクノロジーエピファニー(technology epiphany)(図7-2),②デザインディスコース(design discourse)(図7-3)という要素から構成される。デザイン・ドリブン・イノベーションの事例分析はまだ少なく,その分析も①の要素に傾倒しており,特に日本におけるデザインディスコースの動態分析が今後重要になる。ただし,このデザインディスコースはイタリアに特有なものであるとも考えられ,この特性の地域・文化性を考慮した整理と有用性の解析が行われた上で,日本にこの知見を適用していくための実践を伴うアクションリサーチが必要となるものと考える。

　「サービスデザイン」においては,顧客との共創という概念が根付いていたヨーロッパにおいて,ミラノ工科大学がサービスデザイン研究を主導してきたことを明らかにした。このサービスデザインの考え方は,単にサービスを具現化する方法ではなく,ソーシャルイノベーションにまで言及し,コミュニティに対して新たな課題設定を行うことで,コミュニティが持つ規範自体を見直し,製品やサービスが持つ意味を革新することを目的としている。つまり,デザイン・ドリブン・イノベーションの概念と密接に結びつくものとして,サービスを捉えている。

　ミラノ工科大学でサービスデザイン研究を先導したエツィオ・マンツィーニをはじめとする研究グループは,環境負荷を軽減する手段として製品とサービスを統合することを推進し,新たな社会を構築するプロセスにおいて,デザイナーの役割がどう変わるかという視点で研究を展開している(Pacenti and Sangiorgi, 2010)。単に1つの製品を考えるだけでなく,生活に関わるあらゆる製品やサービスを包括的に検討し,新たな共同生活のパターンを生み出そうとしたのである(Jégou and Manzini, 2008)。これは,1節1項②で検討した「製品単体を設計することで,問題の解決が図られてデザインプロジェクトが終了するのではなく,設計されるのが個別の単体であっても,それが周囲の環境

（空間）全体に与える影響が検討される」という指摘と共通しており，この点にイタリアデザイン思想の大きな特徴が伺える。また，デザイン・ドリブン・イノベーションを実現する1つの方法として，ここで検討した製品とサービスによる経験価値を統合するサービスデザインの知見が有用であると考えられるが，サービスが意味のイノベーションにどのように関係するかはまだ明らかではなく，そのメカニズムを検討することが今後の課題として挙げられる。

「戦略的デザイン」においては，ミラノ工科大学におけるストラテジックデザインの考え方を検討し（表7-2），それが戦略的デザインとして一般に定義されるような組織の中での包括的な貢献よりも，PSSをデザインするための実践的な視点を持って進められてきたことを明らかにした。その特徴として，ユーザー中心デザインからコミュニティ中心デザインへの転換が指摘され，近年のヨーロッパにおける社会問題への持続的なソリューションとしてPSSの構築の必要性を背景とした，より社会的・倫理的で公共的な側面から新たな価値を創造することが目的とされている。また，戦略的デザインとPSSとの違いは，その取り組むべきイノベーションの性質にあり，戦略的デザインは急進的なイノベーションを創出するプロジェクトに取り組むものであることが明らかにされた。今後は，このような特徴を踏まえた新たな貢献を生み出すための戦略的デザインを実践するデザイナーの志向と，新たなプロフェッショナルとしての特性を明らかにする必要がある。

エットレ・ソットサスは以下のように述べる。

　「イタリアにとってデザインは，常に何というか倫理的な観点から理解され，認識されてきたということだ。たとえばアメリカのような商業的観点からではなくて，デザインするということは，イタリアでは人間を幸せに居心地良くすることだった。アメリカではデザインすることは，より多く売ることを意味している。一方，つい最近までイタリアでは，人生に解釈や説明を与えることがデザインだった。人生を明るく照らすのがデザインだったんだ。だから，デザインの大部分は人間生活や人生を論ずるところからやってきた。（佐藤，2001，p.341）」

デザインが企業におけるイノベーションの源泉として注目されて久しく，その理解も単に商品の色・かたちを操作する外観のお化粧ではなく，組織構造やコミュニケーション方法にまで言及されてきている。しかし，そのアウトプッ

トや成果は未だに個別商品の機能や美観へのこだわりと、短期的な企業の利益向上に終わっていないだろうか。本章で見てきたイタリアのデザインに通底する思想は、その短絡的な解釈を越えた、社会の本質的な豊かさへの貢献と長期的な資産構築に向けられている。私たちはまだ、本来のデザインが持つ広範な知見を十分にビジネスに活かすことができていない。世界に広がるデザインの知見を整理し、ビジネスに活用できるデザインマネジメントの知見として体系化することが私たちの大きな課題である。

注釈

1) 例えば、デザインの考え方や志向をビジネスへ応用を試みる研究として、「デザイン思考」の他に、デザイン態度研究の存在と発展の重要性が指摘できる(第5章参照)。デザイン態度(design attitude)とはデザイナーの持つデザイン行為に対しての態度・姿勢であり、マネジャーや経営コンサルタント、エンジニアとの協業において、既存のものではない最適な解を創り出すものである(Mihayenski, 2008, 2015)。
2) 2016年3月4日にミラノ工科大学にて筆者らが実施したインタビューによる。肩書き等は当時のもの。
3) デザイン・ドリブン・イノベーション研究の詳細については、第4章を参照。
4) 無形なサービスの開発時に、サービス全体の基本設計を図面やフローチャートに落とし込んだもの。
5) サービス提供が実際に行われる(サービス提供者と顧客が接触する)一定の時間(Pacenti and Sangiorgi, 2010)。
6) Experience という語には、日本語では「体験」と「経験」の2つの訳があるが、体験は経験の中でも実際に経験した物事を強調する狭義の言葉なのに対し、経験はそれによって得られた知識や技能なども含み使われる範囲が広い言葉である。Customer Experience の概念では個々の経験が重要であることに変わりがないが、そこで生じた感情の蓄積が競争優位と捉えられるなど、より広い範囲での経験の影響が論じられる場合が多い。そのため、ここでは広い範囲に対応する「経験」を用いることとする。
7) 価値共創の中で生み出される経験。消費者が、企業や消費者コミュニティの構成するネットワークと目的意識を持って交流して、そこから自分ならではの共創経験を紡ぎ出していく(Prahalad and Ramaswamy, 2004, 訳書, pp.31-32)。
8) 他の研究におけるサービス概念と異なり、S-Dロジックにおいては、単数形の「サービス」を、他者もしくは自身のベネフィットのために専門化されたナレッジやスキルを適用することと定義している(Vargo and Lusch 2004b, 2006)。
9) ここでの複数形「サービシィーズ」は一般的なサービスと同様「無形の財」を示す。グッズとの対比で使われる(Vargo and Lusch 2004b, 2006)。
10) その研究の成果は、Manzini(1993)にまとめられている。
11) これは1998年から始まった研究であり、Manzini and Vezzoli (2002) や Morelli (2003) に

その成果がまとめられている。
12) サービタイゼーションとは，製造業がサービスを取り入れ，サービス提供企業として変遷するプロセスを意味している。サービタイゼーションが進み，製品とサービスを統合し，システムとして提供することがPSSである。逆に，サービス提供企業が製品を統合していくプロセスはプロダクティゼーションであり，それらをシステムとして統合すると，サービタイゼーションと同様にPSS提供企業となる。
13) 本事例は，Carcano(2011)による。
14) サービス提供に伴って顧客から得られる信頼やコミットメント(Rha, 2012)。
15) ミラノ工科大学大学院ストラテジックデザインコース，http://www.polidesign.net/it/mds, http://strategicdesign.it/（2019年5月18日確認）

## 参考文献

Acklin, C. and Fust, A. (2014) "Towards a dynamic mode of design management and beyond." *Proceedings of 19th DMI: Academic Design Management Conference*, London 2-4 September, 2014.

Argan, G.S. (1956) "Il problema dell' arredamento." In Gamba, C. (ed.) (2003). *Progetto e oggetto Scritti sul design*, pp.93-104. Milano: Medusa.

Baines, T.S., Lightfoot, E.S., Neely, A., Greenough, R., Peppard, J., Roy, R., Shehab, E., Braganza, A., Tiwari, A., Alcock, J.P., Angus, J.P., Bastl, M., Cousens, A., Irving, P., Johnson, M., Kingston, J., Lockett, H., Martinez, V., Michele, P., Tranfield, D., Walton, I.M. and Wilson, H. (2007) "State-of-theart in product service-systems." *Journal of Engineering Manufacture*, Vol.221, No.10, pp.1543-1552.

Boland, R. and Collopy, F. (2004). *Managing as designing*, CA: Stanford University Press.

Borjya de Mozota, B. (2011) "Design strategic value revised: A dynamic theory for design as organizational function." In Cooper, R., Junginger, S. and Lockwood, T. (eds.) (2011). *The Handbook of Design Management*, pp.276-293. New York: Bloomsbury Academic.

Brown, T. (2008) "Design Thinking." *Harvard Business Review*, Vol.86 No.6, pp.84-92.（「人間中心のイノベーションへ：IDEOデザイン・シンキング」『Diamondハーバード・ビジネス・レビュー』2008年12月号，ダイヤモンド社，pp.56-68.）

Carcano, L. (2011). *Master of the Sea*, Venezia: Marsilio Editori.

Cooper, R. and Press, M. (1995). *The Design Agenda*, England: John Wiley & Sons.

Crilly, N., Moultrie, J. and Clarkson, P.J. (2004) "Seeing things: consumer response to the visual domain in product design." *Design Studies*, Vol.25, No.6, pp.547-577.

Demirbilek, O. and Sener, B. (2003) "Product design, semantics and emotional response." *Ergonomics*, Vol.46, NO.13/14, pp.1346-1360.

Dittmar, H. (1992). *The social psychology of material possessions: to have is to be*, NY: St Martin's Press.

Dorst, K. and Cross, N. (2001) "Creativity in the design process: co-evolution of problem-solution." *Design Studies*, Vol.22, No.5, pp.425-437.

Farr, M. (1965) "Design Management. Why Is It Needed Now?." *Design Journal*, 200, pp.38-39.

Goldstein, S.M., Johnston, R., Duffy, J. and Rao, J. (2002) "The service concept: the missing link in service design research?" *Journal of Operations Management*, Vol.20, No.2, pp.121–134.

Gorb, P. and Dumas, A. (1987) "Silent Design." *Design Studies*, Vol.8, No.3, pp.150–156.

Gummesson, E. (1991). *Qualitative Methods in Management Research*, Newbury, CA: Sage Publication.

Hirschman, E.C. and Holbrook, M.B. (1982) "Hedonic consumption: emerging concepts, methods and propositions." *Journal of Marketing*, Vol.46, No.3, pp.92–101.

Jégou, F. and Manzini, E. (eds.) (2008). *Collaborative services. Social innovation and design for sustainability*, Milano: Edizioni Polidesign.

Johansson-Sköldberg, U. and Woodilla, J. (2013) "Relating the artistic practice of design to the design thinking discourse." *Proceedings of the 2nd Cambridge Academic Design Management Conference*, University of Cambridge, 4-5 September 2013.

Kaptelinin, V. and Nardi, B.A. (2006). *Acting with Technology: Activity Theory and Interaction Design*, Cambridge: MIT Press.

Kelley, T. and Littman, J. (2001). *The art of innovation - Lessons in creativity from IDEO, America's leading design firm*, NY: Random House.(鈴木主税・秀岡尚子(訳)(2002)『発想する会社！──世界最高のイノベーション・ファームIDEOに学ぶイノベーションの技法』早川書房)

Kicherer, S. (1990). *Olivetti*, NY: Rizzoli.

Kleine, R.E. and Kernan, J.B. (1988) "Measuring the Meaning of Consumption objects: An Empirical Investigation." *Advances in Consumer Research*, Vol.15, No.1, pp.498–504.

Krippendorff, K. (1989) "On the Essential Contexts of Artifacts or on the Proposition that 'Design Is Making Sense (of Things)'." *Design Issues*, Vol.5, No.2, pp.9–38.

Lockwood, T. (ed.) (2010). *Design thinking: Integrating innovation, customer experience, and brand value*, NY: Allworth Press.

Lusch, R.F. and Vargo, S.L. (2006) "Service-dominant logic: reactions, reflections and refinements." *Marketing theory*, Vol.6, No.3, pp.281–288.

Manzini, E. (1993) "Il Design dei Servizi. La progettazione del prodotto-servizio." *Design Management*, Vol.4, pp.7–12.

Manzini, E. and François, D. (1990). *SANTACHIARA L'ESTETICA DELL'USO [Santachiara The esthetics of use]*, Reggio Emilia: Senza editore.

Manzini, E. and Vezzoli, C. (2000) "Product-service systems and sustainability. Opportunities for sustainable solutions." *United Nations Environment Programme, Division of Technology Industry and Economics*, Production and Consumption Branch, CIR.IS, Politecnico di Milano.

Manzini, E. and Vezzoli, C. (2003) "A Strategic design approach to develop sustainable product service system: examples taken from the 'environmentally friendly innovation' Italian prize." *Journal of Cleaner Production*, Vol.11, pp.851–857.

Meroni, A. (2008) "Strategic design: where are we now? Reflection around the foundations of a recent discipline." *Strategic Design Research Journal*, Vol. 1, No.1, pp.31–38.

Meuter, M.L., Ostrom, A.L., Roundtree, R.I. and Bitner, M.J. (2000) "Self-service technologies: Understanding customer satisfaction with technology-based service encounter." *Journal of*

Marketing, Vol.64, No.3, pp.50-64.
Mihayenski, K. (2008) "Uncovering Design Attitude: Inside the Culture of Designers." *Organization Studies*, 29, pp.373-392.
Mihayenski, K. (2015). *Design Attitude*, England: Gower Publishing Limited.
Mont, O.K. (2002) "Clarifying the concept of product-service system." *Journal of Cleaner Production*, Vol.10, No.3, pp.237-245.
Morelli, N. (2003) "Product-service systems, a perspective shift for designers: A case study: the design of a telecentre." *Design Studies*, Vol.24, No.1, pp.73-99.
New, S. and Kimbell, L. (2013) "Chimps, Designers, Consultants and Empathy: A "Theory of Mind" for Service Design." *Proceedings of the 2nd Cambridge Academic Design Management Conference*, University of Cambridge, 4-5th September 2013.
Pacenti, E. and Sangiorgi, D. (2010) "Service Design Research Pioneers. An Overview of Service Design Research Developed in Italy since the '90s." *Design Research Journal*, Vol.1, No.10, pp.26-33.
Patrício, L., Fisk, R.P. and Constantine, L. (2011) "Multilevel service design: from customer value constellation to service experience blueprinting." *Journal of Service Research*, Vol.14, pp.180-200.
Pine, B.J. and Gilmore, J.H. (1999). *The experience economy: work is theatre & every business a stage*, Boston: Harvard Business School Press.（岡本慶一・小高尚子（訳）(2005)『[新訳] 経験経済』ダイヤモンド社）
Prahalad, C.K. and Ramaswamy, V. (2004). *The Future of Competition: Co-Creating Unique Value With Customers*, Boston: Harvard Business School Press.（有賀裕子（訳），一條和生（解説）(2013)『コ・イノベーション経営：価値共創の未来に向けて』東洋経済新報社）
Raja, J.Z., Bourne, D., Goffin, K., Çakkol, M. and Martinez, V. (2013) "Achieving customer satisfaction through integrated products and services: An exploratory study." *Journal of Product Innovation Management*, Vol.30 No.6, pp.1128-1144.
Rha, J.Y. (2012) "Customer satisfaction and qualities in public service: an intermediary customer perspective." *The Service Industries Journal*, Vol.32, No.12, pp.1883-1900.
Rust, R.T. and Kannan, P.K. (2003) "E-service: A new paradigm for business in the electronic environment." *Communications of the ACM*, Vol.46, No.6, pp.36-42.
Sangiorgi, D. and Clark, B. (2004) "Toward a participatory design approach to service design." *PDC 2004 Conference Proceedings*, pp.148-151.
Sarasvathy, S. (2006). *Effectuation: Elements of Entrepreneurial Expertise*, MA: Edward Elgar Publishing.（加護野忠男（監訳），高瀬進・吉田満梨（訳）『エフェクチュエーション：市場創造の実効理論』碩学社）
Schmitt, B.H. (1999). *Experiential Marketing*, NY: The Free Press.（嶋村和恵・広瀬盛一（訳）(2004)『経験価値マーケティング』ダイヤモンド社）
Shostack, G.L. (1977) "Breaking free from product marketing." *Journal of Marketing*, Vol.41, No.2, pp.73-80.
Solomon, M.R. (1983) "The Role of Products as Social Stimuli: A Symbolic Interactionism Perspective." *Journal of Consumer Research*, Vol.10, No. 3, pp.319-329.

Stevens, J. and Moultrie, J. (2011) "Aligning Strategy and Design Perspective: A Framework of Design's Strategic Contribution." *Design Journal*, Vol.14, No.4, pp.475-500.

Sundin, E. (2009) "Life-cycle perspective of product/service-systems: Practical design experience." In Sakao, T. and Lindahl, M. (eds.) (2009). *Introduction to Product/Service-system design*, pp.31-46. London: Springer.

Teixeira, J., Patrício, L., Nunes, N.J., Nóbrega, L., Fisk, R.P. and Constantine, L. (2012) "Customer experience modeling: from customer experience to service design." *Journal of Service Management*, Vol.23, No.3, pp.362-376.

Topalian, A. (1979). *The management of design project*, London: Associated Business Press.

Valencia, A., Mugge, R., Schoormans, J.P.L. and Schifferstein, H.N.J. (2015) "The design of smart product-service systems (PSSs): An exploration of design characteristics." *International Journal of Design*, Vol.9, No.1, pp.13-28.

Vargo, S.L. and Lusch, R.F. (2004a) "Evolving to a new dominant logic for marketing." *Journal of marketing*, Vol.68, No.1, pp.1-17.

Vargo, S.L. and Lusch, R.F. (2004b) "The four service marketing myths remnants of a goods-based, manufacturing model." *Journal of service research*, Vol.6, No.4, pp.324-335.

Vargo, S.L. and Lusch, R.F. (2008) "Service-dominant logic: continuing the evolution." *Journal of the Academy of marketing Science*, Vol.36, No.1, pp.1-10.

Verganti, R. (2006) "Innovating through design." *Harvard Business Review*, Vol.84, No.12, pp.114-22. (マクドナルド京子 (訳) (2007)「ミラノ式デザイン主導イノベーション」『Diamondハーバード・ビジネス・レビュー』2007年8月号, pp.126-137, ダイヤモンド社)

Verganti, R. (2008) "Design, Meanings, and Radical Innovation: A Metamodel and a Research Agenda." *Journal of Product Innovation Management*, Vol.25, No.5, pp.436-456.

Verganti, R. (2009). *Design driven innovation: Changing the rules of competition by radically innovating what things mean*, Boston: Harvard Business School Press. (佐藤典良 (監訳), 岩谷昌樹・八重樫文 (監訳・訳), 立命館大学DML (Design Management Lab) (訳) (2016)『デザイン・ドリブン・イノベーション』クロスメディア・パブリッシング)

Verganti, R. (2011) "Radical Design and Technology Epiphanies: A new Focus for Research on Design Management." *Journal of Product Innovation Management*, Vol.28, pp.384-388.

Veryzer, R.W. (2005) "The Roles of Marketing and Industrial Design in Discontinuous New Product Development." *Journal of Product Innovation Management*, Vol.22, No.1, pp.22-41.

Zurlo, F., Cagliano, R., Simonelli, G. and Verganti, R. (2002). *Innovare con il Design Il caso del settore dell'illuminazione in Italia*, Milano: Il Sole 24 ORE.

藤岡芳郎 (2015)「サービス・マーケティング」村松潤一編『価値共創とマーケティング論』2章, 同文館出版, pp.19-35.

金光淳 (2013)「高次元デザイン・ドリブン・イノベーションとしての『数楽アート』:京都企業へのインプリケーション」『京都マネジメント・レビュー』京都産業大学マネジメント研究会, Vol.23, pp.35-53.

北嶋守 (2013)「日本製造業におけるデザイン・ドリブン・イノベーションの可能性:日本から世界に発信するモノづくりの方法」『機械経済研究』機械振興協会経済研究所, Vol.44, pp.1-19.

小山太郎 (2010)「マーケティングとデザイン～イタリアのProgettoとは何か～」『研究論文集』商品開発・管理学会 第15回全国大会, pp.21-29.

小山太郎 (2012)「イタリアの製品開発プロジェクト」『報告要旨集』商業学会 第62回全国大会, pp.88-97.

久保吉人 (2018)「成熟市場におけるデザインドリブンイノベーション：高級扇風機にみる家電ベンチャー企業2社の比較事例研究」『Venture review』日本ベンチャー学会, 31, pp.47-61.

森永泰史 (2012)「デザイン・ドリブン・イノベーションの理論的検討」『北海学園大学経営論集』北海学園大学経営学会, Vol.10, No.1, pp.31-43.

日経ビジネス (2016)「米, 起業家はデザイナーの時代」『日経ビジネス』2016年6月13日号, p.152.

日経コンピューター (2016)「特集：デザイン思考　革新を量産するシリコンバレー」『日経コンピューター』2016年3月31日号, pp.28-31.

大平進 (2011)「産業財マーケティングにおけるリレーションシップ品質研究に関する系譜と課題」『商学研究科紀要』早稲田大学大学院商学研究科 Vol.73, pp.59-172.

佐伯靖雄・岩谷昌樹 (2014)「デザイン・ドリブン戦略による企業成長：愛知県企業・機関を事例として」『名古屋学院大学論集．社会科学篇』名古屋学院大学総合研究所, Vol.51, No.1, pp.153-163.

佐藤和子 (2001)『「時」を生きる　イタリア・デザイン』TBSブリタニカ

杉野幹人 (2013)「デザインドリブン・イノベーションにおけるデザインプロセス：－Vergantiのイノベーションモデルに基づくデザインプロセスの展開」『デザイン学研究』日本デザイン学会, Vol.60, No.4, pp.11-20.

鷲田祐一 (2014)『デザインがイノベーションを伝える』有斐閣

# 第8章

# イタリアにおけるデザインマネジメント研究の理論

## 1. デザインの原理からデザインマネジメントへ

### (1) デザインの原理

　デザインの原理を探究しようとした時に，その可能性のひとつとして 17 世紀のバロックの時代に注目することができる。永遠不変の神の秩序が反映されたような，ルネッサンス的な均整の取れた静態的な自然美を模倣するのではなく，（ガリレオ・コペルニクスによる，有限から無限への世界像の刷新を経て）神ではなく人間が創造主となり，美の法則までも自ら制定し，既存の世界秩序を再設計（創造）するというのがバロックの意味であり，この意味でバロックの原理そのものがデザインであるという見方が可能になる。ここでデザインとは，精神分析的な意味での昇華である[1]とも言い換えられる。

　ローマという街は，街全体が映画の舞台セットのようであり，劇場都市と言われる。劇場として（再）創造された世界の具体例が，昇華された芸術作品という意味でのバロックのローマである。皇帝・肉屋・医者・軍人・富裕な商人・床屋といった身分や社会階層を問わず，この街では一人一人が俳優であり，女優として自分の人生を演じきる[2]。言い換えれば，この街では，人生劇場における前述の登場人物たちが同一平面上に並んでおり，無階級社会というユートピアが実現されている[3]。デザインは，バラバラに分裂した社会を統合する理念である，と言える根拠がここにある（皇帝アウグストゥスの臨終の言葉と伝

えられる Plaudite, acta est fabula ［拍手を。（人生という）お芝居は終わった。］も，ローマの伝統である演劇としての人生を表わしていると言えよう）[4]。神の代わりに創造主となった人間の代表例が世界を再創造するデザイナーであり，デザイナーが環境（空間）づくりの専門家と呼ばれる所以である。

## (2) デザインの思考法

　マーケティングの思考法によれば，世界の中心にいる人間は消費者であり，財を消費して自らの主観的効用を最大限満足させる（効用極大化）という近代経済学的な発想法に基づいて，消費者の側からモノの世界を眺めている。他方，デザインの思考法によれば，世界の中心にいるのは消費者ではなく，市民（人間一般）であり，さらに言うならば，劇場としての世界で様々な役を演じる俳優や女優である。そういった役者が，生き生きと自分の人生を演じられるように，彼らの周囲を取り巻く音・光・色彩・匂い・モノの集合（つまり空間／場所）をデザインして，舞台装置としての世界を実現しなければならない（食事の場面であれ，スペクタクルな舞台ショーとなるのがバロックの伝統である）。

　世界の中心にいる者が役者ではなく人間一般である場合でも，音・光・色彩・匂い・物体（＝空間／場所）といった周囲にあるモノたちを主体として考え，それらが五感を通じて人間に良い作用をもたらすような仕方でモノたちをデザインするということになる。人間の周囲にあるモノたちが人間に及ぼす良い作用を合成・総合していくことで，生活の質も上昇する（良い作用というのは，モノの機能や効率のみに拘泥するのではなく，モノによって人間が自らの情緒面を充足させ得るということである）。

　なお，モノの側（場所の側）から人間の世界を眺め，場所を主人公として場所が人間のために良いことをしてくれる状態をデザインするという，デザインの思考法が望ましいのは，マーケティングの思考法に基づいて，人間のニーズに応えようとすれば，郊外のショッピングモールのように快適で便利だが，どこも同じで似たような景観（場所）が出現し，人間の尊厳が失われてしまうからである。つまり，消費者の側から世界を眺め，顧客を満足させることを追求すれば，郊外で見られるようなショッピングモールやチェーンレストラン・コンビニエンスストアから構成される没個性的で荒涼とした風景が出現し，人と場所との関係が入れ換え可能になってしまう [5]。

ある任意の場所が他の場所と置き換え（入れ換え）可能となるならば，その場所と結びついた人間も置き換え可能となり，経済的理由で不要となれば人間もお払い箱になってしまう。消費者の言いなりになって快適・便利・効率を追求した結果出現するのは，美しい歴史的な街並みが持つような他の場所と置き換え不可能な雰囲気，言い換えれば genius loci（土地の守護精霊・土地柄・ある場所が醸し出す特有の雰囲気）が全く感じられないレヴィットタウン（アメリカの建売住宅会社レヴィット・アンド・サンズ社が開発したどれもが同じ格好をしたニュータウン）のような空間であるとも言える。

### (3) イタリアのデザイン理論

世界（空間）はただひとつのモノ（製品）から構成されているのではなく，ある一定のかたち（フォルム）の集合から構成されている（かたちの集合が人為的な環境場を形成している）。イタリアのデザイン理論では，最終的には，インテリアなどの空間（場）全体を美しく刷新・更新することが目標とされる。

一方で，人間の周りに存在するものは，まずは任意のあるひとつのかたち（フォルム）であるということであり，椅子一脚のかたち（フォルム）でさえ美しく決められないようではデザイナー失格であるとも言われる。製品単体（椅子一脚等）であれ，そのかたち（フォルム）は，図8-1で示されるようなイタリアのデザイン理論に従って，つまり，a) 表現（フォルム；かたち）にかかわる人文学的側面（美術や彫刻など），b) 社会経済的な側面（職人の手仕事など），c) 技術工学的な側面（自然科学）という3つの側面を勘案して（3つの要素を鼎立させて），簡単には廃れないような仕方でモノのかたち（フォルム）が美的に定められる（図8-1）。

その理由は，あるモノのかたち（フォルム）─面積・体積・角度・曲がり具合・部分と全体との関係─といったことについて，どうしてそのモノがそのようなかたちに落ち着いたのか，その理由を説明できるのが，デザイナーのデザイナーたる所以だからである。デザイナーが，あるモノのかたち（フォルム）─そして最終的にはかたち（フォルム）の集合としての空間（場）全体─を，更新・刷新する理由として，1954年の第10回ミラノトリエンナーレにおける現象学者 E. パーチ（Paci）の発表内容を挙げることができる（Anceschi, 2004）。

パーチによれば，詩人による新たな言語活動を通じて，使い古され，消尽さ

れ，生気を失った言葉の世界を刷新すべく，新たな美的言語を詩人が創り出す活動にデザイナーらの実践がなぞらえられるという。詩人が言葉の非論理的な使い方や隠喩表現－つまり，主語に対して通常あり得ないような述語づけを行い，使い古された言語体系に新たな息吹を吹き込む－，言語システム全体を再活性化するのと同じように，デザイナーも今までに存在しなかった詩情に溢れた美的なかたち（フォルム）を創り出して，生気を失ったモノの世界を刷新し得る。人間の身体はモノのかたち（フォルム）を常時知覚・消費している一方で，商品世界では凡庸なかたち（フォルム）が過剰に氾濫（overcrowded）しており，衆人の眼を引いて「情報（information）」となるような「屹立したかたち（フォルム）」をかたちづくって，モノの世界を再活性化する必要がある（イタリア語のインフォルマーレ（informare）には，かたちづくるという意味がある）。

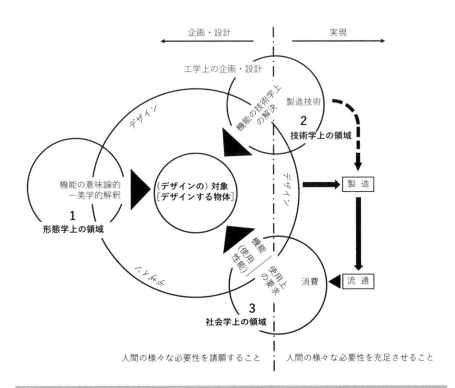

図8-1：モノのかたち（フォルム）を決める際に考慮すべき3つの要素（Frateili, 1969, p.22 より筆者作成）

## (4) イタリアのデザインマネジメント

ミラノ工科大学のズルロ（Zurlo）によれば，製品・サービス・コミュニケーションという複数の要素から構成される首尾一貫した総体であるような「システム－製品」が，デザインプロジェクトの対象となっている活動のことを「戦略的デザイン」と呼び，このシステム－製品が，市場及び社会における企業の戦略と布置（ポジショニング）を反映しているという（Cautela et al., 2012）。ズルロの述べる「システム－製品」の例として，インテリアなどの空間全体をデザインすることを考えると分かりやすい。

環境（空間）全体をデザインするというイタリアのデザインマネジメントは，製品やサービス単体にのみ焦点を当てて当該製品やサービスが含まれる空間（環境）や文脈全体を軽視する傾向があるという米国流のデザインマネジメントとは対照的である。いわばフェティシズム的に製品単体に拘れば，周囲の雰囲気とそぐわない製品をユーザーに購入させることになりかねない。いわゆるディドロ効果[6]の発生を避けるためにも，オフィスの職場環境やインテリアなどの空間全体をデザインプロジェクトの対象とするのが良いということである。

また，ズルロは，米国流のデザインマネジメントの第二の特徴として，消費者の満たされない期待に応えるような新たなアイデアを生み出すという意味で，問題解決（ソリューション）のためのイノベーションを強調する傾向を挙げている。他方，イタリアでは，様々な利害関係者から専門家までが協力してこの「システム－製品」を提供することにデザインマネジメントの目的がある（Cautela et al., 2012, p.37）。

デザインプロジェクトを通じて，インテリアなどの空間全体（場）を刷新・更新するのは，最初は新鮮なものに感じられたインテリアも年月が経つにつれて，飽きられて陳腐なものになるからである。Branzi（1984）が述べるように，人間の身体は，色・光（照明）・音・かたち（フォルム）といったインテリア空間（環境）を構成する知覚情報を常に受け取っている－換言すれば環境のクオリティは身体によって消費される－が，インテリア空間の雰囲気を定期的に美しく更新することで顧客を呼び込んだり，居住者の人生が再びドラマティックなものとなるように囃し立てることができる。

ここで注意すべきは，需要（欲望）を喚起するために流行を意図的につくり出

すという意味でのスタイリングと，空間の雰囲気を美的に刷新・更新するという意味でのデザインを分けて考えなければならない。スタイリングに相当するのがアメリカの自動車で，それは告発すべき悪いデザインであるという（Bellini, 2005）。他方，永遠不滅の美を感じさせるような数百年存続するような美的な雰囲気（宮殿の大広間など）の場合，無理に更新・刷新する必要はない。一般に，フェッラーリ車やブリオーニのスーツのように，すぐには廃れないような（飽きられないような）美しいかたち（フォルム）を持ったモノは高級品であり，更新・刷新の回数は少ない。なお，ここで高級品(ハイ・クオリティなもの)と奢侈品（ラグジュアリーなもの）との違いについて触れるならば，イタリアのデザインプロジェクトが狙っていることは，旅行や結婚式などハレの場(非日常)で使うような奢侈品を作ることではなく，普段使いのモノのクオリティを高めていくことである。換言すれば，生活をハレ（晴れ）とケ（褻）に分けた場合，フランスのラグジュアリーはハレ舞台のためのものである（Morace, 2003, p.28）。

## 2. RACE モデルの検討

### (1) 空間全体（場）の刷新・更新のための RACE モデル

① RACE モデルの概要

新たな「システム－製品」を創るべく，デザインプロジェクトのプロセスを整理・可視化するのに役立つのが，研究（Research）－分析（Analysis）－（分析結果の）総合（Conceptualization [≒ Synthesis]）－（製品コンセプトの）実現（Execution [≒ Development of product]）という4つの象限（局面）から成るRACE モデルである(図 8–2)。

RACE モデルは，デザインマネジメント手法の体系化のためにミラノ工科大学が，パリ第10大学の組織・戦略研究センター（CEROS）とトゥールーズ企業経営学院の経営学研究センター(CRM)と共同で開発したものである。

図8–2の4つの象限は，デザインプロジェクトの4つの局面(フェーズ)を表わしている。通常，研究のフェーズから始めて，分析→総合→具体化のフェーズへと至ってアウトプット(成果物)を出して終わるが，プロジェクトの進行過程は反復的で回帰的であるため，研究→分析→総合→具体化というプロセスを

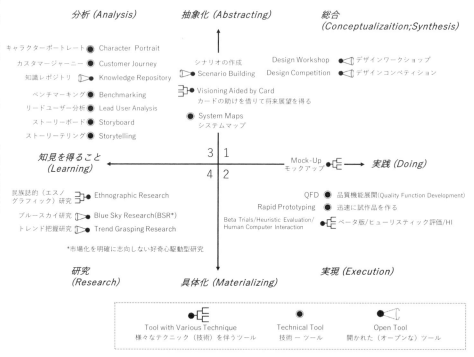

図8-2:RACEモデル(Cautela, 2007, p.86 より筆者作成)

何度も繰り返したりすることや,前のフェーズに戻って再検討することも可能である。プロジェクトの進行過程を示す図8-3および図8-4では,実際のデザインプロジェクトのプロセスが反復的で回帰的であることを示すべく,渦を巻いた螺旋状の過程が描かれている。特に図8-4には,各象限で当該デザインプロジェクトの魅力に惹きつけられて,デザインプロジェクトの参加者・ツール・熱意・リソースが1つに溶けあってプロジェクトの活動が集中的に行われる濃密な領域(原文での表記は磁石(magneti)のように引き付ける作用を持った領域)が記されている(図8-4)。

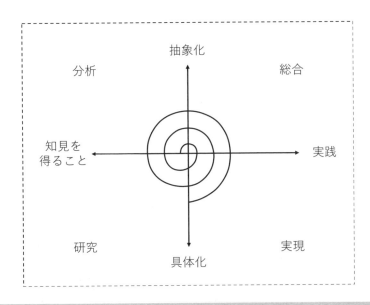

図8-3：RACE モデルにおけるデザインプロジェクトの進行過程1（Cautela, 2007, p.62 より筆者作成）

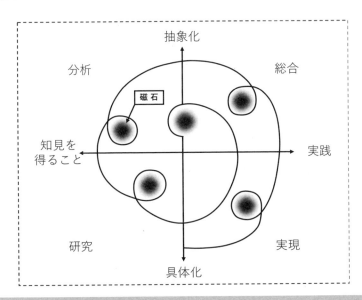

図8-4：RACE モデルにおけるデザインプロジェクトの進行過程2（Cautela, 2007, p.63 より筆者作成）

② 研究フェーズ

　研究（Research）フェーズは，知見を得ること（learning）と具体化（materializing）が交差する活動である。RACE モデルの横軸は，デザイン活動の性質を示すものであり，その内容から判断して，知見を得ること（learning）と実践（doing）という横軸上に，当該デザイン活動が位置づけられる。一方，縦軸には，デザイン活動の方向性を示しており，アイデアを変形加工・彫琢・抽出する抽象化（abstraction）と，アイデアを具体的なかたち（フォルム）へと仕上げたり，デザインプロジェクトの出発点となる具体的な現実を示すような，具体化にかかわる方向性（materializing）がある。

　このフェーズでは，消費者行動・製品・使用者とモノとの関係・製品／サービス使用の文脈，といったリアルな状況あるいは要素（これらの要素は企業内部に存在することもあれば，企業の外部に存する場合もある）に依拠して，ブルースカイやエスノグラフィックな手法を用いることにより，知見・洞察（インスピレーション）が得られるが，そのプロセスは探索的で紆余曲折を経るものであり，目的指向ではない。よってここでは，予想外の素敵なものを偶然発見する（serendipity）といったことも期待できる。

　この研究フェーズの活動が具体的であるのは（縦軸において具体化の方向に位置づけられているのは），プロジェクトの出発点となる消費者行動・製品・使用者とモノとの関係・製品／サービス使用の文脈，といったリアルな状況あるいは要素が，触知可能で感覚可能な経験であるからである。なお，研究フェーズを遂行するプロジェクトのメンバーは，凡庸な結果がもたらされないよう，企業外部の者を加えることが望ましい。ここで用いられる手法には，エスノグラフィックな手法（ビデオ撮影やインタビュー），ブルースカイ，CMF（Color［色彩］・Material［素材］・仕上げ［Finish］）の決定，トレンドの把握，自己申告型研究（ブログによる情報収集・文化的探索［cultural prob］）などがある（追加対象としてデルファイ法もあろう）。

③ 分析フェーズ

　分析（Analysis）フェーズは，知見を得ることと抽象化が交差する部分に該当する。前の研究フェーズで得られた知見・洞察を前に推し進めて跳躍（salto）させるべく，リードユーザー分析等が行われ，前フェーズでの知見・洞察の内，

プロジェクトにとって重要なものかどうか評決（verdetto）・審判が下されて無価値のもの（屑）が捨てられ，その結果，前フェーズでの知見・洞察が錬成・体系化される。言い換えれば，前フェーズでの未加工のナイーブな知見・洞察が，変形加工・体系化されて着想（concetto）が出力される。

このフェーズで用いられる手法には，キャラクターポートレイト・カスタマージャーニー・知識レポジトリ・ベンチマーキング・リードユーザー分析・ストーリーボード・ストーリーテリングなどがある。なお，分析フェーズは，企業の外部に委託できない戦略的な活動なので，そのプロジェクトのメンバーは，当該企業の内部メンバーでチーム編成を行うことが望ましい。

分析フェーズと（分析結果の）総合フェーズをつなぐ手法として，シナリオの作成（scenario building）・カードの助けを借りて将来展望を得る（visioning aided by card）・システムマップ（system map）などがある。

④ 総合フェーズ

総合（Conceptualization）フェーズは，実践と抽象化から成る部分に位置し，前の分析フェーズから得られた着想がデザインワークショップやデザイン・コンペティションにかけられることにより，視覚・図式化されてコンセプトが出力される（着想が可視化されてコンセプトとなるので，その内容が深化すると同時に，具体的に討議や伝達可能なものとなる）。

分析フェーズでは，研究フェーズでのナイーブな知見・洞察がストーリーボードなどの手法にかけられることにより，着想（シナリオや様々な行為モデル・ユーザーの移動軌跡）が出力されたが，この総合フェーズでは，そういった着想が統合的に捉えられて可視化される。

ここで着想（concetto）とコンセプト（concept）は区別されなければならない。コンセプトは，サービス・製品・企業のアイデア・コミュニケーションのために創られる人為的なモノ・商品陳列の仕方といったものを含むものである。総合フェーズにおけるデザイン活動の性質が実践の領域に分類されるのは，実践がコンセプトに依拠して行われるからである。なお，総合フェーズを遂行するプロジェクトのメンバーは，凡庸な結果がもたらされないよう，デザインコンペを行うなど企業外部のメンバーに委託することが望ましい。総合フェーズと（製品コンセプトの）具体化フェーズとをつなぐものとしてモックアップ

(mockup) がある。

⑤ 実現フェーズ

実現 (Execution) フェーズは，具体的に試作品などをつくるフェーズである。前フェーズで採用されたコンセプトを元に，エンジニアを交えて，品質機能展開などの手法を用いて機能や詳細仕様・素材を決めると同時に，かたち（フォルム）や販売可能性も検討するようなプロジェクトの最終局面である。

図 8-5 は，各フェーズでのチーム編成のイメージである。言い換えれば，デザインプロジェクトの種類に応じて活用するツールおよびチーム編成は各象限で異なる。斬新な結果を期待する場合，研究フェーズと，デザインコンペなどが実施される総合フェーズでは，企業外部のリソースを活用することが望ましい。たとえば，研究フェーズでは，企業内部のプロジェクトメンバーに加えて，外部のデザイナー・精神科医・小説家・芸術家・哲学者・腕の良い職人などもチームのメンバーに加える，といったことが考えられる。

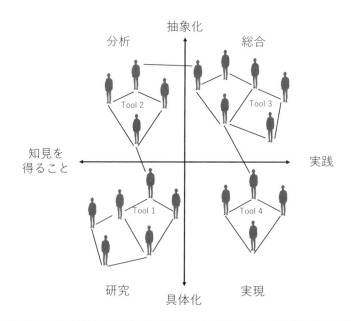

図 8-5：RACE モデルにおける各フェーズでのチーム編成のイメージ（Cautela, 2007, p.60 より筆者作成）

また図8-6は，デザインプロジェクトのためのリソースが，重要視すべきフェーズに集中的に投下されて，様々なタイプのデザインプロジェクトが可能となることを示している。

⑥ RACEモデルの意義

RACEモデルの意義をまとめると，デザインプロジェクトのための様々なツール（リードユーザー分析など）を体系化してプロジェクトの各フェーズに割り振り，デザインプロジェクトの柔軟な管理が可能となるように，そのプロセスを可視化した点にあるということになる。

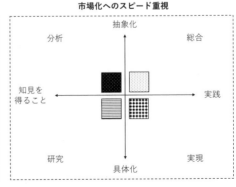

図8-6：デザインプロジェクトの性質におけるRACEモデルの各フェーズの比重
（Cautela, 2007, p.70-72 より筆者作成）

なお，RACEモデルでは，前フェーズ結果として出力される諸々の観念（研究フェーズでは知見・洞察，分析フェーズでは着想，総合フェーズではコンセプト）に対して，様々な手法が適用され，前フェーズとは異なる観念が出力される構造になっている。当初の観念に対して，操作が施され，アウトプットとして別の観念が得られるわけだが，入力される当初の観念と出力される観念との間には質的な断絶が起きてラディカルなイノベーションとなるように，研究および総合フェーズでは企業外部のリソースの積極的な活用が推奨されていることも特徴的である。

## (2) RACEモデルとデザインシンキング

### ① デザインシンキングに関する理論的背景

　デザインシンキングは，米国・英国を中心に2000年代からそのビジネスへの応用がいくつかの文献において紹介され，その後多くの研究がその概念を発展させるかたちで蓄積されてきた (e.g. Brown, 2009; Kelly and Littman, 2005; Martin, 2009; Liedtka and Ogilvie, 2011)。デザインシンキングはビジネス実践におけるアイデア開発方法論として普及し始めており，研究書籍・ビジネス書籍を問わず多くの文献で取り上げられている。特に，近年その重要性が示唆されるイノベーション創出の文脈で取り上げられ，アイデア開発によるイノベーションへの貢献が期待されている。

　一方で，デザインやデザインマネジメントに関する学術界においては，デザインシンキングという言葉の定義は，デザインに関連する独特の思考法を指すのか，アイデア開発をプロセス化したツールを指すのかといった点でその概念に混乱がみられる[7]。加えて，関連文献は実践者の報告が多く，方法論とその背景にあるデザイン理論とのつながりについては明確にはされていないことも，この定義の混乱を招く原因として指摘されている (e.g. Johansson et al., 2013; Liedtka, 2015)。ここではデザインシンキングの概念について，デザイン研究，デザインマネジメント研究の文脈からその理論的背景の検討を行い，次にその方法論的な検討を行うことで，RACEモデルとの比較を行う。

　デザインのビジネスへの貢献に関する研究は，1969年のサイモンの研究 (Simon, 1969) を皮切りに，1970年代のデザインマネジメントの概念の提唱を経て1980年代頃から増加してきており，その中では大きく分けてデザインに

関する2つの研究の文脈が存在している（Johansson and Woodilla, 2010）。ひとつは，デザイン研究におけるプロフェッショナル・デザイナーの持つデザインの思考法（designerly thinking）を対象にした研究である。もうひとつはマネジメント研究におけるデザインシンキング（design thinking）についての研究である。これらの両方が現在同一名称と呼ばれているため，解釈の混乱を招いている。

① -1　デザイナーの持つデザインの思考法（designerly thinking）

デザイナーの持つデザインの思考法（designerly thinking）にデザインシンキング（design thinking）という言葉が当てはめられたのは，デザイン研究者の Buchanan（1992）のデザインの理論・思考法を提示した論文が初めてであり，デザイン研究の領域にその理論的な背景を持つ[8]。デザイン研究の領域では，1960年代から，デザインという行為の理論の構築とプロフェッショナル・デザイナーの思考過程を対象に，多くの研究が行われてきた。Johansson et al.(2013)によれば，デザイン研究の文脈は，表8-1に示す5つの研究のコンセプトに分類できる。

1つ目は，Simon（1969）の研究による人工物科学（science of artifact）の視点である。サイモンは，従来の経済モデルで検討されてきた「客観的合理性（objective rationality）」を前提にした古典的意思決定モデルに対して，人間の認知処理能力の制約の観点から「限定合理性（bounded rationality）」を前提にした意思決定モデルを提案した。その後，その著書である「システムの科学（the sciences of the artifact）」の中で，「現在の状態をより好ましいものに変えるべく行為の道筋を考案するものは，だれでもデザイン活動をしている。（Simon, 1969, p.133）」と述べ，意思決定への認知的なアプローチを用いてデザイン活動を人間の問題解決行動として学術的に捉えた。この研究は，デザイン理論研究の初期の文献として位置づけられている。

2つ目は，Schön（1983）の省察的実践としてのデザインの観点である。Schön（1983）では，サイモンの視点とは異なり，デザイン活動を認知的な文脈からではなく，より実践的な観点から捉えようとした[9]。デザイン行為のプロセスを，省察的実践（reflection-in-action）として捉え，アートや建築家の実践の中での特に仮説構築－検証の側面からその特徴を捉えた。

表8-1：デザイン研究の5つの文脈（Johansson et al., 2013より筆者作成）

| デザイン研究の文脈 | 文献 | 理論背景 | 認識論 |
|---|---|---|---|
| 1. 人工物の創造としてのデザイン | Simon (1969) | 経済学，政策科学 | 合理主義 |
| 2. 省察的実践としてのデザイン | Schön (1983) | 歴史学，音楽学 | プラグマティズム |
| 3. 問題解決活動としてのデザイン | Buchanan (1992) Rittle and Webber (1973) | 美術史 | ポストモダニズム |
| 4. 推論の方法としてのデザイン | Lawson (2006) Cross (2006, 2011) | デザイン学，建築学 | 実務文脈 |
| 5. 意味の創造としてのデザイン | Krippendorff (1989, 2006) | 哲学，言語学 | 解釈主義 |

　3つ目の視点は，Buchanan (1992) に代表される，問題解決活動としてのデザインの観点である。Buchanan (1992) は，Rittle and Webber (1973) によって提唱されたウィキッド・プロブレム (wicked problem) をデザイン課題であると考え，デザイン課題の複雑性を定義し，その問題解決の役割を指摘した。

　4つ目は，Cross (2006, 2011) に代表されるデザイン方法論の研究である。Cross (2006) は，Buchanan (1992) と同様に，その解決策に先立つものとしてのデザインの問題発見の役割について述べた。

　最後の5つ目は，Krippendorff (1989, 2006) の意味の創造の観点である。Krippendorff (2006) では，デザインとデザイナーの役割を「意味を創造すること (creating meanings)」であるとし，人工物の創造という観点を超えて，その定義を拡張した。このように，デザインの理論的な背景はそれぞれの研究者の理論背景や認識論によって様々であるが，これらのデザインに関する研究をその理論的な背景にして，それぞれの切り口から理論的な研究が行われてきた。

①-2　マネジメント研究におけるデザインシンキング (design thinking)
　マネジメント研究におけるデザインシンキング (design thinking) はMartin

(2009) の著書や，Kelly and Littman (2005)，Brown (2008) によってコンサルティング等の実務・マネジメント教育の視点から紹介され，デザイン研究の領域を超え，特にマネジメントに関する実務家・研究者によって，様々な分野に広がりを見せている概念である (Johansson and Woodilla, 2010)。

これらの中でも最も重要な役割を負ったのは，Brown (2009)，Kelly and Littman (2005) で紹介された IDEO 社の事例である。デザインシンキングという言葉は，2004 年にこのイノベーション・コンサルティング会社の IDEO 社で用いられた標語であると言われており，その翌年の 2005 年に Business Week 誌で特集として取り上げられたことが広く認知されるきっかけであったとされている。IDEO 社の CEO であるティム・ブラウン (Brawn, Tim) は，デザインシンキングを，「デザイナーの用いる問題解決の主義，アプローチ，手法，ツールである」と定義している。この定義を解釈し，より詳細に定義した Lockwood (2009) によれば，「ビジネス分析と並行して，観察 (observation) とコラボレーション，はやい学習，アイデアの視覚化，コンセプトのラピッド・プロトタイピングを強調する人間中心のイノベーションプロセスである」であるとされる。

デザインシンキングの方法論の核となるのは，このような「人間中心設計 (Human Centered Design)」の考え方であり，プロダクトを使用する人間を中心としたアプローチである。他にも，デザインシンキングについて執筆された文献には，デザインシンキング教育を積極的に推進しているロットマン・マネジメント・スクールの学長である Martin (2009) の研究があり，デザインシンキングの特徴を，コラボレーションと観察によるユーザーのパースペクティブの理解といった側面以外にも，デザイナーの持つ「制約 (constraints)」への態度的側面や，アブダクションを用いた独特の思考法について指摘している (Dunne and Martin, 2006)[10]。

前述の通り，デザインシンキングはその理論的背景が薄いことが指摘されているが，デザイン理論の研究で指摘されてきたデザイナーの思考の特徴は，デザインシンキングのキーコンセプトになっている。具体的には，仮説構築－検証といった問題解決のプロセスやアブダクションの思考，その反復性によるデザイン問題の複雑性・不確実性の低減等といった点は，デザイン研究の中で発展されてきた概念である。その一方で大きな違いとしては，ビジネスへの

応用による 1) コラボレーションの観点, 2) 共感 (empathy) を重視したデザイン活動の人間中心性, 3) チーム内の対話のためのプロトタイピングの役割であり, これらを統合してイノベーションへの貢献について述べている点である (Liedtka, 2015)。

② 手法としてのデザインシンキング

デザインシンキングには, IDEO 社の提案するプロセス以外にも, その概念を発展させいくつかの異なるモデルが存在している。例えば, デザインシンキング教育を推進する d.school では, 共感 (empathize), 定義 (define), アイデア開発 (ideate), プロトタイピング (prototype), テスト (test) といった直線的なプロセスを推奨しており, ハッソプラットナー・インスティテュート (以下, HPI と略) では, 共感のフェーズを更に観察 (observe) と理解 (understand) に分類している。また, ロットマン・マネジメント・スクールでは, 共感・理解や可視化の他にも, 戦略的ビジネス・デザインといったコンセプトを取り入れている。

これらのように, そのプロセスやコンセプトは, 各組織において若干異なっているが, それぞれの事例をまとめれば, 1) ユーザーニーズのデータ収集, 2) アイデア開発, 3) テストの 3 つのフェーズに分類することができる (Carlgren et al., 2016; Liedtka, 2015)。また, そこで用いられるツールや手法を検討した Carlgren et al. (2016) によれば, 各フェーズでの活動の趣旨として, ユーザーフォーカス (user focus), 問題定義 (problem framing), 可視化 (visualization), 実験 (experimentation), 多様性 (diversity) の 5 つを挙げ, そこで用いられるテクニック, ツールを分類している。

③ RACE モデルとデザインシンキングの比較

RACE モデルは, インテリアなどの空間 (場) 全体を美しく刷新・更新することを目標とするイタリアのデザイン理論の影響を色濃く反映しており, 新たな「システムー製品」を創るべく, デザインプロジェクトのプロセスを整理・可視化するのに役立つモデルである。一方, デザインシンキングは前述のように, 問題解決のプロセスやアブダクションの思考, 複雑性・不確実性の低減というデザイン思考研究の流れを受けつつ, ビジネスへの応用により, コラボレー

ションや共感，プロセスの可視化を統合して問題解決やイノベーションへの貢献を意図することが特徴的である。

　この背景の差異からは，RACE モデルがプロジェクト内の様々な複雑で濃厚なプロセスを管理しつつ新しく廃れないかたち（フォルム）を創出することに対し，デザインシンキングでは，よりオープンで民主的な問題解決を志向していることが推察される。熟考し，空間全体を更新・刷新するのか，ユーザーにフォーカスし共感することで素早く最適解を得るのかの違いである。デザインシンキングの手法はより開かれており，前述のいくつかのモデルを基に各企業がアレンジし活用している。

　デザインシンキングの理論背景とその多様な実践を整理した Liedtka（2015）および Carlgren *et al.*（2016）と RACE モデル（Cautela, 2007）を比較できるようにしたものが，表 8-2 と表 8-3 である。この 2 つの比較から読み取れることは，デザインシンキングはユーザーに共感し，潜在的なニーズを理解し，さらにインサイトへと深掘りしていくのに対し，RACE モデルでは，使用者とモノとの関係や使用の文脈から知見・洞察を得た後，深掘りではなく，跳躍し，着想を得ることを意図している。ストーリーボードやストーリーテリングなど多数共通するツールがあるが，デザインシンキングでは実験的に用いて，素早くユーザーの反応を学習しながら解決策を模索していくためにこれらのツールが用いられている。一方，RACE モデルでは，魅力的なシナリオや展望を想い描くための熟考や錬成のためのツールとしての側面が強い。

　また，デザインシンキングがオープンで民主性や多様性を重んじるのに対し，RACE モデルでは，外部のデザイナー・精神科医・小説家・芸術家・哲学者・腕の良い職人など専門家からの知見を指向している。プロセスの進行過程では，RACE モデルが回帰的で何度も繰り返すのに対し，デザインシンキングは，反復も行うが線型の一連の活動であることが多い。これらの違いは，前述の理論の成立背景からくるモデルの使用目的の違いからも頷ける。RACE モデルでは，洗練された更新・刷新が，デザインシンキングではオープンで素早い問題解決が可能であると考えられる。

表8-2：デザインシンキングのプロセスとツール（Liedtka（2015），Carlgren et al.（2016）をもとに筆者作成）

| | デザインシンキング | | |
|---|---|---|---|
| 実行 Phase | 1. ユーザーニーズのデータ収集 (Data gathering about user needs) | 2. アイデアの創出 (Idea generation) | 3. テスト (Testing) |
| テーマ／コンセプト | ユーザーフォーカス<br>〇共感（empathize）<br>〇観察（observe）<br>〇理解（understand） | 問題定義<br>〇定義（define）<br>〇縛りのない思考（unconstrained thinking） | 可視化<br>〇アイデア開発（ideation）<br>〇やりながら考える（thinking through doing） | 実験<br>〇プロトタイピング（prototyping）<br>〇学習（leaning）<br>〇熱心なシェア（eager to share） |
| 目的／実践 | 〇ユーザーの潜在的なニーズと痛みのポイントを理解して（共感），この理解によってすべてのプロセスを先導させる。<br>〇ユーザーをアイデア開発，プロトタイピング，テストに巻き込む。 | 〇問題と解決策の空間を拡大するため，初期の問題に挑戦し，リフレームする。<br>〇パターンの発見や新しい見方での問題の定式化により，リサーチインサイトを統合する。 | 〇知識を外部化し，コミュニケーションし，新しいアイデアを創造するために，アイデアとインサイトを視覚的かつ有形なものにする。<br>〇ラフな表現を行う<br>〇理解を可能にする経験を提供する。 | 〇反復的に作業する（発散，収束）<br>〇多様なアイデアに基づいて収束<br>〇迅速かつ頻繁に学ぶプロトタイプ<br>〇迅速かつ頻繁にソリューションをテストする。 |
| テクニック／ツール | 〇エスノグラフィックリサーチ<br>〇顧客への非公式の接触<br>〇ユーザーのストーリーと逸話の蓄積<br>〇ジャーニーマッピング，共感マップ，ペルソナ<br>〇ユーザーフィードバックセッション | 〇「HMW」<br>〇「5つのwhy」<br>〇「問題提起」<br>〇「ペイン・ストーミング」<br>〇「FOGメソッド」 | 〇ラフなフィジカルモックアップ（紙，段ボール，レゴなど様々な人工物を使って）<br>〇スケッチ，ストーリーボード<br>〇ストーリーテリング，ロールプレイ，ビデオ<br>〇ワイヤーフレーム | 〇ブレインストーミング・テクニクス<br>〇実験と視覚化をサポートする柔軟で物質的な空間の創造 |

| | 全体にわたるテーマ | |
|---|---|---|
| テーマ／コンセプト | 目的／実践 | テクニック／ツール |
| 多様性<br>〇コラボレーション（collaboration）<br>〇統合的な思考（integrative thinking） | 〇多様なチームを作り，全員の意見を重視する<br>〇外部の存在とのコラボレーション<br>〇多様な視点とインスピレーションを求め（様々な分野，幅広いリサーチ）<br>〇全体的な視点を考慮に入れる | 〇パーソナリティテスト<br>〇意識的な人員募集<br>〇アナロジー，調査訪問<br>〇360度調査（ホワイトスペースアナロジー，ベンチマーキング，過去の失敗と成功，パターン認識，人口統計など） |

| 進行過程 | 段階的で反復的なプロセス。線形な一連のアクティビティ（Stanford d.school）。実務においては，様々な方法で実装されており，様々な順序で実行されている。 |
|---|---|

表 8-3：RACE モデルのプロセスとツール（Cautela (2007) をもとに筆者作成）

| | RACE モデル | | | |
|---|---|---|---|---|
| 実行 Phase | 1. 研究（Research） | 2. 分析（Analysis） | 3. 総合（Conceptualization） | 4. 実現（Execution） |
| テーマ／コンセプト | ○知見を得ること (learning)<br>○具体化 (materializing) | ○知見を得ること (learning)<br>○抽象化 (abstraction) | ○実践 (doing)<br>○抽象化 (abstraction) | ○実践 (doing)<br>○具体化 (materializing) |
| 目的／実践 | 消費者行動・製品・使用者とモノとの関係・製品/サービス使用の文脈、といったリアルな状況あるいは要素に依拠して、知見・洞察（インスピレーション）を得る。 | 前フェーズでの未加工のナイーブな知見・洞察を、錬成・体系化して着想 (concetto) を出力する。 | 前の分析フェーズから得られた着想を視覚・図式化してコンセプト (concept) を出力する。 | 前フェーズで採用されたコンセプトを元に、エンジニアを交えて、機能や詳細仕様・素材を決めると同時に、かたち（フォルム）や販売可能性も検討する。 |
| テクニック／ツール | ○エスノグラフィックな手法（ビデオ撮影やインタビュー）<br>○ブルースカイ<br>○CMF(Color[色彩]・Material[素材]・仕上げ[Finish]) の決定<br>○トレンドの把握<br>○自己申告型研究（ブログによる情報収集・文化的探索 [cultural probe]） | ○キャラクターポートレイト<br>○カスタマージャーニー<br>○知識レポジトリ<br>○ベンチマーキング<br>○リードユーザー分析<br>○ストーリーボード<br>○ストーリーテリング<br><br>――― フェーズをつなぐ手法 ―――<br>○シナリオの作成 (scenario building)<br>○カードの助けを借りて将来展望を得る (visioning aided by card)<br>○システムマップ (system map) | ○デザインワークショップ<br>○デザイン・コンペティション<br><br>――― フェーズをつなぐ手法 ―――<br>○モックアップ (mockup) | ○品質機能展開<br>○ラピッドプロトタイプ<br>○ベータ版/ヒューリスティック評価/HI |
| 進行過程 | 反復的で回帰的（1→2→3→4のプロセスを何度も繰り返す、前のフェーズに戻って再検討することも可能である。） | | | |

## (3) RACE モデルと PSS 研究

① PSS におけるデザイン

　PSS（プロダクト・サービス・システム）は，製品とサービスを統合して顧客に提供することを意味し，そのビジネスモデルの革新までを含む概念である（Komoto and Tomiyama, 2009）。PSS の設計手法に関するレビューを行った Vasantha et al.（2012）によれば，既存研究で言及される PSS で提供されるサービスには伝統的な定義と広義の定義が存在する。前者は，メンテナンス等のアフターサービスにより，製品の機能を最大限活用させるためのものであり，後者は消費者にとっての価値を最大化するためのものである。そのため，後者では特に製品のライフサイクルを通したステークホルダーとの関係性や環境負荷の軽減など社会文化的な側面を考慮したビジネスモデルの構築が求められる。

　Morelli（2003）は，このような一連の活動を広義のデザインと捉え，PSS 研究におけるデザイナー貢献が研究されていないことを指摘している。その上で，PSS のデザインを，社会文化モデルを解釈し，一貫性を持って可視的な PSS に変換することだと強調している。その中で，サービスは，製品の技術的な次元を，社会の明示的・潜在的要求の次元および文化的な次元とリンクさせることだと定義している（Morelli, 2002）。この考え方はニコラ・モレッリィ（Nicola Morelli）が博士号を取得したミラノ工科大学のサービスデザインの考え方に沿ったものである。彼らは，サービスとソーシャル・イノベーションを関連付けている。サービスを，ユーザーと企業の協同のデザイン作業（Co-design）と捉え，いかにユーザーをクリエイティブにし，コミュニティとしての変化を促進するかが重要であるかと述べている。

　なぜ，PSS がこのようなソーシャル・イノベーションに重要であるかについては，次のような理由がある。まず，第 1 に地球環境の持続可能性が挙げられる。ミラノ工科大学でサービスデザイン研究を先導したマンズィーニ（Ezio Manzini）はデザイナーとして，社会の持続可能性を実現することをひとつの研究対象としていた（Pacenti and Sangiorgi, 2012）。彼は，大量生産・大量消費の問題の解決策のひとつとして，製品とサービスを統合することによる製品ライフサイクルの長期化を目指した。第 2 に，企業の視点からすると製品ライフサイクルの長寿命化は，製品単体からの収益の減少につながるため，必然的に

サービスによる収益を検討せざるを得なくなる。

　Manzini (2015) は，この製品ライフサイクルの長寿命化を実現する鍵として，ユーザー自身が協同デザイナー (Co-designer) として，そのプロセスに参加させる仕組みの重要性を述べた。ユーザーが製品に対して受け身の状態から積極的に関わる状態へと感情を変化させることで，製品が持つ意味を変化させるのである。つまり，サービスによってユーザーをプロセスに参加させることで，顧客満足と製品の長寿命化，さらにそれに伴う企業収益の向上を目指すということを意味する。このような一連のプロセスがビジネスモデルであり，これがPSSとして機能するために不可欠な要素である。前述したように，戦略的デザインとは製品とサービス，コミュニケーションがシステム―製品としてデザインプロジェクトの対象となっているものを指すため，PSSのデザインは戦略的デザインそのものであると言える。以上を踏まえ，次に既存研究で明らかにされたPSS設計手法とRACEモデルの比較を行う。

② PSS 設計手法と RACE モデルの比較

　Phumbua and Tjahjono (2012) は，PSSモデルの特徴として，ビジネス戦略，オペレーションと技術，サプライ／デマンドネットワークをあげ，それらの共通する要素として，顧客と親密な関係を構築する重要性を指摘している。その一方で，PSS設計手法に関する既存研究の多くは，RACEモデルにおける実践の段階に焦点が当てられている。例えば，ビジネスモデル構築をシステマチックに支援する Service CAD（Komoto and Tomiyama, 2008），サービスのプロトタイプとして機能するサービス・ブループリントの拡張（Sakao and Shimomura, 2007），他にも PSS設計プロセスに着目した多くの研究が存在する（e.g. Vasantha et al., 2012）。これらの研究は，工学的なアプローチによって行われているため，品質の向上や設計プロセスの効率化が研究の中心である。

　デザインマネジメントにおけるPSSの既存研究では，Morelli (2003) が，Ulrich and Eppinger (2000) によって提案されたプロダクトデザインのプロセスをPSSに応用した。他にも，3D CADモデルを使用したデザイナーのコンセプト設計支援や（Bertoni, 2013），PSSビジネスモデル構築を支援する可視化手法が提案されてきた（Ceschin et al., 2014）。その一方で，Vathansa et al. (2012) は，利害関係者との協創（Co-creation）に関する研究が十分ではなく，それに

伴ってビジネスモデルや持続可能性に関する研究が不足していると指摘している。

このような側面に焦点を当てた研究がミラノ工科大学で行われているPSS研究である。前述した通り，マンズィーニは顧客を協同デザイナーとして捉えて，彼らをいかにして環境負荷を低減（eco-efficient）させるようなPSSに従事させるかを明らかにした（Pacenti and Sangiorgi, 2012）。RACEモデルの研究フェーズでは，消費者と製品／サービス使用の文脈に依拠するが，Manzini (2015)は，消費者のコミュニティに存在する慣習自体を変化させる必要性を述べている。彼はこのような仕掛け自体がサービスであり，慣習を変化させることで，製品に対して「sense making（意味づけ）」させるのである。PSSのビジネスモデルでは，企業が顧客といかに親密な関係を構築するかがプロダクトライフサイクル全体を通した収益性の向上に重要であるが（Phumbua and Tjahjono, 2012），まず分析段階で消費者と製品／サービスの既存の関係性を様々な手法を使って明らかにすることが重要となる。

## 3. イタリアにおけるデザインマネジメント研究の理論から見える課題

デザインが企業におけるイノベーションの源泉として注目されて久しいが，本来のデザインが持つ広範な知見はまだ十分にビジネスに活かされておらず，世界に広がるデザインの知見を整理し，ビジネスに活用できるデザインマネジメントの知見として体系化される必要がある。そこで前章および本章では，まだ日本で十分に知見が共有されていない世界の多様なデザインの思考方法のひとつとして，イタリアにおけるデザインマネジメントを取り上げ，その研究動向と理論を検討してきた。

米国流のデザインマネジメントは，消費者の満たされない期待に応えるような新たなアイデアを生み出すという意味で，問題解決（ソリューション）のためのイノベーションを強調する傾向がある。他方，イタリアのデザイン理論は，インテリアなどの空間（場）全体を美しく刷新・更新することを目標とし，様々な利害関係者から専門家までが協力して製品・サービス・コミュニケーションという複数の要素から構成される首尾一貫した総体である「システム－製

品」を提供することにデザインマネジメントの目的がある（Cautela *et al.*, 2012, p.37）。

　本章ではまず，新たな「システム－製品」を創るべく，デザインプロジェクトのプロセスの整理・可視化する目的でミラノ工科大学らが開発したRACEモデルの検討を行った。このRACEモデルが，イタリアにおけるデザインマネジメントの手法を体系化したものと位置づけられる。RACEモデルは，研究（Research）－分析（Analysis）－総合（Conceptualization）－実現（Execution）という4つの象限（局面）から成り，デザインプロジェクトのための様々なツールを体系化してプロジェクトの各フェーズに割り振り，デザインプロジェクトの柔軟な管理が可能となるように，そのプロセスを可視化しているところに大きな意義がある。

　さらにRACEモデルの特徴を理論的側面から明らかにするために，マネジメント研究におけるデザインシンキング（design thinking），PSS（プロダクト・サービス・システム）設計手法とRACEモデルとの比較検討を行った。

　まず，デザインシンキングの理論的背景を探った後，RACEモデルとデザインシンキングとの比較を行った結果，デザインシンキングはユーザーに共感して潜在的なニーズを理解し，さらにインサイトへと深掘りしていくのに対し，RACEモデルでは使用者とモノとの関係や使用の文脈から知見・洞察を得た後，深掘りではなく跳躍し，着想を得ることを意図していることの差異が明らかになった。また，ストーリーボードやストーリーテリングなど両者に多数共通するツールがあるが，デザインシンキングではそれらを実験的に用いて，素早くユーザーの反応を学習しながら解決策を模索していくためにこれらのツールが用いられており，RACEモデルでは，魅力的なシナリオや展望を想い描くための熟考や錬成のためのツールとして用いられていることの差異がわかった。

　さらに，デザインシンキングがオープンで民主性や多様性を重んじるのに対し，RACEモデルでは，外部のデザイナー・精神科医・小説家・芸術家・哲学者・腕の良い職人など専門家からの知見を得ることを指向している。プロセスの進行過程において，RACEモデルが回帰的で何度も繰り返すのに対し，デザインシンキングは反復も行うが線型の一連の活動であることが多いことを合わせて考えると，RACEモデルでは「システム－製品」の洗練された更新・刷

新が，デザインシンキングではオープンで素早い問題解決が可能である特徴があるものと考えられる。

　PSS 研究においてもその理論的検討を行い，PSS 設計手法と RACE モデルとの比較を行った。そこでは PSS 設計手法に関する既存研究の多くが，RACE モデルにおける実践フェーズに焦点が当てられていることがわかった。また，RACE モデルの研究フェーズでは，消費者と製品／サービス使用の文脈に依拠しているが，ミラノ工科大学で PSS 研究を進める Manzini（2015）は，消費者のコミュニティに存在する慣習自体を変化させる必要性を述べており，RACE モデルの研究フェーズにおいても消費者と製品／サービスの既存の関係性を様々な手法を使って明らかにすることが重要で，そこに PSS 研究からの示唆が有効となり得ることが明らかとなった。

　以上のように本章では，イタリアにおけるデザインマネジメントの理論を検討するために，イタリアにおけるデザインマネジメントの手法を体系化したものと位置づけられる RACE モデルを取り上げ，マネジメント研究におけるデザインシンキング（design thinking）と PSS（プロダクト・サービス・システム）研究における理論との比較からその特徴と意義を明らかにした。RACE モデルは，実際に複数のデザインプロジェクトからつくられたモデルであるが，日本企業におけるデザインプロジェクトとの照合はまだ行われていない。その実証が，世界に広がるデザインの知見を整理し，ビジネスに活用できるデザインマネジメントの知見として体系化するために必要な今後の課題のひとつとなる。


注釈
1) 精神分析における昇華の意味については，新堂（1999）を参照のこと。
2) この点については，Mic（1980）（梁木（訳）（2011））の後書きを参照のこと。
3) 柏木（2002, p.60）は，フランス革命に言及して以下のような同様の指摘をしている。「モダンデザインは，誰もが他からの強制（力）を受けることなく，自らの生活様式を決定し，自由なデザインを使うことができるのだという前提をひとつの条件にして出発した。(中略)近代以前の社会においては，デザインは複雑な社会的制度(階級や職業など)と結びついていた。どのような衣服を身につけ，どのような食器や家具などの日用品を使い，どんな住居に生活するのか。これは決して自由に選択することはできなかった。」

4) なお，人類がバロックにおいて昇華を達成した以上，人類に残されたことは，バロックの栄光を反復模倣することくらいしか残っていないのではないか，あるいは極言すれば，人類史は17世紀で一度終了しているのではないか，という結論が導かれるが，この観点には拘泥しない。また，反宗教改革としてのバロックの原理から，イタリアのデザインが官能的でセクシーであることが導き出されるが，この点についても本稿では紙面の都合上展開しない。
5) 以下の宮台真司（2011）の論考を参考にしている。MIYADAI.com Blog（http://www.miyadai.com/index.php?itemid=942）（2019年5月28日確認）
6) 幾つかあるディドロ効果の一例として，突然のギフト（贈物）によって家庭内の既存の調度品・商品の集合が，贈られてきたギフトの雰囲気に引きずられ，次々に更新され急激に変容していくこと（次々にギフトの雰囲気に合致した商品を購入し始め，部屋のトーンが劇的に変わる）を挙げることができる（McCracken, 1988（小池和子（訳）(1990)))。
7) デザインシンキング研究に関する詳細の検討は第3章を参照のこと。
8) ピーター・G・ロウ（1987）の書籍「デザインの思考過程（原題：Design Thinking）」が，design thinking という言葉を使った初めての文献であるという指摘もある（Liedtka, 2014)。
9) Simon（1969）と Schön（1983）のデザイン研究へのアプローチの違いについては，Dorst（1995）に詳しい。
10) Martin（2009）のアイデアの初期のコンセプトは IDEO との共同によって提案されたものであるため，主に IDEO 社で開発されてきた手法を元にしているとされる（Dunne and Martin, 2006)。

## 参考文献

Anceschi, G. (2004) "Introduction to Enzo Paci's Presentation at the 10th Triennial." *Design Issues*, Vol.18(4), pp.48–53.

Bellini, M. (2005) "Tra styling e Design." In Martino, C. and Farina, C. (eds.). *Made in Italy. Il design degli Italiani*, Roma: R designpress, pp.78–81.

Bertoni, A. (2013) "Analyzing Product-Service Systems conceptual design: The effect of color-coded 3D representation." *Design Studies*, Vol.34(6), pp.763–793.

Boland, R. J. and Collopy, F. (2004). *Managing as designing*, Stanford CA: Stanford University Press.

Branzi, A. (1984). *La Casa Calda. Esperienze del Nuovo Design Italiano*, Firenze: Idea Books.

Brown, T. (2008) "Design thinking." *Harvard Business Review*, 86(6), pp.84–92.（「人間中心のイノベーションへ：IDEO デザイン・シンキング」『Diamond ハーバード・ビジネス・レビュー』2008年12月号，ダイヤモンド社，pp.56–68.)

Brown, T. (2009). *Change by design: How design thinking transforms organizations and inspires innovation*, NY: HarperCollins.（千葉敏生（訳）(2010)『デザイン思考が世界を変える ― イノベーションを導く新しい考え方』早川書房）

Buchanan, R. (1992) "Wicked problems in design thinking." *Design Issues*, Vol.8(2), pp.5–21.

Carlgren, R. Elmquist, M. and Rauth, I. (2016) "The Challenges of Using Design Thinking in Industry–Experiences from Five Large Firms." *Creativity and Innovation Management*, Vol.25(3), pp.344–362.

Cautela, C. (2007). *Strumenti di design management*, Milano: Franco angeli.

Cautela, C., Zurlo, F., Youssef K.B. and Magne, S. (2012). *Instruments de design management*, Paris: De Boeck.

Ceschin, F., and Gaziulusoy, I. (2016) "Evolution of design for sustainability: From product design to design for system innovations and transitions." *Design Studies*, Vol.47, pp.118–163.

Cross, N. (2006). *Designerly ways of knowing*, London: Springer.

Cross, N. (2011). *Design Thinking: Understanding How Designers Think and Work*. Oxford: Berg Publishers.

Dorst, K. (1995) "Comparing paradigms for describing design activity." *Design Studies*, Vol.16(2), pp.261–274.

Dunne, D. and Martin, R. (2006) "Design Thinking and how it will change management education: An interview and discussion." *Academy of Management Learning and Education*, Vol.5(4), pp.521–523.

Frateili, E. (1969). *Design e civiltà della macchina*, Roma: Editalia.

Johansson-Sköldberg, U. and Woodilla, J. (2010) "Bridging design and management for sustainability: Epistemological problems and possibilities." *Positive Design and Appreciative Construction: From Sustainable Development to Sustainable Value*, Emerald Group Publishing Limited, pp.57–75.

Johansson-Sköldberg, U. and Woodilla, J. (2013) "Relating the artistic practice of design to the design thinking discourse." *Proceedings of the 2nd Cambridge Academic Design Management Conference*, University of Cambridge, 4-5 September 2013.

Johansson-Sköldberg, U., Woodilla, J. and Çetinkaya, M. (2013) "Design thinking: past, present and possible futures." *Creativity and Innovation Management*, Vol.22(2), pp.121–146.

Kelley, T. and Littman, J. (2005). *The ten faces of innovation—IDEO's strategies for beating the devil's advocate & driving creativity throughout your organization*, NY: Random House.（鈴木主税（訳）（2006）『イノベーションの達人！――発想する会社をつくる10の人材』，早川書房）

Khalaj, J., and Pedgley, O. (2014) "Comparison of semantic intent and realization in product design: A study on high-end furniture impressions." *International Journal of Design*, Vol.8(3), pp.79–96.

Komoto, H. and Tomiyama, T. (2008) "Integration of a Service Cad and a Life Cycle Simulator." *CIRP Annals-Manufacturing Technology*, Vol.57(1), pp.9–12.

Krippendorff, K. (1989) "On the Essential Contexts of Artifacts or on the Proposition that 'Design Is Making Sense (of Things)'." *Design Issues*, Vol.5, No.2, pp.9–38.

Krippendorff, K. (2006). *The semantic turn: A new foundation for design*, Boca Raton: CRC Press.（クリッペンドルフ，小林昭世・西澤弘行・川間哲夫・氏家良樹・國澤好衞・小口裕史・蓮池公威（翻訳）（2009）『意味論的転回――デザインの新しい基礎理論』エスアイビーアクセス）

Liedtka, J. (2015) "Perspective: Linking Design Thinking with Innovation Outcomes through Cognitive Bias Reduction." *Journal of Product Innovation Management*, Voi.32(6), pp.925-938.

Liedtka, J., and Ogilvie, T. (2011). *Designing for growth*, NY: Columbia Business Press.

Manzini, E. (2015). *Design, When Everybody designs*, MA: The MIT Press.

Martin, R. (2009). *The Design of Business: Why Design Thinking is the Next Competitive Advantage*, MA: Harvard Business School Press.

McCracken, G. (1988). *Culture and Consumption: New Approaches to the Symbolic Character of Consumer Goods and Activities*, IN: Indiana University Press.（小池和子（訳）（1990）『文化と消費とシンボルと』勁草書房）

Mic, C. (1980). *La Commedia dell'arte−Ou le théâtre des comédiens italiens des XVIe, XVIIe and XVIIIe siècle*, Paris: Librairie Théâtrale（梁木靖弘（訳）（2011）『コメディア・デラルテ』未来社）

Morace, F. (ed.) (2003). *Estetiche Italiane*, Milano: Libri Scheiwiller.

Morelli, N. (2002) "Designing Product / Service Systems: A Methodological Exploration." *Design Issues*, Vol.18(3), pp.3-17.

Morelli, N. (2003) "Product-service systems, a perspective shift for designers: A case study: the design of a telecentre." *Design Studies*, Vol.24(1), pp.73-99.

Pacenti, E., and Sangiorgi, D. (2010) "Service design research pioneers: An overview of service design research developed in Italy since the 1990s." *Design Research Journal*, Vol.1(10), pp.26-33.

Phumbua, S. and Tjahjono, B. (2012) "Towards product-service systems modelling: a quest for dynamic behaviour and model parameters." *International Journal of Production Research*, Vol.50(2), pp.425-442.

Rittle, H. and Webber, M. (1973) "Dilemmas in a general theory of planning." *Policy Science*, (4), pp.155-169.

Sakao, T. and Shimomura, Y. (2007) "Service engineering: a novel engineering discipline for producers to increase value combining service and product." *Journal of Cleaner Production*, Vol.15(6), pp.590-604.

Schön, D.A. (1983). *The Reflective practitioner: How Professionals think in action*, NY: Basic Books.（柳沢晶一・三輪健二（訳）（2007）『省察的実践家とは何か ― プロフェッショナルの行為と思考 ―』鳳書房）

Simon, A.H. (1969). *The Science of Artifact*, MA: MIT Press.（稲葉元吉・吉原英樹（訳）（1999）『システムの科学 第3版』パーソナルメディア）

Ulrich, K.T. and Eppinger, S.D. (2000). *Product design and development, 2nd Edition*, NY: McGraw-Hill.

Vasantha, G.V.A., Roy, R., Lelah, A., and Brissaud, D. (2012) "A review of product–service systems design methodologies." *Journal of Engineering Design*, Vol.23(9), pp.635-659.

柏木博（2002）『モダンデザイン批判』岩波書店

新堂粧子（1999）「精神病・倒錯・神経症・昇華への序論」『Becoming Vol.3』BC出版

# 初出一覧

## 第1部　デザインマネジメント研究の射程と展望

第1章　デザインマネジメント研究の射程：国際会議CADMC2013における研究の分析

　安藤拓生・後藤智・八重樫文（2015）「デザインマネジメント研究の射程と課題 ― CADMC2013の文献レビュー ― 」『立命館経営学』第53巻第6号，pp.113-140．

第2章　デザインマネジメント研究の展望：国際会議DMA2017における研究の分析

　安藤拓生・後藤智・八重樫文（2017）「デザインマネジメント研究の射程と展望：DMA2017の文献レビュー」『立命館経営学』第56巻第4号，pp.87-113．

## 第2部　デザインマネジメント研究の課題

第3章　「デザイン思考」と「デザインシンキング」研究における課題

　後藤智・八重樫文（2018）「デザインシンキング研究の課題と展望：『デザイン思考』と『デザインシンキング』」『立命館経営学』第57巻第3号，pp.45-69．

第4章　意味のイノベーション／デザイン・ドリブン・イノベーション研究における課題

　八重樫文・後藤智・安藤拓生・増田智香（2019）「意味のイノベーション／デザイン・ドリブン・イノベーションの研究動向に関する考察」『立命館経営学』第57巻第6号，pp.101-127．

第5章　デザイン態度研究における課題

　安藤拓生・八重樫文（2017）「デザイン態度（Design Attitude）の概念の検討とその理論的考察」『立命館経営学』第55巻第4号，pp.85-111．

第6章　アーティスティック・インターベンション研究における課題

　八重樫文・後藤智（2015）「アーティスティック・インターベンション研究に関する現状と課題の検討」『立命館経営学』第53巻第6号，pp.41-59．

**第 3 部　デザインマネジメント研究の国際動向**

第 7 章　イタリアにおけるデザインマネジメント研究の動向

　八重樫文・小山太郎・後藤智・安藤拓生・牧野耀（2016）「イタリアにおけるデザインマネジメント研究の特徴と動向に関する考察」『立命館経営学』第 55 巻第 2 号，pp.21-46.

第 8 章　イタリアにおけるデザインマネジメント研究の理論

　八重樫文・小山太郎・後藤智・安藤拓生・牧野耀（2017）「イタリアにおけるデザインマネジメントの理論的枠組みの検討」『立命館経営学』第 55 巻第 6 号，pp.75-100.

■編者紹介

**八重樫　文**　（やえがし　かざる）

立命館大学経営学部教授，立命館大学 DML チーフプロデューサー

武蔵野美術大学造形学部基礎デザイン学科卒業，東京大学大学院学際情報学府修士課程修了。デザイン事務所勤務，武蔵野美術大学造形学部基礎デザイン学科教務補助員，同デザイン情報学科助手，福山大学人間文化学部人間文化学科メディアコミュニケーションコース専任講師，立命館大学経営学部環境・デザイン・インスティテュート准教授，同経営学部准教授を経て，2014 年より現職。2015 年度・2019 年度ミラノ工科大学 DIG（Dipartimento di Ingegneria Gestionale（経営工学研究所））客員研究員。専門はデザイン学，デザイン方法論。

著書・訳書に『デザイン・バイ・マネジメント』（青山社，2014 年），『デザイン・ドリブン・イノベーション』（監訳・訳，クロスメディア・パブリッシング，2016 年），『突破するデザイン』（監訳，日経 BP 社，2017 年），『デザインの次に来るもの』（クロスメディア・パブリッシング，2017 年）など。

**後藤　智**　（ごとう　さとる）

立命館大学経営学部准教授，立命館大学 DML ディレクター

立命館大学理工学部ロボティクス学科卒業，立命館大学大学院情報システム学専攻修士課程修了，同大学院テクノロジー・マネジメント研究科博士課程後期課程修了。博士（技術経営）。株式会社堀場製作所勤務，東洋学園大学専任講師及び准教授を経て，2019 年より現職。専門はデザインマネジメント論。

著書・訳書に『Smart Manufacturing Innovation and Transformation: Interconnection and Intelligence』（IGI Global，2014 年），『デザイン・ドリブン・イノベーション』（訳，クロスメディア・パブリッシング，2016 年），『Innovation of Meaning and Product Service System』（LAMBERT Academic Publishing，2017 年），『突破するデザイン』（訳，日経 BP 社，2017 年）など。

**安藤　拓生**　（あんどう　たくお）

東洋学園大学現代経営学部専任講師，立命館大学 DML リサーチャー

立命館大学経営学部環境・デザイン・インスティテュート卒業，立命館大学大学院経営学研究科企業経営専攻博士課程前期課程修了，同大学院経営学研究科博士課程後期課程修了。博士（経営学）。2018 年より現職。専門はデザインマネジメント論，経営戦略論。

訳書に『突破するデザイン』（訳，日経 BP 社，2017 年）など。

［著者］
　　立命館大学 DML（Design Management Lab）
　　八重樫　文　（DML チーフプロデューサー，立命館大学経営学部教授）
　　後藤　智　　（DML ディレクター，立命館大学経営学部准教授）
　　安藤　拓生　（DML リサーチャー，東洋学園大学現代経営学部専任講師）
　　小山　太郎　（DML リサーチャー，中部大学研究推進機構専任講師）
　　牧野　耀　　（DML リサーチャー，金沢星稜大学経済学部助教）
　　増田　智香　（DML リサーチャー，大阪大学大学院工学研究科博士後期課程）

［執筆章］
　　第 1 章　安藤・後藤・八重樫
　　第 2 章　安藤・後藤・八重樫
　　第 3 章　後藤・八重樫
　　第 4 章　八重樫・後藤・安藤・増田
　　第 5 章　安藤・八重樫
　　第 6 章　八重樫・後藤
　　第 7 章　八重樫・小山・後藤・安藤・牧野
　　第 8 章　八重樫・小山・後藤・安藤・牧野

　　カバー・扉イラスト　　usi
　　カバーデザイン　　　　南浦　聡介

デザインマネジメント研究の潮流 2010–2019

2019 年 9 月 8 日　第 1 刷発行

| | |
|---|---|
| 編著者 | 八重樫 文・後藤 智・安藤 拓生 |
| | ©Kazaru Yaegashi, Satoru Goto, Takuo Ando, 2019 |
| 発行者 | 池上　淳 |
| 発行所 | 株式会社　青山社 |
| | 〒252-0333　神奈川県相模原市南区東大沼 2-21-4 |
| | TEL　042-765-6460（代）　　　　FAX　042-701-8711 |
| | 振替口座　00200-6-28265　　　　ISBN　978-4-88359-362-0　C3034 |
| | URL　http://www.seizansha.co.jp　E-mail　contactus_email@seizansha.co.jp |
| 印刷・製本 | モリモト印刷株式会社 |

落丁・乱丁本はお取り替えいたします。　　　　　　　　　　　　　　　　Printed in Japan
本書の内容の一部あるいは全部を無断で複写複製（コピー）することは
法律で認められた場合を除き，著作者および出版社の権利の侵害となります。